社会企业发展理论与实践报告

（蓝皮书）

主　　编：贺培育　魏朝阳
副主编：陈　军　段振夫
编　　委：邓子纲　袁男优　周海燕
　　　　　廖卓娴　王　凡　曹前满
　　　　　陈慧芳

吉林大学出版社

长春

图书在版编目（CIP）数据

社会企业发展理论与实践报告 / 贺培育，魏朝阳主编.－－长春：吉林大学出版社，2021.7
（蓝皮书）
ISBN 978-7-5692-8578-9

Ⅰ．①社… Ⅱ．①贺… ②魏… Ⅲ．①企业发展－研究报告－中国 Ⅳ．①F279.2

中国版本图书馆CIP数据核字（2021）第144933号

书　　　名	社会企业发展理论与实践报告（蓝皮书）
	SHEHUI QIYE FAZHAN LILUN YU SHIJIAN BAOGAO（LANPISHU）
作　　　者	贺培育　魏朝阳　主编
策划编辑	李潇潇
责任编辑	李潇潇
责任校对	田　娜
装帧设计	博克思文化
出版发行	吉林大学出版社
社　　　址	长春市人民大街4059号
邮政编码	130021
发行电话	0431-89580028/29/21
网　　　址	http://www.jlup.com.cn
电子邮箱	jdcbs@jlu.edu.cn
印　　　刷	三河市华东印刷有限公司
开　　　本	710mm×1000mm　　1/16
印　　　张	14
字　　　数	250千字
版　　　次	2021年7月第1版
印　　　次	2021年7月第1次
书　　　号	ISBN 978-7-5692-8578-9
定　　　价	68.00元

版权所有　翻印必究

目 录

湖南篇

湖南社会企业发展研究报告 ······ 2
 第一节 湖南社会企业发展的脉络与现状 ······ 2
 第二节 湖南社会企业发展的问题与困境 ······ 9
 第三节 湖南社会企业发展的机遇与挑战 ······ 11
 第四节 湖南社会企业发展的对策与建议 ······ 15

国内篇

国内动态与各地经验借鉴 ······ 20
 第一节 中国社会企业发展的基本概况 ······ 20
 第二节 中国社会企业发展的基本模式 ······ 31
 第三节 中国社会企业发展的经验借鉴 ······ 53

国际篇

国外社会企业模式与动态 ······ 62
 第一节 社会企业的缘起和发展 ······ 62
 第二节 发达国家社会企业的典型模式 ······ 73
 第三节 发展中国家社会企业的典型模式 ······ 84

机构篇

社会企业机构情况 ······ 90
 第一节 行政管理机构 ······ 90

  第二节 中介服务机构 ··· 96
  第三节 学术研究机构 ··· 100

学术动态篇

国内外社会企业研究前沿和热点 ··· 110
  第一节 社会企业的概念界定与性质定位 ······················ 110
  第二节 社会企业的类型划分与价值选择 ······················ 116
  第三节 社会企业的作用性质与发展定位 ······················ 122
  第四节 社会企业的内部管理与宏观环境 ······················ 127
  第五节 社会企业的发展挑战与效益评估 ······················ 132

学术创新篇

中国社会企业向何处去？
——新时代中国社会企业高质量发展研究 ························· 142
  第一节 中国社会企业可持续发展面临的困境 ··················· 143
  第二节 中国社会企业的社会、市场与法治化环境 ············ 146
  第三节 构建具有中国特色的社会企业发展模式 ··············· 152

典型案例篇

登龙云合森林学校：改变世界梦想的未来学校 ···················· 158
富基集团：社会企业十年探索之路 ···································· 166
星空里：它是一家咖啡馆、也是一座公益基地 ···················· 179
优儿帮：传承中医文化，探索儿童健康之路 ······················· 187
携职：为大学生就业而驱动 ··· 194
云喇叭：让快递员多一份幸福感 ······································· 202
上善助残：授之以鱼，不如授之以渔 ································· 211
后 记 ··· 219

湖南篇

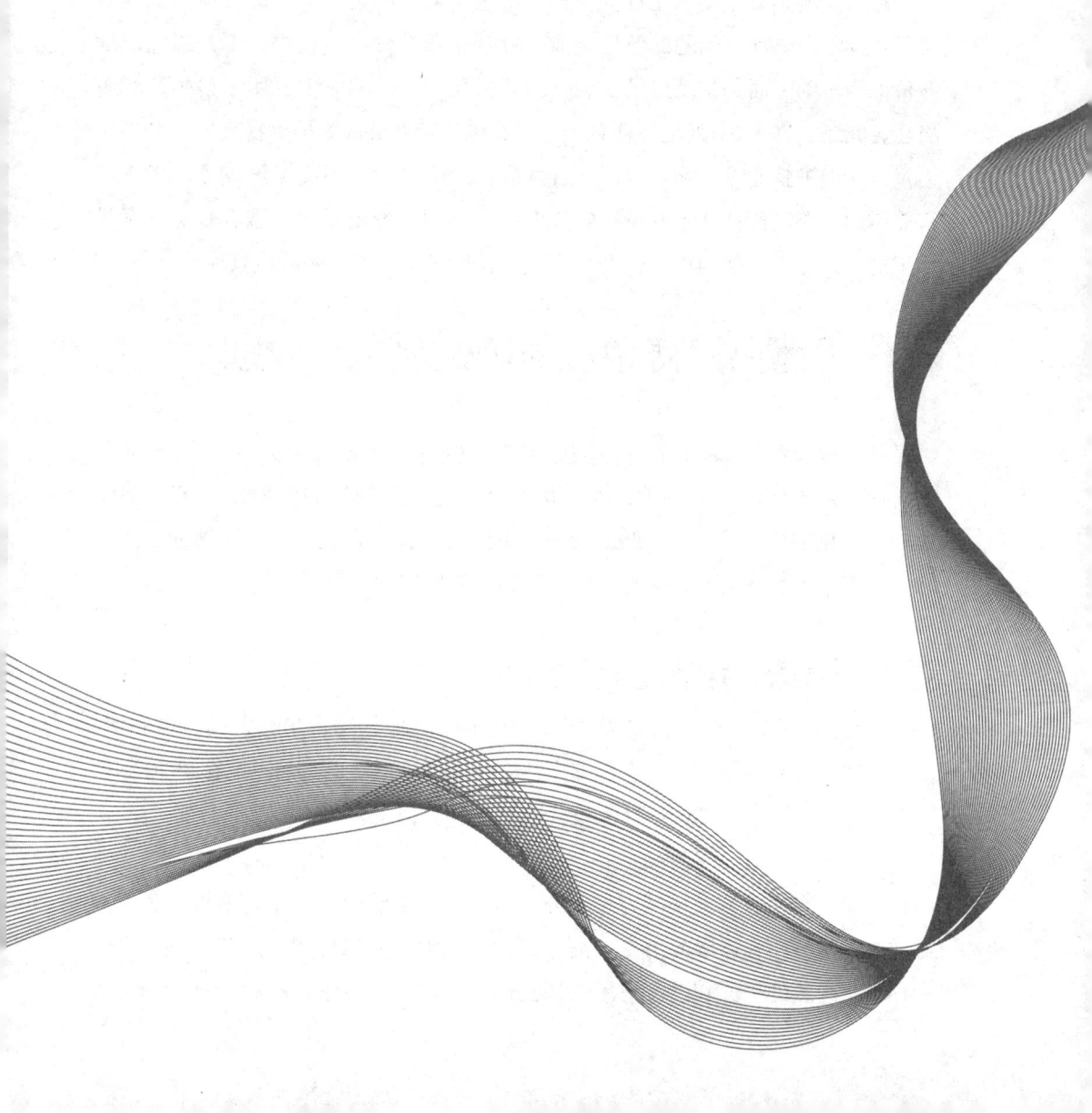

☞ 社会企业发展理论与实践报告

湖南社会企业发展研究报告

社会企业是以主动承担社会责任、增进公共福利为根本目的，运用商业手段可持续地解决社会问题的新型企业。社会企业在发展过程中，不是以追求商业价值为目的，而是主动追求社会价值最大化，所得利润主要用于再生产和解决社会问题。进入 21 世纪，社会企业在我国逐步发展成为推动社会发展的新生力量，在促进就业、消除贫困、教育发展、社区建设、环境保护等领域发挥着重要作用。在当代社会企业发展的浪潮中，湖南涌现出了一批富有爱心和远见卓识的仁人志士，他们积极创办社会企业，形成了一道亮丽的风景线。

第一节 湖南社会企业发展的脉络与现状

湖南社会企业发展有着深厚的历史渊源和悠久的发展历程。从封建社会时期的社会企业雏形——义学，到 100 多年前毛泽东创立的湖南第一家社会企业——文化书社，再到当代湖南第一家中国特色社会企业——温馨置业，无不彰显了湖南人心忧天下的家国情怀和敢为人先的创新活力。

一、早期湖南社会企业实践探索

"社会企业"这个名称是舶来品，但社会企业本身并非舶来品。在湖南，既有封建社会时期的义学，它是湖南社会企业的雏形；也有毛泽东在 1920 年创办的文化书社，它是湖南第一家现代意义的社会企业。

1. 湖南的社会企业雏形——义学

义学是指由官方或民间力量创办，为贫寒子弟或少数民族子弟提供免费基础教育的学校。在漫漫的历史长河中，以义学为代表的村庄社区公有制，作为一种联宗睦族的手段和助贫济困的慈善模式，是以社会综合发展为目标的经济组织，具有稳定可持续的盈利能力，利润归于全体社会成员，实现了救济组织实体化、救济机制制度化，非常符合"社会企业"的特征，是早期的社会企业雏形。

据史料记载，湖南义学最早出现在宋朝真宗天禧年间，湘阴人邓咸"创义学于县南，置书诏书训族子弟及游学之士"。到了元代，湖南义学有所兴建，如中书左丞许有壬之父许熙载，号东闪，曾任官长沙，在长沙东椰梨镇设义学，训导诸生。朝廷还立其为教官，颁赐匾额，以为育才之所。元朝顺帝元统年间（1333—1335），长沙县西北乔口镇有三贤堂，祀屈原、贾谊、杜甫，邑人黄擔乃设义学于祠堂，顺帝亦为之诏赐"乔江书院"匾额，作为鼓励。明代湖南地区的义学设立更广，"如湘乡人贺野，归建家祠，设置祭器祭田，严立条约；又于祠前隙地捐建义学，延请教师以训诲族人子弟。"① 至清代，湖南皆聚族而居，农村宗族势力强大，兴办义学之风尤为繁荣，据统计，清代湖南各府、州、县先后设立义学共计463所。

2. 湖南的第一家社会企业——文化书社

1920年8月2日，毛泽东、易礼容、何叔衡等17人在楚怡小学召开文化书社成立大会，通过了毛泽东起草的《文化书社组织大纲》。这标志着湖南第一家社会企业成立。之所以说文化书社是湖南第一家社会企业，是因为文化书社几乎符合现在学术界和企业界公认的社会企业需要具备的所有要素。

一是文化书社具有清晰的社会使命。毛泽东认为当时最严峻的社会问题是"没有新文化，由于没有新思想；没有新思想，由于没有新研究；没有新研究，由于没有新资料。"他在《发起文化书社》中指出"湖南人现在脑子饥荒实在过于肚子饥荒，青年人尤其嗷嗷待哺。文化书社愿以最迅速、最便捷的方法，介绍中外各种最新书报杂志，以充青年及全体湖南人新研究的材料。"② 可见，创建文化书社的目的是传播新文化、新思想，以"解决脑子的饥荒"，这是文化书社的社会使命所在。

二是文化书社具有严格的资产锁定和分红限定的特性。文化书社明确提出"本社资本金额无限。先由发起人认定开办费，从小规模起，以次扩大，以后本社全部财产为各投资人所公有。无论何人，与本社旨趣相合，自一元以上均可随时投入，但各人投入之资本，均须自认为全社公产，投入后不复再为投资

---

① 郭晓灵：《清代义学研究》，《湖南师范大学》2014年。
② 毛泽东：《发起文化书社》，《大公报》，1920年7月31日。

人个人所有，无论何时不能取出，亦永远不要利息。"① 可见，不同于一般的商业企业，文化书社是采用"众筹"的形式建立起来的，文化书社的全部财产为投资人集体所公有，股东既放弃了股份所有权，也放弃了分红权。它既不是纯粹的商业企业，也不是纯粹的公益组织，而是严格意义上的社会企业。

三是文化书社具有稳定可持续的造血能力。文化书社形成了印刷、发行、阅读"三位一体"的服务体系，其造血能力主要包含两大块。一是书籍杂志日报销售盈利。如：1920年9月9日至1921年3月31日，书籍杂志日报的销售收入为4049.97元，除掉采购成本和营业消耗，半年的纯利润为106元，相当于毛泽东在北大图书馆做助理时一年多的收入。二是相关机构给予资助款项。一方面，文化书社作为湖南中共党组织的对外联络点，在传播新文化、新思想的同时肩负起党组织交与的大量工作，中共湖南省委书记李维汉曾拨款800元；另一方面，国民革命军第二军军长谭延闿曾拨款400大洋作为书社经费。

长沙文化书社创办后，湖南全省广大知识青年、工人和各界进步人士都与它有过来往，他们从书社获得了宣传新文化、新思想和马克思主义的书刊，从而启发了他们的革命觉悟，鼓舞了他们的革命热情。可以说，马克思主义在湖南传播的形式有多种，其中影响最大、传播最迅速、持续时间最长的就是文化书社。这便是文化书社这一社会企业的伟大功绩。② 遗憾的是，1927年7月15日，汪精卫背叛了革命，宁汉合流，文化书社被迫停业。

二、当代湖南社会企业发展概况

2004年1月，《中国社会工作研究》刊载了刘继桐有关社会企业的译文，首次引入"社会企业"的概念，北京、上海、广东等地率先开展社会企业理论和实践探索。作为内陆省份，湖南在社会企业实践探索方面起步稍晚一点，以湖南温馨置业有限公司（以下简称：温馨置业）为代表的商业企业于2011年开始主动创建社会企业，开始了湖南的中国特色社会企业实践探索。同时，在中国公益慈善项目交流展示会的引导和推动下，2017年后，湖南省一些公益性较强的企业和社会组织被认证为社会企业，这些企业和社会组织逐步实现了社会企业的转型。

---

① 文化书社：《文化书社组织大纲》，《文化书社》1920年8月25日.
② 刘玄奇：纪念毛泽东创建社会企业文化书社100周年 [OL] . https: // mp. weixin. qq. com/s/ElgCIWPGjfby052eVPFRJg.

1. 主动探索型社会企业

主动探索型社会企业，企业家在企业创建伊始对社会企业了解较深，认同社会企业的发展模式和发展理念，并聚焦特定的社会问题，立志将自身企业打造成为社会企业。这类社会企业在湖南并不多，其中温馨置业是最早的主动探索型社会企业。当然，近期也有一些企业家开始主动建立社会企业。据了解，湖南创建于2020年8月的富士康科技有限公司，正在致力于打造成为以推动乡村振兴为社会使命的社会企业。

2011年6月，望城县（今望城区）县委、县政府收到一份特殊的报告暨《关于成立中国特色社会主义社会企业的报告》。这份报告来自温馨置业，是一份具有划时代意义的报告，从此开始了湖南企业家对中国特色社会企业理论和实践的探索。

机缘巧合之下，公司董事会魏朝阳先生接触到了"社会企业"这个概念，社会企业不以盈利为主要目的，须按章程要求将所得利润的主要部分用于公益事业和解决社会问题，这与他多年参与慈善捐助中的困惑不谋而合，他觉得这就是他理想中的企业。于是，他定下了"坚持理想，做一个伟大的社会企业"的目标。2011年魏朝阳先生在雷锋的故乡望城这片热土上创办了湖南首家中国特色社会企业——湖南温馨置业有限公司，公司章程明确：股东自愿不参与股权分红和利润分配。

但十年前，社会企业在湖南政府系统、理论界和企业界完全是一个陌生的概念。现有的法律规章制度框架，对社会企业没有清晰的界定，更没有相关的管理制度，如何得到社会的认可呢？于是就有了前面提到的报告。望城县委、县政府高度重视该报告，并专门召开了县委常委会议，听取温馨置业关于社会企业的专题工作汇报，并且做出了批复，鼓励和支持温馨置业进行这种社会管理创新与企业管理创新相结合的公益模式探索。

最后，温馨置业根据县委、县政府的回复，制定了五项公司基本运营准则：一是股东自愿不享受分红和利润分配；二是以追求社会价值为主要目的，净利润的50%用于社会公益事业和投资社会公共服务项目，剩余用于企业再生产；三是持续"造血"，持续公益，通过市场化运作创造效益，使公司具有"造血"功能，能够持续开展公益事业；四是健全公司法人治理机制，主动申请政府对公司经营所得的利润和利润用途进行审计、监督，实现健康发展；五是公司充分发挥员工的主人翁作用，发挥党组织和工会组织的作用，依法加强企业的民主管理和民主监督，公司员工享受与企业发展相协调的不断增长的工资福利待遇和社会保障，实现人的全面发展。

从公司制度设置看，温馨置业是严格意义上的社会企业。首先，温馨置业有稳定的社会使命。一方面，温馨置业致力于"持续造血、持续公益"的价值追求。2013年温馨置业捐资300万元设立湖南省魏朝阳公益基金会（现名：湖南省朝阳公益基金会），并承诺后续温馨置业持续每年将利润的50%捐赠至基金会。另一方面，加强社会企业理论研究，致力于推进中国特色社会企业法制化进程。其次，温馨置业具有严格的资产锁定和分红限定。温馨置业以追求社会价值为主要目的，明确股东自愿不享受分红和利润分配，净利润的50%用于社会公益事业和投资社会公共服务项目，剩余用于企业再生产。再次，温馨置业具有持续稳定的造血能力。温馨置业的经营范围涉及房地产开发，承接工业与民用建筑装饰工程的施工与管理，物业管理、租赁，工程项目管理，城市基础设施及配套项目开发、拆迁安置及服务，园林绿化景观设计、咨询、施工，苗木种植、经营等等。得益于我国城市化进程的高速发展，温馨置业十年来运作良好，取得了较好的经营业绩。

从公司实际运作情况看，十年间温馨置业践行了自己"持续造血、持续公益"的价值理想。一是借助湖南省朝阳公益基金会的平台，以"持续公益"为理想，以"追求共同进步"为价值取向，以"好事做好、好事做实"为指导方针，打造了"富基·春晖班"等一批公益项目和公益品牌。10年来，温馨置业先后向基金会捐赠了1100多万元用于各类公益事业。二是持续推进社会企业研究，以研究成果推动社会企业实践。2011年，与湖南省社会科学院联合组建课题组，开展温馨置业的社会企业法人治理机制模式研究，并提出促进社会企业发展的政策措施建议。同时，魏朝阳董事长还在《湖南日报》上发表了《加快推进中国特色社会企业法制化进程》的理论文章。2020年9月，湖南省社会科学院与湖南省朝阳公益基金会联合成立社会企业研究中心。研究中心旨在加强和推广社会企业理论研究，推出一批具有较强学术影响力和实践应用价值的理论成果；进行社会企业试点探索，打造中国社会企业行业标杆；通过理论与实践的双重探索，推动中国社会企业法制化建设进程。中心成立以来，向湖南省人大提交了《关于在湖南推行社会企业认证评估体系，建设促进公益事业创新发展的建议》；在《湖南日报》刊发了理论文章《发展社会企业，壮大公益事业》；在《决策参考·湖南智库成果专报》刊发了《加快建立认证评估体系，推动湖南社会企业发展的对策与建议》，并获得省领导的肯定性批示；同时，深入开展走访调研，与国内社会企业理论界和实务界建立了广泛的联系和深度的合作关系。

2. 认证引导型社会企业

认证引导型社会企业，创业者在企业创建初始对社会企业认知很少，甚至不知道什么是社会企业，但他们的企业聚焦解决一些具体的社会问题，如扶贫助残、妇女就业、促进就业、农村发展、社区建设、教育发展、绿色发展等社会问题，后期随着他们对社会企业的熟悉和了解，他们通过中国公益慈善项目交流展示会将企业认证为社会企业。目前，湖南省有7家企业和社会组织被认证为社会企业，它们分别是长沙市上善助残服务中心、长沙市银发族为老公益服务中心、湖南弘盛优儿帮健康科技有限公司等3家中国好社企（以下分别简称：上善助残、银发族、优儿帮），以及长沙县开慧女红文化创客服务中心、长沙艺栖文化传媒有限公司、湖南稻禾香文化产业有限公司、长沙蘑道文化创意有限公司①等4家中国社企（以下分别简称：开慧女红、艺栖文化、稻禾香、蘑道文化）。

（1）湖南认证引导型社会企业的创业主体特征

从创业主体性别上来看，湖南现有的认证引导型社会企业创业者多为女性，占比57.14%，"如银发族、优儿帮、开慧女红、稻香禾等；"从创业主体年龄来看，优儿帮、艺栖文化、蘑道文化均属年轻人创业，值得关注的是，艺栖文化、蘑道文化是在校本科学生创办的企业。从创业主体所在地域看，7家社会企业无一例外都在省会长沙。

（2）湖南认证引导型社会企业的社会使命概况

——**上善助残**。致力于促进残障人士就业和融入社会。积极打造乡村助残"五善"品牌（即：助残善学堂、助残善文化、助残善农场、助残善家园、助残善工坊），通过整合教育、心理、社工、医疗等资源，积极发掘残障人士的就业潜能，为残障人士搭建庇护性工厂和庇护性劳动项目等就业服务平台，让残障人士通过劳动实现自我价值，帮助更多的残障人士正常化。截至2021年5月底，共开展残障帮扶活动700余次，精准帮扶5000余人，为30余名残障人士提供长期托养服务，对300余户残障家庭进行结对帮扶，为50余名残障人士

---

① 长沙蘑道文化创意有限公司创始团队的主要成员均为在校本科生，已出国留学，目前企业处在暂停经营状态。

提供就业机会，用双手为残障人士撑起一片蓝天。

——**银发族**。致力于改善社区长者的老年生活质量，重点关注空巢、失独、失能失智老人。为社区的高龄老人、失能失智老人、独居老人提供健康管理、文化娱乐、独居监护、餐饮配送、居家照护等一站式服务。

——**优儿帮**。致力于帮助天下儿童健康成长。依托强大而专业的中医药背景，专注于儿童健康，从社区保障的角度打造健康驿站，并且形成了一套完整的儿童健康"防、治、调"驿站模式，在社区、幼儿园、早教中心等场所开办优儿健康驿站，通过服务收费的模式推向市场。同时，优儿帮于2020年启动了助力基层培养儿童健康管理师的公益行动，免费资助基层医生、护士、乡村医生、幼儿园保健老师、社区及乡镇儿保人士等基层人士掌握儿童健康方面的专业知识，并支持他们创业就业。截至2020年底，开设家长课堂1200场，直接服务儿童50 000人次，培养公益志愿者超过3700人，培养职业人才500余人。

——**开慧女红**。致力于传承发展传统女红文化，培育女红产业人才，促进女红文化产业发展。主要开展女红文化相关职业技能培训、女红文化相关产业创客孵化、女红文化与乡村旅游配套服务项目开发与旅游产品开发。以女红产业发展为依托，赋能农村待业女性，让更多的妈妈能安心在家陪伴孩子，照顾家庭；让农村女性能有学习成长的机会，解决农村的留守儿童、留守老人等社会问题；让农村女性也能拥有美的形象、美的手艺、美的事业、美的心灵、美的灵魂；让巾帼力量助力乡村振兴，服务社会，实现乡村女性幸福梦。

——**艺栖文化**。致力于湖湘文化保育与发展。线下致力于传播湖湘文化，营造湖湘文化品牌，推出80余种湖湘原创纪念品，景区合作点超过80余家；线上致力于情侣文创产品定制及湖湘文创产品销售，向近百万名青年人传播了湖湘文化。目前是长沙市最大的旅游纪念品供应商、湖南红色旅游文创合作品牌。

——**稻禾香**。致力于素食文化推广与普及，唤醒患者的健康饮食观念，重塑健康生活方式。开设素食餐厅，一方面通过餐厅的营利为公益造血，一方面餐厅又承接了公益展示。2017年4月推出素食推广和健康扶贫公益项目——"素食病房"，建立起"从田头到餐桌"的城乡链接，农村种植的绿色生态健康食品为素食病房和城市居民提供了安全食材，城市居民消费又带动了农村农副产品的生产，通过"消费扶贫""产业扶贫"增加了农民的收入。截至2021年5月中旬，"素食病房"项目已在国内6家医院，11个科室实施，其中在长沙市的两家医院累计开展了送餐活动163次，出动益工2800多人次，出动车辆600余车次，惠及患友近34 000人次。

——蘑道文化。致力于空气净化领域的传承与创新，并始终以解决人们呼吸健康问题、提高居民生活质量的同时反哺菌农、帮扶村镇为己任，以公司的活性炭转化技术为基础，通过将废弃蘑菇培养基转化为活性炭的方式赋予废弃物以新的商业价值，销售所得利润抽取一定比例用于菌农金融反哺体系建设，实现菌农增收。2017年6月至2019年10月间共覆盖69户菌农，提供了约2950吨经全新优化配比的蘑菇培养基，增加了蘑菇产量约27%，同时解决了菌农"融资难，培育难"的切身问题，提高了资源的配置效率。

第二节　湖南社会企业发展的问题与困境

作为一个新生事物，社会企业的发展不可能一蹴而就，需要一个较长期的发展过程。当代湖南社会企业经历了十年的发展历程，涌现出了一些目标使命持续稳定的社会企业，创造了一些不同类型的社会企业发展模式，积累了许许多多有益的发展经验。但从目前的发展态势上看，湖南社会企业的发展还存在着社会企业主体数量少、法律主体地位不明、管理支持制度滞后、行业生态体系落后等诸多问题。

一、社会企业主体数量较少，加快发展任重道远

虽然湖南社会企业的探索较早，但目前湖南社会企业数量不足10家，其中大部分是通过中国公益慈善项目交流展示会认证的。而目前四川省成都市的社会企业多达102家，广东省佛山市顺德区也有27家。湖南社会企业主体数量较少的原因主要有以下几个方面。一是社会公众对社会企业的认识不足。社会企业的公众知晓度低，政府官员、学者、媒体和公众，都一定程度地存在认识不足的问题。调研显示，目前全国只有成都市的社会企业公众知晓度较高，即便是我国开展社会企业认证最早的佛山市顺德区，其社会企业公众知晓度依然较低，更别说湖南，这一点从目前湖南社会企业主要分布在长沙市就可以看出端倪。二是湖南有许多企业和社会组织正在聚焦解决特定的社会问题，践行社会企业的发展理念和发展模式，其企业宗旨中有明确的价值观导向，但没有把自己归到"社会企业"这个标签下，既未对外宣示自己是社会企业，也未参与社

会企业认证。这些企业一边按照商业的逻辑开展经营，一边按照公益的逻辑致力于解决自身关注的社会问题。如步步高集团的湖南十八洞山泉水厂具有典型的社会企业特性，山泉水厂以"股份合作+扶贫基金+就业"的帮扶模式，按照"50+1"的形式给村集体分红，即每年保底给村集体经济分红50万元，然后以销售每瓶水捐献1分钱的形式建立十八洞村扶贫基金，带动十八洞村集体增收和群众脱贫致富。

二、社会企业法律主体地位不明，身份意识模糊不清

国际上，美国、英国、法国、意大利、比利时、葡萄牙、西班牙、芬兰、波兰、韩国等国家均已出台了关于社会企业的相关法律法规，对社会企业的法律主体地位给予清晰的界定。国内仅有成都市对社会企业的法律主体地位以地方政府文件的形式予以规定，明确成都市社会企业是特定的企业类型，以协助解决社会问题、改善社会治理、服务于弱势群体或社区利益为宗旨和首要目标，以创新商业模式、市场化运作为主要手段，所得盈利按照其社会目标再投入到自身业务、所在社区或公益事业，且社会目标持续稳定。同时，企业不能一开始就注册为社会企业，必须经过评估认证方可在企业营业执照上标注为社会企业，对于经后期评估发现的社会目标漂移的社会企业将予以剔除。

当前，湖南还没有出台社会企业的相关法律法规，更谈不上明确社会企业的法律主体地位。现有社会企业要么以一般企业的形式存在，要么以非营利性社会组织的形式存在，或者是二者兼顾一体运行。由于没有明确的法律地位，导致湖南社会企业处在多头管理状态，在社会公众中的认知度很低，对自身的社会企业身份意识模糊，忽视了社会企业的诚信标识功能，有些企业甚至很少对外宣称自己是社会企业，只是将社会企业作为一块牌子挂在墙上。同时，为了规避法律主体地位不明的尴尬局面，其不得不实行企业和非营利性组织"双体运行"的经营模式，用企业身份整合商业资源，用非营利性组织获取公益慈善资源。

三、社会企业管理制度滞后，管理处在"真空"状态

目前，成都市是国内社会企业管理制度最为完善的地区。2018年成都市先后出台《成都市人民政府办公厅关于培育促进社区发展治理的意见》（成办函〔2018〕61号）、《成都市工商行政管理局关于发挥工商行政管理职能培育社企业发展的实施意见》（成工商发〔2018〕25号）和《中共成都市市场监督管理局党组关于印发〈成都市社会企业评审管理办法〉的通知》（成市监党组〔2019〕72号）等社会企业管理制度，建立了涵盖企业登记、章程备案、评审认定、政策扶持、社会服务、行政监督、社会监督、摘牌退出的社会企业全生命周期管理制度。同时，成都市武侯区、金牛区、成华区、温江区、简阳市、郫都区、大邑县、新津区、青白江区等9个县市区也相继出台了社会企业相关配套支持政策。

当前，湖南社会企业管理还处在"真空"状态，还没有出台关于推进社会企业发展的管理制度，大部分现有社会企业只能依靠企业自律保障其社会企业属性，社会企业的社会目标是否稳定不漂移、分红限定和资产锁定是否严格执行都没有相关部门进行监督管理，找不到"娘家"。只有主动探索型社会企业温馨置业在创建伊始就引入了政府监管，主动申请望城区人民政府对公司经营所得的利润和利润使用进行审计监督。

四、社会企业发展生态体系落后，发展合力亟待形成

社会企业与传统企业和社会组织不同，它必须在实现商业价值的同时，主动承担起比一般企业更多的社会功能。因此社会企业发展生态体系既有别于传统企业，又有别于社会组织，它在投融资支持体系、资源整合模式、企业内控管理、人力资源结构、组织能力建设、社会舆论支持等方面有其独特的个性特征。应该说湖南社会企业在这些方面均或多或少地存在着问题，没有形成共同促进湖南社会企业发展的强大合力。如：投融资支持体系方面，目前湖南还没有形成良好的社会影响力投资体系和投资氛围；资源整合模式方面，目前湖南的社会企业还是依托传统企业或非营利性组织的模式来整合政府、市场和公益圈的各类资源，没法以社会企业的身份整合各类资源；社会舆论方面，湖南的主流媒体虽然很发达，但鲜有主流媒体对社会企业进行宣传报道，没有形成推动社会企业发展的良好"空气"，同时湖南也缺少高质量的枢纽型组织、评估与能力培育型平台等中介组织的支持。

第三节 湖南社会企业发展的机遇与挑战

党的十九大明确指出，"中国特色社会主义进入新时代，我国社会主要矛

盾已经转化为人民日益增长的美好生活需要和不平衡不充分的发展之间的矛盾。"社会企业作为新的特定企业类型,致力于依靠自身持续的造血功能,以商业的手段解决社会问题,有利于满足"人民日益增长的美好生活需要",解决"不平衡不充分的发展",必将迎来更加广阔的发展空间和良好的发展机遇。

一、湖南社会企业发展面临的机遇

社会企业兼具经济属性和社会属性,是民营企业家承担社会责任更高阶、更彻底的创新形式,是调动新社会阶层参与经济社会建设的有效途径,是推动经济平衡、高质量发展和构建美好生活的新生力量。

1. 大力发展社会企业与落实党中央决策部署高度契合

社会企业的本质是企业家将部分甚至是全部个人资本让渡出来转化为社会公共资本,将资本收益用于服务特定的社会弱势群体或特殊群体,解决企业家关注的特定的社会问题。发展社会企业与党中央的重大决策部署高度契合,主要体现在四个方面。一是社会企业有明确的社会使命,服务于社会弱势群体和社区利益,是"为人民服务,为人民谋幸福"的,是坚持以人民为中心发展理念的集中体现。二是社会企业按照分红限定和资产锁定的原则,将部分企业利润用于解决自身聚焦的社会问题,实现了社会财富的再分配,让社会弱势群体享受到了社会企业发展的红利,是实现共同富裕的有效方式。三是社会企业专注于用商业的手段解决促进就业、消除贫困、发展教育、社区建设、环境保护等社会问题,是完善社会治理的补充途径。四是在我国,约40%的社会企业关注消除贫困领域[1],大力发展社会企业可以有效巩固拓展脱贫攻坚成果,实现同乡村振兴的有效衔接,是实现乡村振兴的重要手段。

2. 大力发展社会企业与回应缺位性社会需求高度契合

进入新时代后,我国开始从过去以解决私人产品短缺问题为目标的"生存型"阶段,步入到以人的自身发展为目标的"发展型"阶段,需求结构呈现出战略性提升的趋势,主要表现为从私人物品短缺到公共物品短缺、从日用消费品到耐用消费品的变化、从对物的追求到对人的自身发展的追求。面对人民日益增长的美好生活需要,无论是政府还是市场和公益慈善组织,在回应社会需求方面都存在不同程度的缺位现象。尽管国家不断地加大社会民生投入,但各

---

[1] 该数据源于2018年中国慈善项目交流展示会的社会企业认证结果。

级政府在资源有限的情况下，不可能解决所有的社会问题；在市场机制下，商业企业往往容易忽略那些低回报甚至零回报的社会需求；而公益慈善组织"缺人、缺钱、低效率"的特征明显，无法真正有效地全面解决其关注的社会问题。大力发展社会企业，可以激活社会资本用商业手段来可持续解决社会问题，及时回应政府、市场和慈善组织的缺位性社会需求。

3. 大力发展社会企业与实现企业家社会价值高度契合

改革开放40余年，广大民营企业家积累了大量的财富，很多企业家的价值追求发生了变化，不再一味地追求商业价值，开始积极投身慈善事业回报社会，实现自身的社会价值。但是传统的慈善组织仅仅简单地关注企业家的募捐经费，而忽略了企业家丰富的企业管理经验、强大的资源整合能力，甚至有些企业家开始厌倦了慈善组织"杀猪式"的认捐强捐活动。大力发展社会企业，有助于发挥企业家在商业资本、企业管理、资源整合等方面的优势，参与解决一些他们特别关注的社会问题，实现自身的社会价值。同时，伴随着新一代年轻人的成长，越来越多的年轻人开始热衷于利用自身的优势投身于新模式、新业态、新产业的创业中来，这些新模式、新业态、新产业本身就是为了解决转型期社会发展的难点、痛点等问题。

4. 大力发展社会企业与实施"三高四新"战略高度契合

"十四五"期间，湖南将"三高四新"作为引领湖南未来发展的战略，是贯彻落实习近平总书记考察湖南重要讲话精神的重要举措。湖南大力发展社会企业，可以加快推进创业就业、扶贫济困、教育发展、社区建设、环境保护等社会问题的解决，弥补政府在公共产品和公共服务供给上的不足，提升社会弱势群体的经济收入和社会福利水平，让他们更多地享受到经济社会发展的红利，促进湖南社会稳定和谐发展，助推湖南在推动高质量发展上闯出新路子、谱写新时代坚持和发展中国特色社会主义的新篇章。

二、湖南社会企业发展面临的挑战

尽管湖南社会企业迎来了广阔的发展空间和良好的发展机遇，但其作为新生事物，存在着许多不成熟的地方，面临着一些与社会企业特性息息相关的特殊挑战，主要包括以下几个方面。

1. 来自社会企业坚守初心的挑战：如何保持社会使命稳定不漂移

社会企业具有经济、社会、环境等多重价值底线，在行业经济繁荣时期，社会企业的社会使命往往会为其赋能，获得更多的社会资源，其综合运行成本一般比传统企业要低一点。但在社会经济萧条或行业变革时期，传统企业可以通过解雇员工或降薪的方式来降低企业运行成本，但社会企业却因其社会属性很难做到，特别是"就业型"社会企业尤为突出。这时有些社会企业会经不住经济利益的诱惑，把商业利益置身于社会效益之上，选择牺牲部分社会效益，甚至背离社会使命彻底倒向逐利方向，此时其社会使命就会发生飘移。湖南社会企业的创业者必须高度关注这一挑战，时刻保持清醒的头脑，恪守社会企业创业的初心使命。

2. 来自社会企业能力体系的挑战：如何弥补运营能力的结构性缺陷

当前，湖南社会企业的创业者有两类人，一类来自商业领域，另一类来自公益领域。社会企业是经济属性和社会属性的共同体，创业者必须兼具创造经济效益和社会效益的技能和手段。来自商业领域的创业者具有较强的商业技能，而来自公益领域的创业者在扩大社会效益方面具有独特的优势，他们自身的优势同时也是对方的劣势。无论社会企业的创业者来自商业领域还是公益领域，他们都容易低估另一个行业存在的挑战。公益人不懂得赚钱会有多难，很多人以为转型成了社会企业以后就可以名正言顺而又更容易地获得收入，从而省去了筹款的麻烦；而商业背景的从业者们往往对自己的公益同行如此缺乏商业技能而深感失望，但是他们自己也没有意识到实现和扩大社会效应会有多难。[①] 湖南社会企业的创业者无论来自商业领域还是公益领域，都应加强交流与合作，不断向对方吸取前进的技能和动力，以弥补各自在运营能力上的结构性缺陷。

3. 来自社会企业投资体系的挑战：如何加大社会企业的投资力度

湖南现有社会企业要么是非营利性组织，要么是企业和非营利性组织"双体运行"，这从一个侧面反映出湖南社会企业存在造血不足和投资不足的问题，处在不同阶段的社会企业存在较大资金缺口。一般认为，社会企业兼具经济属性和社会属性，社会企业的投资收益一部分要用于解决特定的社会问题，有溢出效应，不能全部用于分红，其投资收益率比同行业的传统企业相对较低，一般的商业资本不愿意参与投资社会企业。与此同时，湖南在公益创投和影响力投资领域发展迟缓，没有较为成熟的投资实践和案例，也导致了社会企业面临融资难的困境。

---

① 顾远：《社会企业的运营：三种主要挑战及其应对措施》. http://blog.sina.com.cn/s/blog_a682eef60101f4or.html.

4. 来自社会企业政策环境的挑战：何时出台社会企业的地方性规章

目前，我国尚未出台关于社会企业的相关法规及类似文件，也没有专门的管理机构。北京、成都、深圳、顺德等地的政府进行了一些有益的探索和实践，对社会企业的身份和价值有明确的表态和认可。成都出台了比较完善的社会企业管理文件和扶持政策，北京、深圳、顺德等地虽出台了相关规定，但还不够完善。目前，湖南还没有相关的管理制度和法律法规，更没有明确社会企业的具体管理部门。为了加快社会企业发展，湖南必须尽早在这方面取得实质性突破，让改革的"红利"之光普照湖南社会企业。

第四节 湖南社会企业发展的对策与建议

湖南社会企业就像是一个嗷嗷待哺的婴儿，其发育和成长需要政府、企业、社会和高校科研院所等各方共同努力、小心哺育和呵护，才会日长夜大，成为三湘大地上顶天立地的"汉子"。根据当前实际情况，湖南要加快推进社会企业规范化发展应着力解决好以下几个问题。

一、提升对社会企业的认识高度和水平

各级地方党委政府要将对社会企业的认识与坚持以人民为中心的发展理念、完善社会治理体系、实现共同富裕、巩固和拓展脱贫攻坚成果与乡村振兴有效衔接等党中央决策部署结合起来，与实施"三高四新"发展战略、实现湖南经济社会全方位高质量发展结合起来；鼓励各级党校开设社会企业课程，向广大党员领导干部普及推广社会企业基础知识和发展理念；支持社会力量投资创办社会企业，鼓励社会团体、公益基金、城乡社区（居委会、村委会）、有志于公益事业的企业和个人投资创办社会企业；适时建立社会企业与公共资源的对接机制，定期或不定期开展社会企业与政府的社会公共服务采购部门对接活动。

二、尽快明确社会企业的主要管理部门

推动社会企业发展首先要明确社会企业管理部门，授权相关职能部门负责主持社会企业认证评估体系建设的推动落实，统筹协调社会企业的培育发展和业务指导工作。目前，北京和成都两地的社会企业管理部门有所差异，分别为

民政局和市场监督管理局。根据湖南的实际情况，可明确民政部门作为社会企业主要管理部门，重点做好社会企业公益属性的监管，让湖南社会企业有自己的"娘家"；同时，市场监督管理部门要根据部门职责做好社会企业经济属性的监管。

三、建立社会企业全生命周期管理制度

尽快建立涵盖企业登记、章程备案、评审认定、政策扶持、社会服务、行政监督、社会监督、摘牌退出的社会企业全生命周期管理制度，并明确运行机制，在地方规章的层面上明确社会企业的主体地位和监管手段。前期可借鉴四川省的经验，建议在长沙市或下辖区开展培育社会企业发展试点工作，尽快出台《关于培育社会企业发展的实施意见》《社会企业评审认证管理办法》等社会企业管理制度。

四、开展认证评估体系建设和定期评估

在以上两个管理制度的基础上，加强认证评估体系建设，进一步细化社会企业的认证标准和评估指标，形成社会企业督查评估机制，定期开展社会企业认证评估工作。建议可考虑委托第三方，如湖南省社会科学院等有社会企业研究基础的智库机构，共同建立社会企业综合服务平台，协同职能部门推行认证评估体系建设。

五、出台社会企业管理的地方性法规

可依据社会企业发展试点工作经验和做法，进一步完善社会企业相关扶持政策和激励措施，并在全省逐步推广。力争在"十四五"期间出台《湖南省社会企业管理办法》等地方性法规，在法制的层面上明确社会企业的法律主体地位，完善社会企业的监管体制，实现湖南社会企业管理法制化、规范化。

六、建立健全社会企业内部治理体系

建立健全社会企业内部治理体系旨在确保社会企业的社会使命、社会目标不漂移。社会企业管理部门要建立健全社会企业党组织建设、企业章程备案、信用公示与约束等机制，督促社会企业进一步完善内部治理体系。同时，社会

企业管理部门可以委托第三方智库研究机构加强研究，发布《社会企业组织机构建设工作指引》《社会企业财务工作指引》《社会企业公益活动工作指引》等行业工作指引，推动社会企业内部运营管理规范化发展。

七、加快构建社会企业金融支持体系

发挥政府公益创投和影响力资本社会目标优先和投资周期长的特点、政府引导基金的杠杆放大效应、社会资本的市场资源配置作用，加快构建以政府公益创投、影响力资本、政府引导基金和社会资本为主体的社会企业金融支持体系。可以考虑在现有的文化类或社会服务类政府引导基金中设立社会企业发展专项基金，支持社会企业创新创业。

八、加强社会企业发展的研究和宣传

鼓励和支持高校、科研院所对社会企业开展研究，如湖南省社会科学院与朝阳公益基金会联合成立的湖南社会企业研究中心，就有较好的研究基础和较强的研究实力。建议支持湖南社会企业研究中心结合社会企业认证评估工作开展系列研究，为湖南省社会企业发展提供决策咨询参考。同时，充分发挥中央、省内主流媒体的舆论引导作用，加大对湖南社会企业典型案例、重要活动等的宣传力度，营造有利于加快推进社会企业发展的和谐氛围。

国内篇

国内动态与各地经验借鉴

第一节 中国社会企业发展的基本概况

中国在社会主义制度下，有自己的一套解决社会风险的制度体制，诞生了一大批民办非企业单位，从事公益活动，如今中国进入高质量发展的新时代，在开放的市场经济制度环境下，需要寻求市场化解决社会问题的方式方法，满足居民更高层次的社会需求，这成为了社会企业发展的大背景。社会企业在我国作为新事物，其发展愈来愈受到政府部门、社会各界的关注和支持，已在各地试点与推广。

一、中国社会企业的发展背景

社会企业的概念起源于欧美，最简约地概括就是"运用商业手段，实现社会目的"。社会企业将商业经营理念引入公益领域，调动更多社会力量和资源，为解决民生问题开辟新道路，也有利于经济本身的包容性增长和可持续发展。在过去的20多年中，社会企业在传统第三部门与私人部门的交界处，通过综合使用市场资源和非市场资源、利用市场手段来实现社会目标，成为世界多数国家提供社会公益服务的首选模式。伴随着企业社会责任意识的强化、社会企业家群体的涌现，社会企业作为一种新兴的现代社会治理创新载体，正在世界范围蓬勃兴起。特别是尤努斯，由于其所创办的格莱珉银行在社会企业领域的突出贡献，于2006年被授予诺贝尔和平奖，更使社会企业模式被全世界所接受和认识。近年来，社会企业作为推动社会治理创新的重要力量，已经逐渐演化为一场全球性的公益创新浪潮。特别是在"福利国家危机"和金融危机过后，社会企业在解决弱势群体就业、弥补社会福利不足、消减社会排斥、推动可持续发展等方面都取得了令人瞩目的成就。① 社会企业适应中国经济结构调整和社会持续转型，能够很好地解决当下的很多社会问题，是现代社会的重要组成部分，是政府和企业功能的必要补充。在解决社区贫困、失业、社区居民权利匮乏和实现社会可持续发展等方面具有重要的推动作用。

改革开放前，具有"社会福利功能"的公益慈善机构，均具有官方或半官方色彩，它们分别从属于各政府部门和政府组织，承担着中国绝大部分的公益或慈善事业。伴随公民社会兴起及志愿者精神日益受到推崇，加之国家已接纳非官方公益慈善机构所发挥的社会福利功能，中国民间公益慈善机构有了很大的起色，尤其是在可持续发展与环保领域。依赖于主动地募集捐款、被动地接受馈赠这样的模式，并不是一个能持久运营组织的最佳方式，更何况解决贫困、健康、不平等、歧视性等社会问题，对官方或非官方的公益或慈善机构而言，都已不堪重负。②

20世纪80年代初期，中国开始向市场经济转型，企业活动得到肯定，政府逐渐减少对社会和经济生活的干预。经费不足倒逼中国对传统的福利政策进行改革，1987年民政部开始提倡发展社区服务，将教育和医疗保健这样传统上由国有企业承担或通过国家财政支持的社会性服务，部分留给了公民社会，而民间非营利机构并未完全做好准备去接手这些工作。为解决多样化的中国社会问题，民间非营利组织从20世纪90年代中期开始日趋活跃，但一直受到限制性的法律体系以及政府和公众的低信任的困扰，面临慈善捐赠的不足和志愿活动的低参与度，其发展遭遇瓶颈。如何通过市场化或商业化途径走出资源困境，是非营利组织必须面对的现实命题。③ 此后，来自社会、商业以及政府部门的声音，都呼吁引入社会企业的模式来解决政府和商业部门无暇顾及而非营利机构未能成功处理的社会和环境问题。

进入新世纪后，中国以更加开放的姿态加速政府职能转变，通过将部分政府职能向社会转移，尝试打造公共服务提供主体多样化的治理格局，社会公益团体、民间组织等得到飞速发展。2004年1月，《中国社会工作研究》刊载了刘继桐有关社会企业的译文，首次引入"社会企业"的概念，相关理论和实践

---

① 刘文俭：《社会企业大有可为》，《学习时报》2015年7月13日第004版。
② 周勇刚：《在商业企业与慈善组织间寻找新解决方案，"社会企业"开始特立独行》，《中华工商时报》2012年11月16日第007版。
③ 余晓敏等：《国际比较视野下的中国社会企业》，《经济社会体制比较》2011年第1期。

兴起。至2006年前后，社会企业开始进入中国公众的视野，其标志有三：一是著名社会企业格莱明银行的创始人、诺贝尔奖获得者尤努斯教授到访中国；二是大卫·伯恩施坦的著作《如何改变世界：社会企业家与新思想的威力》翻译出版；三是查尔斯·利比特的著作《社会企业家的崛起》中文版在英国文化协会的推动下强势发行。近年来，随着"加强与创新社会治理"的提出，越来越多的公益者和企业家在探索社会创新模式时，开始尝试以企业的手段来可持续地解决社会问题，企业和社会组织的边界日渐消融，"社会企业"作为新的组织形式在国内蓬勃发展。2012年11月，深圳残友集团荣获英国社会企业联盟颁发的"国际社会企业大奖"，标志着中国社会企业开始被世界所认可。2014年，中国社会企业与社会投资论坛（联盟）由国内17家知名基金会和公益创投机构联合发起成立，旨在从政策、人才、资本、支持性服务和社会认知等方面构建起行业生态系统。① 2015年6月，首届"中国社会企业与社会投资论坛暨联盟大会"在深圳召开，开启了国内社会企业的发展元年，进入市场构建期。慈善界著名意见领袖、社会企业的倡导者徐永光更断言："未来五年，中国有望成为社会企业世界第一大国。"②

党的十八大以来，习近平总书记深刻阐述了实现中华民族伟大复兴的中国梦。民生是中国梦的落脚点，以加强民生建设为途径的社会企业，已被贴上了重要的时代标签。特别是党的十八届三中全会做出了全面深化改革的重大部署，要求创新社会治理体制，通过大力发展社会企业，构建新型社会治理主体，促进社会治理体制创新，是一项值得探索的改革任务和重大举措。这既迎合了发展社会企业的现实需求，也提供了发展社会企业的条件与可能。中国已经具备了发展社会企业的环境和土壤，经过多年的发展与培育，如今已经有一批具有公益精神的企业家和仁人志士，慈善事业发达、公益组织完善，一些地区公益品牌弘扬海内外。

新时代，提供多样化、高质量的公益服务是缓解社会矛盾必不可少的手段。现阶段公益服务亟须引入社会力量，构建新格局。传统的社会管理模式和社会服务体系成本高、效率低，已不能适应新形势下人民群众日益增长的公共服务多样化需求，必须创新理念、制度和方式，充分发挥社会企业在社会建设、

---

① 朱健刚：《社会企业在当代中国的阶段定位与价值取向》，《社会科学辑刊》2018年第2期第69-77页。

② 徐永光：《社会企业是公益通向新常态的桥梁》，《中国慈善家》2015年第4期。

改革和治理中的应有作用。社会企业作为一种创新型社会组织，可以成为保障公益服务体系可持续发展的一个突破口。

二、中国社会企业的现状

社会企业在国内仍然算是一个新名词，在社会企业领域，中国与西方发达国家的差距并不大，况且中国社会还存在一些特殊机遇。社会企业在中国兴起是经济社会发展到一定程度后对多元化且可持续公益事业的客观要求。

"社会企业"这一概念被引入中国之前，早已有这样的机构出现。作为中国扶贫基金会发起的机构，早在1996年，中和农信就开始通过无抵押小额信贷的方式支持贫困家庭脱贫致富。2008年，中和农信转制成公司化运作，扶贫一直是公司的使命。社会企业在中国港台地区的发展相对要早些。台湾在探索市场与社会力量参与社会治理方面积累了可借鉴的经验，例如社会企业组织为残障人提供无障碍交通接送服务、解决环境等问题。香港各类社会企业通过与商界合作解决"资金永续性"问题。而在中国内地，公益组织基本都处在"吃了上顿，下顿不知在哪里"的尴尬处境，基本上靠捐赠过日子，能"自食其力"的微乎其微。

由于中国并没有对社会企业进行官方性定义，因此，中央政府文件中尚未正式使用"社会企业"一词，而是以"有一定造血功能的公益性组织"予以描述，这常被认为是民办非企业单位的替代概念，尽管"企业"与"非企业"属于相反的概念。作为民间机构的中国社会企业研究中心在2013年博鳌亚洲论坛闭幕晚会上发布的《中国社会企业与社会影响力投资发展报告》中提出了中国社会企业的概念框架。它从文化推动、政策制定、国情结合的角度，阐述了中国的社会企业特指以经营性收入为主的民办非企业单位。[①] 中国社会企业研究中心对社会企业的界定是保留中国体制特色的组织形态，同时，局限了以"社会性"作为核心价值的社会企业组织形态的多元化。

2006年以后社会企业快速发展，2014年到2017年，每年新增的有自觉意识的社会企业维持在245家左右。虽然新增社会投资机构已经开始出现下降的趋势，但中国强大的社会需求仍将为社会企业的发展提供良好的基础，特别在"互联网+"方面有很大的优势，很多社会企业利用"互联网+"，发展状况特

---

① 罗曙辉：首份《中国社会企业与社会影响力投资发展报告》，《WTO经济导刊》，2013年第5期。

别好。根据《2012年中国社会企业报告》，2012年中国社会企业的组织形态分布为：66%为工商企业（营利），20%为社会组织（非营利），而14%并未登记。中国的社会企业分为五类：民办非企业单位，全国共有民办非企业单位25.5万个，主要提供文、教、体、卫、养老和助残等方面的服务（民政部，2014）；农民专业合作社，共141.18万家（国家市场监督管理总局，2015年），通过成员的经济互助，致力于解决农村生产经营过程中的特殊问题，一定程度上反映了社会企业精神；社会福利企业机构，共1.6万个（2014年），解决困难群体的就业问题，1990年获得免税支持，实现典型的造血式福利经济功能；民办教育机构，共14.9万所（教育部，2013年）；商业企业，中国基金会数量已超过4200个（基金会中心网，2014年）。

根据2019年4月中国社会企业与影响力投资论坛和南都公益基金会联合发起完成的行业扫描调研报告[①]可知，中国有自觉意识的社会企业，大概有1684家。这些企业多数处于组织发展的初创期，44%的受访社会企业成立于2015年及以后，成立时间不超过3年；社会企业的主要收入来源于市场运营：91.6%从事市场经营活动，58.4%的社会企业主要收入来源于市场经营，总体而言，中国的社会企业市场运营的特征非常明显。61%的社会企业规定禁止或限制利润分配，2017年，有84.5%的社会企业将其净利润主要用于再投资自己的事业，只有8.5%的社会企业会向股东进行分配。大多数社会企业属于中小型组织，收入总额在101~1000万元的中型社会企业占41.6%，11~100万元的小型社会企业占37.5%；融资总额在11~100万元的小型社会企业占39.4%，101~1000万元的中型社会企业占28.3%。53.4%的社会企业受薪员工总量在10人以下，在11~100人之间的占比40.1%。社会企业在广泛的社会与环境领域实现其社会使命，包括教育（21%）、社区发展（13.4%）、就业与技能（12.3%）、环境与能源（9.8%）、公益/社企行业支持（9.3%）、医疗与健康（7.4%）、老年服务与产业（6.5%）、扶贫（5.7%）、艺术文化体育（4.6%）等众多领域。绝大多数社会企业的原始资本主要来自社会企业家个人（占86.1%）。社会企业创立后获得融资的成功率偏低，仅有34.8%申请过并成功融资，在社会企业发展的不同阶段，商业创投机构、新兴的社会投资机构和传统的商业银行均未

---

① 邓国胜：《中国社会企业与社会投资行业扫描调研报告2019》，中国社会企业与影响力投资论坛官网，2019年4月9日，http://www.cseif.cn/category/76。

成为中国社会企业的主要融资来源。①

社会企业在国内正处于快速上升的良好发展阶段，北京、深圳、成都、顺德、绵阳、内江、泸州等地都在积极推进社会企业的发展，大力支持社会力量兴办社会企业。社会企业认证最先在顺德开启，目前中国社会企业主要通过申请认证的方式确立身份，并主要依赖民间社会企业认证的方式，即由中国慈展会发起的年度社会企业认证。从受认证社会企业的分布来看。2015 年认证的 7 家社会企业分别来自广东江门和深圳、辽宁大连、甘肃兰州和上海 5 个城市；2018 年通过认证的 109 家机构，分布在 17 个省/直辖市的 24 个城市，涉及面扩展到新疆、内蒙古等地区。整体上，2015~2018 年认证的社会企业在地理上覆盖了 24 个省/直辖市，47 座城市。从城市分布来看，社会企业主要集中在广东、四川和北京，还有浙江、上海、江苏和湖南。总体来看，社会企业主要集中在一线城市，如深圳、北京、广州、上海；活跃涌现在二、三线城市，如杭州、成都、苏州、昆明等。近年来，北京、上海、成都等地相继开启了地方社会企业的认证探索。

据"腾讯公益"所统计的国内社会企业经典案例有"残友""光明设计""平安钟""Shokay""Netivism""移动厕所"等；《投资时报》与标点财经研究院设立了"社会责任企业"奖，颁发给"联想""恒大""中国平安"等 33 家公司。② 近两年来，公益界有关社会企业的认知与奖励可谓一派繁荣景象。

三、国家层面的政策与配套

中国政府在现阶段已陆续出台了鼓励社会力量参与扶贫、助残等公共服务的政策，尤其是《慈善法》的颁布实施标志着中国公益慈善事业迈入了法治时代。然而，中国目前尚无关于社会企业的专门立法，国内社会企业在现有的法律体系中只能被视为企业或非营利组织来加以规范和保障，难以明确社会企业的合法身份，无法保障其享受优惠待遇。

1990 年代以来，以扶贫、助农为宗旨的小额贷款在中国蓬勃发展，并以其普惠性特征为社会企业的融资问题提供了新的解决思路。2002 年 6 月，全国人

---

① 华钧：《中国社会企业生存扫描》，《21 世纪经济报道》2019 年 5 月 29 日第 012 版。
② 《〈2019 中国企业社会责任报告〉重磅发布 33 家企业入选经典案例》，新浪财经网，2019 年 12 月 10 日，http://finance.sina.com.cn/wm/2019—12－10/doc－iihnzahi6636337.shtml。

大常委会签署了《中华人民共和国中小企业促进法》，首次以法律形式确立了官方对民间创业的支持。2008年初，中国银行业监督管理委员会、中国人民银行出台《关于小额贷款公司试点的指导意见》，明确了小额贷款公司应为农民、农业和农村经济发展服务的原则。2009年出台了加强医疗保障机构改革的新措施，以引导社会资本投资于公益性质的非营利性医疗卫生机构（余晓敏等，2011）。2010年5月，国务院发布了《关于鼓励和引导民间投资健康发展的若干意见》，进一步推动民间资本发起或参与设立村镇银行、贷款公司、农村资金互助社等金融机构。[①] 富平微型金融通过与农户的合作，将资金、技术和人才投向农村，解决了农户的资金需求，是中国启动最早的微型金融服务代表案例。

近年来，中国政府为社会企业的发展创造了良好的外部环境，政策支持将对社会企业发展产生重要影响。党的十八大报告指出，"在改善民生和创新管理中加强社会建设"，通过创新体制机制逐步建立以公众参与为主的新型社会治理格局。2014年李克强总理提出的"打造大众创业、万众创新"和"增加公共产品、公共服务'双引擎'"，为增强社会企业的感召力和吸引力提供了绝佳的政策指引。虽然中国目前尚无社会企业专属政策，但在某些领域的政策框架中已加入促进社会企业发展的表述。

2014年《国务院关于扶持小型微型企业健康发展的意见》提出支持小微型企业发展，大力推进建设公共服务平台，加大政府购买服务力度，2015年国务院决定对小微企业及其孵化机构等给予税收支持，并创新融资方式，同时完善第三方服务、信息共享等平台，为创业创新创造条件。2015年出台的《国务院关于进一步做好新形势下的就业创业工作的意见》，则通过简化注册制度、提供税费减免、担保贷款和孵化器等途径，为大众创业提供政策扶持，这在一定程度上为社会企业的发展营造了有利的政策空间。2016年10月，民政部废止《民政部关于印发〈福利企业资格认定办法〉的通知》，取消福利企业资格认定事项。十九大报告中对提高改善居民生活水平、加强社会治理和创新的要求，也为社会企业的培育和发展营造了良好的环境。

由于中国还没有统一的社会企业相关法律制度，再加上中央政府权力向地方的转移，地方政府也开始了社会企业工作的试点。中国社会企业的政府支撑

---

① 余晓敏等：《国际比较视野下的中国社会企业》，《经济社会体制比较》2011年第1期。

政策，主要体现在地方政府层面，相关政策内容概括为社会企业的认证、社会企业的扶持和监管等方面内容。2011年以来，北京提出要大力发展社会服务业，积极扶持社会企业发展。2016年，北京市委、市政府发布了《北京市"十三五"时期社会治理发展规划》，明确提出要发展社会企业，推动事业单位、公益机构转变为社会企业；加大政府对社会企业公共服务的购买，开展社会企业家继续教育和专业培训。2018年8月，北京成立社会企业发展促进会，并推动实施2018年北京市社会企业认证工作，出台《2018年度北京市社会企业认证工作方法》《北京市社会企业认证办法》，进一步对社会企业的认证、扶持和监管做出详细规定。2016年，广东省佛山市顺德区印发《顺德区社会企业培育孵化支援计划（修订稿）》，由区社创中心负责统筹全区社会企业孵化培育支援工作，旨在推动社会企业的发展，培育社会创业家、企业家，引导社会资本参与公益事业，对社会企业进行认证、扶持、评价和监管。2018年，成都市出台《成都市人民政府办公厅关于培育社会企业促进社区发展治理的意见》，明确提出加强和创新社会治理，加大培育社会企业，为社会企业参与社会治理、参与公共服务等提供有利条件，着力构建共建共享的社会治理新格局，并就培育社会企业促进社区发展提出具体意见。尽管成都市工商局相继出台了社会企业认证孵化等配套文件，明确了社会企业的性质、申请条件及认证范围等内容，评审工作还是主要采用政府支持第三方评审的方式，前期由市工商局定期进行初选，形成观察名录，并由第三方复审、公示，最终确定社会企业。2021年全国两会期间，民建中央提交了关于发展社会企业的党派提案。

四、社会态度及其支持情况

在中国，一些非营利组织从业者用"创业"来传达社会企业的含义，强调承担风险去创造新事物，而不必区分营利或非营利的组织形态。1997年，"创业"首次出现在总理的政府工作报告中。2004年1月，北京大学的《中国社会工作研究》刊载了北大刘继同教授的《社会企业》译文。中央编译局的学者以及社会企业的中国倡导者们开始将"社会企业"翻译为"社会创业"或"公益创业"，这样翻译可以"为社会企业的发展提供坚实的文化基础"。用"社会创业"代替"社会企业"有助于淡化"社会企业"一词的商业味道，这就增强了"社会企业"在政府和公众眼中的合理性。在2001到2005年，以及2009和

2010年的政府工作报告中,"创业"的概念在谈到支持私有经济发展时不断出现。①

社会企业民间高峰会于2008年由香港政策研究基金会创立,从2009年400余人和2010年800余人的参会,到现在,每年都有2000到3000名参会者,成为具有国际影响力的社会企业盛会。香港社会企业高峰会成为社会企业运动中内地与香港民间交流的重要桥梁,其意义不止推动着香港社会企业的发展,也推动了全国社会企业的发展。2014年,香港社会企业高峰会已发展成一项相当独立性的活动,香港政策研究基金会将此项目的管理工作交予香港社会创业论坛。2008年,国内第一家社会企业研究中心——上海社会企业研究中心成立,并在上海财经大学开设了硕士和MBA的"社会创业"学分课程。2011年,中国社会企业研究中心在博鳌论坛发布的《中国社会企业与社会影响力投资发展报告》中提出了中国社会企业的概念框架;为了提升国内社会企业的整体状况,其连续多年组织社会创业和社会投资高峰论坛,在2013年博鳌亚洲论坛上发布了第一份中国社会企业白皮书——《中国社会企业与影响力投资发展报告》。

2007年,南都基金会成立,其使命是"支持民间公益",阶段性战略是"建设公益生态系统,促进跨界合作创新。"除了重点支持中国社会企业与社会投资论坛,南都在社会企业板块还支持了北京乐平公益基金会的公益企业(B Corp)推广、清华大学X-Lab社创硅谷的启动和运作、瓶行宇宙等项目。2007年,友成基金会成立,其是以参与式资助为主要运作模式的创新型非公募基金会,探索中国社会创新之路,通过出版《"友成"社会创新与社会企业译丛》、《社会企业家的战略工具》、《探求社会企业家精神》等书,推动了社会企业研究的发展。

NPO信息咨询中心是国内最早为非营利组织提供培训服务的专业机构之一,随后创建了中国首个公益风险投资基金"恩派公益组织孵化器"。如今一些旨在扶持社会企业发展的基金会和社会企业投资平台也相继出现。2014年,南都公益基金会、社会企业研究中心、北京亿方公益基金会、中国扶贫基金会、中华社会救助基金会等17家机构联合起来,共同创立了"中国社会企业与社会投资论坛",旨在促进跨界交流,推动行业发展及构建良好的外部环境。该

---

① 赵萌、杨莹等:《社会企业在中国崛起(上篇)》,《21世纪经济报道》2012年5月24日第024版。

论坛于 2016 年 11 月发起了首届中国社会企业奖，邀请各方面专家，参考国际标准，结合中国社会企业实践，共同制定评选标准，并对社会企业进行评审，发展出优秀代表，树立社会企业行业标杆。在现阶段，北京、上海、深圳、广州等一线城市已经连续推出了数届公益创投大赛，中西部地区的公益创投有待加速推进。公益创投、社会影响力投资等资助创新模式在国内社会企业的资金来源构成中显得愈发重要。社会影响力投资基金通过运用私募基金、创投基金等金融工具，使中国的社会企业运营除慈善意义外，还更多地体现出商业投资的价值。2012 年由世界资源研究所组建的中国影响力基金，着力改善社会底层人群的生活质量，投资致力于解决土地、能源和水资源等社会问题的小微企业。随着社会影响力投资的发展，与之配套的市场第三方中介机构也应运而生，包括社会企业孵化器和投资咨询机构等，市场与投资链条也趋于完善，使得社会企业的经营资源愈加丰富。2017 年，作为中国慈展会社会企业认证的执行单位，深圳市社创星社会企业发展促进中心成立。

社会企业作为商业与公益结合的创新理念，在中国已开始逐步发展，并得到社会各界的关注和支持。公益事业从内而外可以简单划分为"慈善""公益""社会创新"三个圈层，是从"授人以鱼"到"授人以渔"到"渔场生态系统化改造"。当到了社会创新层面的时候，公益已经开始需要融合商业思维和可持续模式探索，而社会企业就是其中探索之一，被认为主要可以解决传统公益组织不能自我造血和可持续发展的问题。由于社会企业处于探索式发展阶段，国内学术和实践领域对于其认知仍有很大争议。2017 年 3 月，中国社会企业与社会投资论坛发起的"中国社会企业奖"入围名单公布，摩拜单车入围引发社会广泛关注和热议。很多行业内的人质疑，摩拜单车是否能被称为"社会企业"，更质疑，如果摩拜单车入围甚至获奖，那么，其他共享单车是否就天然具有了"社会企业"的属性。南都公益基金会理事长徐永光认为，摩拜单车是社会企业，因为它的出现，解决了社会的某个痛点。如解决了从公共交通站点到家门口的"最后一公里"难题，此外，摩拜单车还有效降低了碳排放。争议一方认为，摩拜单车的大规模投放造成了社会资源的浪费，乱停乱放的现象增加了社会的管理成本，而多轮融资的摩拜单车其首要目标也并非实现公共利益，并认为它的入围还有可能使民众对当下并不普及的"社会企业"认知产生迷惑。很多企业家将社会企业理解为有社会责任的企业，阿里巴巴、万达等巨头的掌舵人都曾在公开讲话中表示，自己的企业也是社会企业。至于商业和公益之间孰轻孰重，中国的公益圈有一个模糊的共识：社会企业是"用商业手段解决社会问题"，其第一目标是公共利益，追求商业利益是手段而不是目标。徐永光出版《公益向右，商业向左》一书，再次宣扬自己的观点，引发"二光"之争。他认为在能够在形成商业模式的领域中商业效率更高，这类民营非企业单位应重新注册转型为社会企业，公益应当像商业那样玩，公益市场化是实现公益资源的有效配置。中国人民大学中国公益创新研究院院长康晓光撰檄文《驳"永光"谬论》，称其否认人的利他性，颠覆了公益的本质。康晓光于"中国公益年会"现场再次回应了"向左向右"的话题。他指出，"左"更倾向于平等，所以"商业向左"这一说法没有问题；但"右"意味着更强调效率，而公益应该永远"向左"，它可向商界借用技术、管理手段和方式方法，但不代表可以"公益向右"；而今天商业与公益的结合，原因实际上就是"人类向善"。二人主要激辩人性本善/恶、利己/利他及由此衍生的关于社会问题解决和公益慈善走向的思考。①

由于长期以来我国对社会企业的定义模糊不清，缺乏法律支持，其不能享受税收优惠政策，只能进行工商注册，很难得到风险投资、贷款与赠款的青睐，导致缺乏初始启动资金，再加上自发形成的社会企业商业运作与管理模式专业化程度不高，从而难以做到可持续发展。政府想做做不好、NGO想做做不了、普通企业又不肯去做的事，就是社会企业大显身手的领域。2015年国内首个民间社会企业认证办法《中国慈展会社会企业认证办法（试行）》（以下简称《认证办法》），在第四届中国慈展会期间发布，用"民间执照"破解了"身份尴尬"，即社会企业缺乏法律支持，不能享受税收优惠政策，没有专门的注册形式，很难获得风险投资、贷款和赠款等。由此，经过认证的社会企业是慈善事业发展的重大突破，重新塑造了慈善事业的组织形式和捐赠方式，使得游走在营利与非营利之间，用商业技术解决社会问题的创业者不断涌现，并衍生出大量的创新领域。《认证办法》对社会企业的界定强调其商业运作方式、解决社会问题的宗旨及可持续运作能力，认证办法参考了国外的丰富实践，并借鉴了ISO质量认证体系。该《认证办法》将组织目标、收入来源、利润分配、组织管理、注册信息等作为社会企业核心认证要素，并对通过社会企业认证的机构提供资金、人才、孵化方面的支持。根据《认证办法》对于社会企业的定

---

① 张明敏：《社会企业与公益市场化引争议》，《公益时报》2018年1月2日第004版。

义,申请机构需要符合以下五个基本条件:组织目标、收入来源、利润分配、人员结构、注册信息。社会企业的认证将建立评审委员会委员库,包括:主办单位负责人、政府、行业专家、企业、学者、媒体等。中国慈展会社会企业认证评审委员会由评审委员组成,是具体社会企业认证的决策机构。在支持方面,将根据机构需求,配对评审委员会委员库中的导师一名,建立专业导师工作机制,提供政策讲解、风险评估、社会创业、产品营销等咨询和顾问服务;通过社会企业认证的机构可优先入驻中国慈展会华强北公益创客孵化基地,享受1年免费孵化服务。四年来,中国慈展会对社会企业的认证标准也是随着社会企业的发展和学术研究的深入不断地优化,《中国慈展会社会企业认证手册(2018)》中对社会企业的认证主要以机构资质、社会目标优先、市场化运作解决社会问题、成果清晰可测量与社会影响四个方面作为一级判断指标,从而又从企业和社会组织两种形式细化出二级指标和三级指标,其中企业指标有11个二级指标,28个三级指标;社会组织指标有9个二级指标,27个三级指标。出台社会企业认证办法,可谓是"对症下药"。尽管只是一个民间的认证标准,却为社会企业设定了比较系统合理的准入、激励与退出机制,有助于各类社会企业进行自我诊断,并接受社会的检验,从而使行业重新"洗牌",实现优胜劣汰。通过认证的社会企业一旦得到资金、人才、孵化方面的政策支持,将会更加具有竞争力。[①] 2018 中国慈展会社会企业认证标准在深圳发布,对社会企业认定提出多个标准。随着中国慈展会社会企业认证工作的进行,社会企业的影响力将不断扩大,成为社会企业发展的主要推动力量。

第二节 中国社会企业发展的基本模式

社会企业在中国港台地区的发展相对要早些,应其经济环境与社会形势变化,在探索市场与社会力量参与社会治理方面积累了可借鉴的经验,中国内地因改革开放,由沿海城市向内陆城市陆续开展先行先试,在发展社会企业方面,中国由于地域经济发展、社会问题的差异和资源要素的不同,形成了港台、北京、深圳、顺德、成都等发展模式。各地的实践经验也在不断探索与发展,在相互借鉴与影响下走向成熟。

[①] 姚龙华:《"民间执照"开启社会企业破冰之旅》,《深圳特区报》2015 年 9 月 10 日第 A02 版评论。

一、北京：民政牵头模式

北京市受疏解非首都功能影响，很多非营利组织采取企业形式注册，并把解决社会问题和实现社会目标作为首要使命。2015年之前，由于国家尚未明确专门针对社会企业的法律实体形式，北京市的"准社会企业"主要采取营利或非营利两种形式注册，具体类型包括民办非企业单位、福利企业、以公益为宗旨的企业、合作社及慈善超市等。社会企业涉及家政服务、教育培训、养老服务、助残服务、农业合作社等领域，它们或注册为社会组织，或注册为商业企业。截至2015年底，北京市注册登记的民办非企业单位共3960家，其中在市民政局登记的有550家，在区民政局注册的有3410家。全市福利企业达514家，职工总人数2.3万人，安置残障人职工9434人；全市登记注册的农民专业合作社达6361家，带动农户23.7万户；北京全市在工商局注册登记的以公益为宗旨的企业约3000家。另外，全市慈善超市共计33家，是由民政部委托北京市开展的试点项目，由原民政部门爱心家园升级改造而成，按照社会企业模式运营，努力实现自我造血，降低政府救助成本。[①]

1. 北京市社会企业发展政策与经验

北京市委市政府高度重视社会企业发展，注重顶层设计，加强宏观指导。2011年，北京市委《关于加强和创新社会管理全面推进社会建设的意见》中提出，要"积极扶持社会企业发展，大力发展社会服务业"。同年，《北京市"十二五"时期社会建设规划纲要》中明确"积极扶持社会企业"的要求。2013年6月，《中共北京市委关于加强和创新社会管理全面推进社会建设的意见》中提出"积极扶持社会企业发展，大力发展社会服务业"，首次在政府文件中明确提出社会企业；2014年，《北京市人民政府办公厅关于政府向社会力量购买服务的实施意见》中明确政府购买服务的承接主体包括社会组织、企业、机构、事业单位等，首次将企业纳入政府购买公共服务准入范围。2016年11月，北京市发布全国首个省市级社会治理五年规划——《北京市"十三五"时期社会治理规划》，提出"大力发展社会企业"，要"开展专题调研，研究扶持政策，分类开展试点，大力推动以服务民生和公益为重点的社会企业发展"，是国内社会企业政策上的发展，为制定相关政策指明了方向。

---

① 岳金柱、杨柏生等：《北京社会企业发展现状、面临挑战和对策建议》，《社会治理》2018年第4期第53-60页。

引入市场机制,加强政策引导。北京市有关部门在制定行业政策时,并未直接提出培育发展社会企业,而是顺应其发展趋势,加大改革创新力度,优化公共服务供给结构,积极推动社会组织、商业企业向社会企业转型,支持其以市场机制、创新模式,来参与解决社会建设重点难点问题。一是出台政策扶持。在医疗服务方面,2012年,北京市出台《进一步鼓励和引导社会资本举办医疗机构的若干政策》,发布《社会办医疗机构成立工作指南》《北京市医疗机构许可办事指南》。在健康服务方面,发布《北京市政府促进健康服务业发展实施意见》,在养老服务方面,出台《关于加快推进养老服务业发展的意见》《关于加快本市养老机构建设的实施办法》《关于深化公办养老机构管理体制改革的意见》和《北京市居家养老服务条例》,着力破解制约养老服务业发展难题。二是加大政府购买服务的力度。从2009年起,北京市级财政设立社会建设专项资金,其中购买社会组织服务占较大比例,主要围绕社会组织服务管理创新、社会领域党建创新、专业社会工作创新、社会建设信息服务、社区服务管理创新以及社会动员机制创新等方面,向社会组织公开购买服务。据统计,2009年至2016年,北京市财政共拨付社会建设专项资金18.1亿元,其中4.68亿元用于购买社会组织服务项目3214个,为部分社会组织转型发展成为社会企业创造有利条件。三是加强政府与社会资本的合作。按照北京市《关于创新重点领域投融资机制鼓励社会投资的实施意见》,推动社会领域多个社会办养老、社会办医、社会办教育项目落地,发挥了示范效应。出台友谊医院顺义院区PPP项目方案和安贞国际医院特许经营试点方案,推进养老服务业改革创新。四是加快事业单位分类改革。创新公益服务提供方式,将可由第三方提供的事务性管理服务交由具备条件的社会力量承担。对于环卫清扫保洁作业、社区服务、养老服务等事务性工作,采取政府购买服务的方式提供。推动事业单位去行政化,逐步将有条件的事业单位转为企业或社会组织。

2. 北京市社会企业认证办法发布

2018年8月11日,中国社会企业论坛北京峰会上,北京社会企业发展促进会发布了《北京市社会企业认证办法(试行)》。峰会为北京市12家社会企业试点单位、示范点单位进行授牌,成立北京社会企业联盟,发布了《北京社会企业联盟章程(试行)》。《办法》认为,社会企业是指以有效追求社会效益为根本目标,持续用商业手段提供产品或服务,解决社会问题、创新公共服务供给,并取得可测量的社会成果的企业或社会组织。此次发布的《办法》不是政策性文件，但对北京市社会企业发展将起到重要的推动作用。《办法》第一条即规定，要"引导社会资本参与社会问题的解决"。目前，不少专业投资机构甚至包括基金会均在尝试以投资促社会企业发展。对比各地的标准，本次北京市发布的《办法》，规定认证的标准共有9项，包括使命任务、注册信息、信用状况、经营管理、社会参与、社会效益、可持续发展能力、创新性及行业影响。这九大基本标准框定了北京市社会企业的实质性内容，然而其后续执行层面的难度不小。《办法》的一大创新是规定了认证分级的内容。将社会企业分为3个星级，依据商业来源在收入来源中的占比是重要的衡量因素——要达到一星级社会企业标准，收入来源的30%应来自商业收入；要达到二星与三星级社会企业，收入来源的50%应来自商业收入。《办法》将"竞争性政府采购部分"纳入商业收入之中，这意味着政府采购要向社会企业放开了。在认证分级的规定中，在社会效益方面，一星级社会企业的要求是"有可测量的证据显示其创造的社会价值"，并且"能够明确阐释其项目年度受益人数、资源节约、环境友好、员工保障、社会影响等方面的数据"；二星级社会企业的要求是"有证据显示改变了该类人群的生活工作质量，能够有效整合配置资源，创新性地解决社会问题或提供公共服务"；三星级社会企业的要求是"通过政策倡导和社会倡导，在服务模式探索上形成规模化的社会问题解决方案与实践，在本行业领域发挥良好的示范引领作用。"服务覆盖方面，一星级社会企业的要求是覆盖到本市区级层面；二星级社会企业的要求是覆盖到本市；三星级社会企业的要求是覆盖到本市以及其他省市。3个维度层次清楚，一星级社会企业解决的是商业模式的问题；二星级社会企业解决的是社会影响力深度的问题；三星级社会企业解决的是社会影响力广度的问题。[①] 根据《北京市社会企业认证办法（试行）》，北京社会企业发展促进会还将为通过认证的社会企业提供人才支持，开展人才培训，系统性提升其经营者和业务骨干的管理能力，还提出要建立导师工作制，根据社会企业需求，为其提供导师，为社会企业提供组织管理、政策支持、财务管理、党建工作、经营运作等咨询和服务。2019年7月，北京市发布《昌平区回天地区社会企业认证与扶持试点办法》，给予孵化培育支持、办公用房租赁补贴、人才扶持等业务发展扶持。

---

① 顾磊：《北京市社会企业认证办法（试行）发布——认证社会企业商业收入需超3成》，《人民政协报》2018年8月14日第010版。

二、深圳：民间认证模式

广东省是社会企业发展较早的地区，2011年以来，一些市县将社会企业纳入社会创新范畴，提出要培育发展社会企业。2012年英国社会企业联盟（Social Enterprise UK）将首届国际社会企业大奖的桂冠颁发给深圳残友集团，表明深圳不仅是创业的天堂，是中小企业发展的摇篮，也是社会企业成长的热土，为残障人创业发展提供了强有力的支持，残友集团获得国际大奖就是对此最好的注解。残友集团的发展壮大，是深圳长期高度重视社会建设的具体成果，也是深圳社会组织发展质量的生动体现。

深圳社会企业从早期照搬国外、香港经验，到如今初步探索出适合本土的发展模式，在以可持续的方式解决社会问题、构建共建共治共享的社会治理新格局中发挥着重要作用。深圳在公益慈善方面走在全国前列，这座城市涌动着慈善创新元素。深圳会展中心自2012年以来，每年举办由国家各部委、广东省人民政府和深圳市人民政府共同主办的国家级、综合性的公益慈善会，公益慈善项目交流展示会为公益慈善资源的供需双方搭平台、"牵红线"，是其重要目标之一。2015年第四届中国慈展会期间，发布了国内首个民间社会企业认证办法《中国慈展会社会企业认证办法（试行）》。中国慈展会社会企业认证由深圳市中国慈展会发展中心、国际公益学院、北京大学公民社会研究中心、北京师范大学中国公益研究院、亿方公益基金会、中国人民大学尤努斯社会事业与微型金融研究中心等六家权威机构联合发起的。深圳仅2017年通过中国慈展会认证评定的社会企业就超过35家，总数居国内第一。

深圳市慈善会和深圳市创新企业社会责任促进中心共同举办了公益星火计划，这个计划把企业家、社会组织、媒体等纳入进来，关注社会创新，支持社会企业。日前，深圳经济特区社会工作学院是中国社会建设和社会工作领域的第一家专业学院，为社会企业输送了很多公益人才。2015年6月，深圳举办了由国内17家知名基金会和公益创投机构联合发起的"中国社会企业与社会投资论坛（联盟）"，旨在整合资源共同推动社会企业和社会投资的发展。与论坛同步，社会企业研究中心联手星展基金会启动了"大中华区社会企业调查及发展趋势研究"项目。

深圳市社创星社会企业发展促进中心是中国第一个在民间出台社会化企业认证办法的组织，探索出了有中国特色的社会企业认定模式。三年来中国慈展

☞ 社会企业发展理论与实践报告

会根据该模式已对超过730家企业和机构开展认证，其中通过认证的社会企业有125家。为了对深圳本地的社会企业环境与政策发展可行性进行较为科学系统的研究，并提出具有前瞻性的政策建议，2018年，深圳市民政局委托深圳市中国慈展会发展中心开展了社会企业的认定及管理课题研究。

社会组织向社会企业转型，就是用商业的手段对公益人才进行再次赋能。目前，对于社会企业的认定主要聚焦在"如何解决社会问题"和"如何探索商业模式"上，这是当下社会企业最亟待解决的问题。只要能保证社会目的不偏移，任何商业化的探索都是可行的。[①]

深圳市龙岗区横岗街道积极探索政府与社会企业合作。为激发街道社会企业活力，积极探索政府与社会企业合作路径，2015年，横岗街道首批选定"爱子乐阅读馆"为试点，由社工办牵头，整合组织部、工青妇等相关部门资源，开展社会企业"助跑工程"。横岗街道还从社会企业认证标准制定、培育制度建设、人才培养计划三方面入手，2016年，制定出台《横岗街道社会企业认证标准》《龙岗区横岗街道社会企业培育办法》《横岗街道社会企业监管办法》《横岗街道社会企业资金使用办法》《横岗街道社会企业发展指引》《横岗街道社会企业人才培育计划》等"1+5"文件，为进一步促进社会企业的科学、健康、可持续发展提供理论支持。

深圳市福田区在2018年3月发布《福田区关于打造社会影响力投资高地的扶持办法》，支持发行社会影响力债券，按照《深圳市福田区支持金融业发展若干政策》给予债券融资支持，支持设立社会影响力投资引导子基金，为辖区公益创投领域的企业提供资金支持，支持基金会落户，对通过认证的社会企业给予一次性3万元的支持，每年根据实际情况调整年度支持总额。福田区政府鼓励社会企业申报福田区社会建设专项资金资助项目，支持社会力量在福田区建设社会企业产业园，按照项目投资额的30%，一次性给予最高100万元的建设支持，主要用于园区环境建设、公共服务、信息化建设等，还给予园区房租支持、重要活动及论坛支持、创新项目配套支持、社会影响力项目试点支持等一系列支持。

深圳的"社会企业"被圈内公认的，有残友、青番茄和深圳市家路文化传播有限公司等几个。残友集团是深圳诞生的全国最大的社会企业之一，形成了

[①] 吴阳、徐勉：《广东社会企业，活在公益与商业之间》，《南方日报》2018年7月23日第A13版。

拥有 15 家高科技福利企业、逾千名残障人士就业的大集团，而且在外地还设有十多家分支机构，它的迅速发展在全国也是罕见的。残友集团以其发展的特殊性，不仅实现了强势就业，还取得了良好的经济效益，在自给自足的同时支持公益。深圳市青番茄文化传播有限公司是一家倡导"享受书式生活"的社会企业，公司成立青番茄中文网上实体书图书馆，并承诺免费为读者配送和借出图书。之所以这样做，一来有投资人愿意出启动资金做这样的事情；二来公司坚持"善的循环"，通过创办图书馆等商业智慧来持续完成社会责任。目前深圳市社工协会正在研发一套 OA 系统，以深圳大量诞生的社区服务中心为载体，实现无纸化办公及社工人员、机构、服务的便捷管理，同时，还将经营"呼援通"居家服务，建立社区优质服务商家平台，让市民自己评价和推荐周边优质商家。

三、顺德：法定机构市场化运作模式

顺德是全国探索发展社会企业较早、综合水平较高的地区之一。顺德对社会企业的定义为：以协助解决社会问题、改进社会治理，服务于弱势及特殊群体或者社区利益为宗旨和首要目标，以创新商业模式、市场化运作为主要手段，所得盈余主要用于或逐步加大用于再投入其社会目标、所在社区、公益事业的特定法人单位。

顺德作为广东省综合改革试验区，沿着"大部制—小政府—大社会—好市场"的改革路径，立足于加强完善行政运行机制、创新社会治理和服务方式，提高政府的行政运作效率效能、社会治理和公共服务能力，提升社会活力和改善公共服务，推动政社协同共治。2011 年，顺德区委区政府发布《关于推进社会体制综合改革加强社会建设的意见》，引导和支撑企业履行社会责任，扶持社会企业；2012 年 6 月通过了《顺德区法定机构管理规定》及《顺德区社会创新中心管理规定》。顺德区委区政府设立佛山市顺德区社会创新中心（简称"社创中心"），率先开启了社会企业的实践探索。社创中心是一个法定机构，作为顺德社会创新（治理）智库和支持平台、区域社会创新生态圈和价值观的构建者，其在主要政策部门和理事会的指导下，以创新的理念和方法，通过研究倡议、专业支持、对接资源、孵化组织、培育人才、发展项目，推动社会服务和社区治理的整体发展和系统提升。社创中心将深入贯彻落实党的十九大精神，携手党政部门、社区、社会组织、企业、市民等各界力量，打造共建共治

共享的社会治理格局，助力建设广东省高质量发展综合示范区和新时代贯彻落实新发展理念实验区，其使命是"探索创新模式，共建美好社会"，其愿景是"将顺德建设成为国内一流的社会创新城市"。

社创中心是一个综合性、枢纽型平台，具有孵化、培育、扶持、研究、培训等多元化的社会创新功能，整合利用政府、企业、社会、学术、金融等多领域和国内外等多方面的资源，倡导创新理念，培育创新组织，推广创新模式，发展社会创新的事业链、产业链和产业集群。社创中心以企业的治理结构、市场的运作效率，独立、专业、开放地履行社会管理和公共服务创新职能，执行政府的部分社会政策。社创中心有四大基本职能：（1）全面分析社会问题，了解社会需求，提出本地化、可操作的解决方案；承接政府、企业、机构等委托的研究课题。（2）联合专业培训机构开设公益培训课程，为社会组织、社会企业定向培养公益人才；向社会组织提供专业督导，提升其社会服务专业度。（3）联动"政、商、研、社、金"各方力量，建立社会服务、资源共享平台；开展公众参与性强的活动，创新公益模式，推动全民认识公益、投身公益。（4）为社会组织提供注册、人才、信息、培训、入驻孵化等一站式服务，推动社会组织跨越式发展；建立公益资本运作平台，吸引社会资本投资社会企业，推动社会企业发展。

为贯彻落实《2013年广东省深化社会体制改革工作要点》（粤委办发电〔2013〕53号），顺德区委、区政府印发了《顺德区深化综合改革规划纲要（2013—2015年）》的通知，进一步加快社会企业培育发展，倡导企业家及社会各界热心人士以商业模式、社会资金解决社会问题。社创中心就社会企业认定与扶持政策进行课题研究，从2013年5月开始，通过资料研究、专题咨询会、专家论证会、实地走访等方法进行全面调研，撰写了《顺德社会企业发展现状分析报告》《社会企业标准与扶持政策研究报告》，出台了《社会创新中心社会企业资助计划》。2013年11月，社创中心以"社会创投与社会企业"为主题，以"香港商业智慧创新公益之路"为出发点举办了第四期公益沙龙，进一步激活社会建设与社会创新的思维创意，学习香港社会创投与社会企业的成功经验，与区内各界人士共同探讨商业价值与社会效益共进的社会发展模式。

2014年7月，由社创中心发起和筹备的社会服务交易所正式运营，这是国内第一家对接社会服务需求、资金和服务的综合性平台。2014年9月，出台《顺德区社会企业培育孵化支援计划》，这是全国首创、具有"顺德特色"的社会企业标准与扶持政策。该计划将符合标准的企业认定为社会企业，允许其使用统一的社会企业标识，扩大企业及其产品的影响力，并推动成立社会企业联合组织和支援型机构；在支援方面，落实好金融扶持、人才培训、结构帮扶、宣传推广、荣誉表彰等方面的支持。2014年，社创中心出台了全国首个地方性社会企业标准和扶持政策，并于2015年开创国内社会企业认证先河，2016年、2018年与2020年先后开展了四届社会企业认证工作，经过专家评审共认定了27家社会企业，培育、发展、认定了一批具有顺德特色、社会影响力明确、可持续发展的社会企业，业务领域涵盖文化教育、公共安全、社区营造、助残、就业支持等多方面。

2015年制定的社会企业认证标准对社会企业的利润分配作了相当严格的限制，要求社会企业的利润分红不能超过总额的三分之一，而事实上，几年来大多数社会企业连盈利都难以实现，分红限制没有实际意义。2016年，社创中心对《顺德区社会企业培育孵化支援计划》作了适当修订，放宽认证限制，只要具有明确的社会目标和可行的商业模式，就可以被评定为社会企业，同时要求具有明确的社会目的（须写进企业章程）、工商登记、能够实现稳定的经营性收入。社创中心还积极组建了顺德社会企业俱乐部，俱乐部的使命是推动社会企业更具商业活力，推动商业企业更具社会价值，提供社会企业认证服务、资源整合与对接、社会企业品牌推广、社会企业研究与咨询、促进行业自律等服务。随着社创中心的工作成效和影响力逐步彰显，其从2016年开始向外输出经验，参与省内外相关论坛，介绍顺德社会企业的发展情况。

2018年，社创中心与民政部指导下的中国慈展会社会企业认证组委会办公室合作，进一步规范认证标准与流程。在2018年中国社会企业认证中，全国共有110家企业通过认证，其中16家顺德社会企业同时获得慈展会的社会企业认证，包括金牌社会企业1家，好社会企业6家，社会企业9家，并获得顺德区创新创业公益基金会的支持，优先推荐认证社会企业进入基金会孵化资助体系，获得超300万元的社会性创业资助。2018年9月，顺德区举行第三届社会企业认证发布会，广东顺德智勤科技有限公司、佛山市观效文化传播有限公司、佛山市顺德区文筑商贸有限公司等20家企业获得认证，其中包括8家"AA级社会企业"和12家"A级社会企业"。获得认证的20家企业，有10家是由普通企业脱胎成社会企业的。向社会企业转型不仅是公益社会组织的发展选择，同样也是顺德中小企业的一条转型路径，既可以为企业发展谋出路，也可以实现

☞ 社会企业发展理论与实践报告

更大的社会价值。

2020年，为利用顺德市场机制完善、商业资源丰富、企业家社会责任心强等优势，深化社会企业支持体系建设，更好发挥社会企业在创新社会治理、参与乡村振兴、改善公共服务、增进社会福利的作用，社创中心修订并印发了《顺德区社会企业发展支持计划》以替代《顺德区社会企业培育孵化支援计划（修订稿）》，同时发布《第四届顺德社会企业认证手册（2020）》，该认证参照了国际上成熟的社会企业认证体系，结合了社会企业服务平台6年来社会企业认证的实践经验，并参考北京、成都、深圳等地的社会企业认证实践制定完成。

2020年第四届社会企业认证经过企业申报、辅导、审查、信用核查、尽调、评审、公示等环节，共有10家企业获得"顺德社会企业（A级）称号"。申报认证的社会企业主要集中在教育与培训、文化教育、就业促进等3个领域，其受益人群主要集中在学生、农村人群、留守儿童等3类人群。

目前顺德认证的社会企业有27家，未认证的准社会企业约100家，其中AA级6家，A级21家，每家社会企业平均注册资本为37.76万元，平均员工人数为9人，业务范围涉及公共安全、节能环保、社区发展、弱势群体帮扶、创业孵化、文化发展、青少年儿童教育等多方面。弱势群体帮扶类社会企业最多，为9家，其中8家为扶持残障人士就业，1家为传统慈善超市转型的创新运营，文化发展类共5家。顺德社会企业的经营领域早期比较集中于弱势群体就业，以助残类项目居多，多数以餐饮、洗车、商品零售等服务业来帮助残障人士就业，2018年，顺德社会企业的经营领域发生了很大的改变，除了文化企业、养老服务企业，一些有制造基础的企业也加入社会企业之中，涉及青少年儿童教育、弱势群体帮扶、文化、社区发展、养老配套、无障碍服务、节能环保、创业孵化、互联网等多个行业领域，其中，文化发展类社会企业呈加速增长趋势，在2020年第四届认证中，文化及社区教育类社会企业快速增长，占比超过60%，首次出现一家城市社区居委会创办的社会企业。

对来自企业转型从事社会企业的人来说，生存下去，似乎没有那么容易。虽然顺德社会企业百花齐放、阔步发展，但仍有相当一部分企业处于亏损状态，原因就在于社会企业普遍缺乏既懂企业经营又善于解决社会问题的人才。经营亏损是不可忽视的问题，而社会企业的规模及发展限制导致其很难招聘到高学历专业人才。

四、成都：政府主导模式

成都市自 2003 年以后，推出民营企业发展十条"新政"，允许村民委员会、有集体经济管理职能的居民委员会以集体资产出资入股或兴办公司。2017年后，成都市在探索城乡社区治理改革中，创新性地将社会企业纳入城乡社区治理多元主体之中，以创新社会治理模式、服务城乡社区发展治理为目的，开启了培育发展社会企业的有益探索。2018 年 4 月，成都市政府发布"红头文件"促进社会企业发展，可谓力度较大。《成都市人民政府办公厅关于培育社会企业促进社区发展治理的意见》在对定义社会企业时指出，社会企业"所得盈利按照其社会目标再投入自身业务、所在社区或公益事业"，这一描述被指"不允许分红"，其重点任务是明确牵头部门，建立社会企业培育发展促进机制，营造支持社会企业发展的良好环境，建立健全社会企业监管服务体系。针对社会企业发展，主管部门成都工商管理局出台了《关于发挥工商行政管理职能培育社会企业发展的实施意见》（2018 年 6 月），成都市场监督管理局印发了《成都市社会企业评审管理办法》（2019 年 6 月），各区政府部门也出台了对社会企业的扶持办法、支持政策，给予场地、孵化及平台、智力、项目等支持，以及放宽条件、购买服务、奖励等具体措施。成都是全国首个从市级层面以政府发文形式推动社会企业发展的城市，其将市级层面出台的系列政策文件与区级层面制定的支持措施相结合，构建起从登记、评审认定、政策扶持、社会服务、行政监督、社会监督乃至摘牌退出等全生命周期的社会企业政策保障体系。

按照《关于培育社会企业促进社区发展治理的意见》（成办函（2018）61号），成都社会企业指经企业登记机关登记注册，以协助解决社会问题、改善社会治理、服务于弱势和特殊群体或社区利益为宗旨和首要目标，以创新商业模式、市场化运作为主要手段，所得盈利按照其社会目标再投入自身业务、所在社区或公益事业，且社会目标持续稳定的特定企业类型。

1. 厚培社会企业发展土壤，打造"区级+社区"双平台

成都市成华区坚持"政府引导、市场主体、资源整合、共享共赢"理念，将继续创新完善"1+1+1+N"社会企业发展生态链，推动实现社会企业自我发展能力、服务社区水平的全面跃升，培育一批立足社区需求、内生于社区需求的可持续发展的社区社会企业，以弥补社会组织长期依赖政府购买服务、自我造血能力不足、无法持续为居民提供高品质服务的短板，2019 年 5 月，成华区

委社治委与本土社会企业四川一二三圆梦科技有限公司合作,成立了成都市首个商业化运作的区级社会企业孵化平台——"致汇圆梦社创空间",以吸引更多优秀的社会企业在此"生根发芽",并对4家社会企业发放了共计60余万元扶持资金。在"致汇圆梦社创空间"里孵化入驻的社会企业,涉及助残、养老、教育、环保、社区营造等多个领域。以"致汇圆梦社创空间"为支撑,成华区将社会企业的发展辐射到了各个社区。成华区委社治委与上海恩派公益发展中心合作,在和美社区综合体建立了全市首个社会企业孵化站,该孵化站集合了能力建设、社创金融、导师咨询、社创社群等6大功能,目前已经有2家单位入驻。入驻的孵化对象可通过提前预约,轮流共享工位,在深入社区、融入社区群体、深刻把握社区需求的基础上进一步全面发展。成华区二仙桥街道下涧槽社区也紧跟步伐,建成了"邻里月台—社区发展中心",引入阿里巴巴电商孵化平台、艾奇克、布克书店等12家社会组织和企业,全方位贴近社区居民生活,打造社区服务新业态。①

2. 全周期精准服务助力社会企业加速成长

成华区率先尝试与企业进行双向合作,支持孵化平台通过商业化运营的手段,将社会企业孵化服务作为产品投向市场。项目的落地不但为社会企业提供了扎根的土壤,为社会企业提供了由入孵到出孵的全周期精准服务,还为社会企业快速成长、精准对接社区需求提供了良好环境,每月只需缴纳极低的租金,便可以接受社会企业全流程孵化指导,参加种类丰富的培训和活动,接受专业导师的辅导,解决创业路上的各种问题,最终成长为一家真正的社会企业。入孵企业在这里能享受到专业化的精准培训,包括:为入孵企业提供定制的服务和资源,包括后期服务支持、能力建设、政策咨询、人才技术、品牌传播等支持;为入孵企业提供中国慈善会、成都工商局等开设的社会企业认证辅导服务;通过信息共享、增值服务、社区实践、链接资本资源等,精准对接社会需求,降低社会企业的成长风险和成本,通过资本运作为企业发展赋能。这些板块环环相扣,为成华区社会企业的成熟与发展提供了全流程资源供给。目前,社会企业孵化平台分为两个版块,有针对性地推进培训工作,一是开展普及培训,对于涉及社会企业相关工作的人员和对社会企业感兴趣的个人和企业进行社会企业相关知识的培训;二是培育社会企业领军人才,对于已经在做社会企业工作的企业/机构的创始人进行定制培训。此举旨在帮助处于不同阶段的企业能

---

① 《全周期服务全流程培育全方位支持》,《成都日报》2019年6月13日第005版。

够更有效地增强自我造血能力，同时精准参与社区发展治理，形成自我发展与社区发展相辅相成的良性路径。社会企业孵化平台自2019年3月启动试运行，目前入孵企业已达22家，平台还将加快成立社会企业协会及社会企业研究所，搭建社区需求和社会企业服务的线上供需平台，形成更完整的社会企业生态链。①

3. 全方位支持探索社会企业发展新模式

坚持以"政府引导、市场主体、资源整合、共享共赢"的工作理念，成华区在2018年12月出台了《成华区社会企业培育扶持办法》，明确便利社会企业登记，放宽住所（经营场所）登记条件，鼓励投资创办社会企业、孵化平台等事项。2018年，成华区培育成都市认证社会企业2家、中国慈展会认证社会企业4家，实现了"从无到有"的突破，成华区也被确定为全市5个社会企业培育发展示范区之一。成华区委社治委致力于构建"1+1+1+N"社会企业发展生态链，全面扶持社会企业发展，即用好一个政策，成立一个基金，建优一个区级孵化平台和N个社区孵化站，广泛吸引社会力量关注社会企业、参与社区治理，帮助市场模式清晰、管理运营规范的社会企业做大做强。一是用好扶持政策。加快构建系统的社会企业扶持政策体系，营造社会企业发展的良好环境。二是加快成立社会企业股权投资基金。采取市场化运营模式，帮助市场模式清晰、管理运营规范的社会企业做大做强。三是建设区级孵化平台，打造N个社区工作站。以"致汇圆梦社创空间"区级社会企业孵化平台为载体，推动成立社会企业联盟，在有条件的社区综合体内试点建设"双创+社会组织培育+社会企业培育+公共共享工位"的多合一工作站，通过两级孵化体系为种子社会企业或观察社会企业提供战略规划、资源链接、社群支持等孵化服务，建立社会企业服务和社区需求的线上线下联动对接机制，帮助社会企业在为居民提供精准优质服务的同时自身发展壮大。成华区将发挥社会企业孵化平台的枢纽作用，充分调动社区孵化站功能，力求培育更多社会企业，真正做到企业进社区、项目进社区，为居民提供更多优质的服务，解决实际问题。同时，培育更多在地性、源生性的社会企业参与到社区发展治理中来，全面营造社区生活服务新场景。

4. 党建赋能城市社区发展支持社会企业

党建引领社区治理，党组织在社区治理中起着核心和领导作用，承担着更大的治理责任，扮演着"超越者、引领者、联结者、整合者"的角色。成都社

---

① 《全周期服务全流程培育全方位支持》，《成都日报》2019年6月13日第005版。

会企业的实践，一方面强调上级党组织对社区党组织在经济发展方面的支持，另一方面由居委会主任担任社区社会企业的法人代表，重新调整和强调社区维度的"党组织—居委会"关系。在此基础上，成都市进一步探索党建赋能社区治理的新理念。为了进一步支持城市社区的发展，成都开始鼓励城乡社区以特别法人资格创办社会企业。2017年10月颁布的《成都市社区发展治理"五大行动"三年计划》中，明确提出要整合政府资源，制订鼓励社区采用股份制、众筹、资产入股等方式发展生活性服务企业的政策，扶持社会企业发展，并制订相关的办法。在各区的具体实践中，更为明确具体的做法是：以居委会作为法人主体开办社区社会企业，以期通过社区社会企业实现社区居委会的造血增能。"社区公司"是社区居委会这一基层群众性自治组织出资设立的公司，目的是解决社区发展治理中存在的突出问题。《计划》要求2018年开展社区生活性服务企业试点；2019年提炼试点经验，制订全市统一的扶持社区参与生活性服务企业的办法；2020年全市社区举办社会企业的机制全面形成。2018年，成都市出台《关于进一步培育社会企业促进社区发展治理的意见》，在全市开展了首批社区企业评审认定试点工作，此后社区社会企业快速发展。为了支持社区社会企业的发展，成都市采取了一系列配套支持措施：一是采用"先培育、后认定"的发展模式，提出"社会企业不是经登记而成立，而是经认定而成立"，认定前的社区社会企业为准社会企业；二是将城乡社区（居委会、村委会）作为特殊法人，采取资产入股、众筹等方式兴办社会企业；三是放宽社会企业在经营场所、经营范围和名称等方面的登记条件。截至2020年6月，成都市共有181家城镇社区社会企业，其中涉农社区社会企业有131家，城市社区社会企业有50家。成都市通过制定《关于转变街道（乡镇）职能促进城乡社区发展治理的实施意见》，探索并赋予社区一定的经济职能，进一步提出整体性的社区造血增能计划。成都市推动社区社会企业试点的过程中，更加强调社区的发展维度，推进社区高质量发展、居民生活品质提升与城市发展转型同步，与此同时，赋予居委会一定的经济职能，这就将"社区治理"的理念进一步发展为"社区发展治理"。为此，成都市设立了市委城乡社区发展治理委员会，建立了市城乡社区发展治理工作联席会议制度，并出台了促进城乡社区发展治理的"1+6+N"文件。

成都市推行的社会企业认证，是委托给第三方机构，即中国慈展会进行认证，再由政府进行监督、授牌，政府在其中只起到监督和引导的作用。

五、港台地区：官民商合作模式

1. 台湾社会企业

台湾的社会企业形态非常多元化，可依据组织形态分为营利事业与非营利组织。其中属营利事业者，公司名称中包含"社会企业"的有42家处于营运状态；以解决社会问题为公司主要目的的约有200家；以解决社会问题为公司重要目的之一的，目前约有1000家。在非营利组织中，又可分为社区经济、合作经济与工作整合等三大类型。在2013年申请《多元就业开发方案》的597家非营利组织中，社区经济组织数量最多，为502家（82.7%），组织形态包括公协会、农渔会、社区发展协会等；其次为工作整合模式组织，包括社会福祉团体（机构）与身心障碍团体，数量约为80家；合作经济模式以合作社为主，数量约为15家。[1] 台湾"社会企业化经营"经营活动的类型主要有以下几种：收费服务、产品销售、积极促进就业的事业、营利事业、小区发展事业、社会合作社。[2] 第一类社会企业特别重视身心障碍者、女性、原住民等弱势者的就业问题。第二类着重协助地方小区的人文与产业经济发展、提升居民的公共参与意识。第三类提供有偿服务或产品，这些服务与产品都与组织的使命有密切的关联性。第四类强调开设公司及营利来支持非营利组织的公益活动。第五类强调组织内部的利益相关者共同追求集体利益。[3] 由于社会环境的影响，台湾社会企业呈现出自身的特色。一是社会企业在发展中呈现多元形态，二是社会企业与地域社会紧密相连，其中很多在社区中开展服务，三是通过社会企业，很多服务受用者转变为服务提供者，四是社会企业善于与其他行业联合及组织合作等。

台湾社会基本上已经形成共识，即只要是以商业模式解决社会或环境问题的社会组织都可以称为社会企业。应政治环境的变化以及岛内经济的萧条，衍生出年轻人就业困难、贫富分化加剧、环境破坏等社会问题，由此，受到其他国家经验的启发，鼓励社会企业的发展逐渐成为台湾地区政府的一项基本政策。

---

[1] 郑南、庄家怡：《社会组织发展的新形态——台湾社会企业的发展与启示》，《学术研究》2015年第9期第44-49页。

[2] 刘小霞：《中国港台地区社会企业发展策略及对大陆的启示》，《社会工作》2013年第5期第42-47页。

[3] 郑南、庄家怡：《社会组织发展的新形态——台湾社会企业的发展与启示》，《学术研究》2015年第9期第44-49页。

☞ 社会企业发展理论与实践报告

在众多人士的共同努力下，台湾社会企业生态圈逐步成熟，为解决社会企业发展困境，在关注社会、经济目标的同时，强调环境指标；公共政策开始介入，着力建构社会企业的社会支持体系；非营利组织开始引入市场竞争等，争取社会目标和商业目标的协调一致；提供培训计划，提高经营业务的能力；筹集资金以支持社会企业化经营活动；政府公共政策的介入和支持；相关法律法规的修订。

台湾社会企业的发展，政府的推动发挥了很大的作用，早在20世纪80年代初期，台湾地区政府就已开始推动社会福利民营化政策，尤其是台北市与高雄市政府，推行福利民营化各项措施最为积极。出于节省成本与弥补政府在社会行政和社工人力上不足的考虑，政府向民间福利机构签约购买服务，受委托执行的非营利组织有政府经费持续支持，在服务委托单位指定的群体对象之外，可以开拓福利使用者付费的服务方案，形成福利产业的模式。[①]

促进弱势群体就业的社会企业发展。20世纪90年代，台湾地区的社会环境发生了巨大的变化，社会福利开支增加到80年代的数倍，若干重要的社会福利立法也在此时制定或者修订完成。在这种大环境下，少儿福利法、老人福利法、身心障碍福利法等法律也在条文中规定，政府应该扮演资源提供者的角色并与非营利组织结合一起推行福利项目。政府部门为舒缓失业率带给社会的冲击，因而陆续推出"福利产业化"政策、"劳委会"的"多元就业服务方案"与"经建会""卫生署"与社政单位推动的"照顾服务产业"等，许多非营利组织开始在例行性营运计划加入营利的商业行为，基本上即类似欧陆国家推动的"社会经济"或"社会企业"的类似做法。[②] 20世纪90年代起，为鼓励并促进身心障碍人士走出家门，一些非营利组织开始尝试职业训练及开设福利工厂，将产品拿到市场去贩卖。从20世纪90年代末期，政府部门为了缓解失业率增加所带来的社会冲击，陆续制定推出福利产业化政策，促使很多非营利组织开始在例行的事业以外加入营利的商业行为。2000年后，台湾地区政府仿效欧盟提出的"第三系统、就业与地方发展计划"，透过各种非营利组织开发工作机会，招募失业人口就业，也借此带动地方产业的开发。"劳委会"于2001

[①] 官有垣：《社会企业组织在台湾地区的发展》，《中国非营利评论》2007年第1期第146-181页。

[②] 官有垣：《社会企业组织在台湾地区的发展》，《中国非营利评论》2007年第1期第146-181页。

年开始先后推出了"永续就业希望工程",实施了"多元就业开发方案",审查公开招募的社会企业的创业计划。2006年,"内政部"制定了《优先采购身心障碍福利机构或团体生产物品及服务办法》,要求政府机关、公立学校、公营事业机构等采购物品与服务时,须优先考虑身心障碍福利机构与团体。这些政策措施鼓励了很多非营利组织向社会企业的方向转型,也为现有的社会企业提供了优先发展的条件。

自2011年12月成立社会经济推动办公室以来,社会企业政策开始转向协助经济型就业开发方案转型社会企业,通过经常性辅助来弥补社会企业产能不足的问题。《多元就业开发方案》的政策目标是以工代赈,促进中高龄及弱势人群的就业,并通过与非营利组织的合作促进公私就业伙伴关系。《培力就业计划》则明确导入社会企业精神帮助社会弱势人群就业,《推广社会企业永续发展方案》是探索结合一般企业与非营利组织的力量,寻找可供社会企业持续发展的商业模式。为了促进基层融资,"内政部"也参考亚努斯的乡村银行试行实施了平民银行计划。在地方层面,台北市政府在《台北市辅助办理障碍者就业促进服务实施办法》中增列"其他"一项,鼓励庇护工厂向社会企业转型。宜兰县政府也设立了第三部门发展中心,积极培养非营利组织及社会企业的人才。在资金支援方面,"文化部"推出的社会企业政策将重点放在尝试引入创投理念,积极推动文化产业的发展。[①] 围绕台湾社会企业发展已经形成了一个包括政府部门、教育研究机关、企业等多元参与的生态环境。大学、学会等学术机构在展开研究工作的同时,也带动了以社会企业为主题的学生社团。"教育部"跨校推动社会创新人才培育网,期待通过研究、授课及地方产业合作,培养能以创新方式推动社会进步的青年人才。支持社会企业发展的社会组织也发挥了积极的作用。比如社会企业流通过构筑网络平台、提供信息、建立社群以促进交流。台湾公益CEO协会等也通过组织活动让大众更加了解社会企业的面貌。在创业孵化方面,"台湾社会事业发展协会"等帮助社会企业创业者稳固起步;"劳动部劳动力发展署"的"劳动力发展创新中心"作为政府跨部门的沟通平台,推动制订社会企业相关政策法规。同时很多大型企业也积极参与推动,尝试通过与社会企业合作创造双赢的局面。

增加财务自主性,推进非营利组织向社会企业转型。2014年台湾地区行政

---

① 郑南、庄家怡:《社会组织发展的新形态——台湾社会企业的发展与启示》,《学术研究》2015年第9期第44-49页。

主管部门"经济部"颁布了《社会企业行动方案》。这个方案通过政策调整等方法为社会企业提供友善的发展环境，构建社会企业网络平台，并强化了社会企业的经营体制。在《方案》的构架中，主管部门倒入各方资源，为社会企业经营活动提供资金"活水"，并且建构社会企业育成机制，成立专业的辅导团队，争取将"萌芽"中的社会企业扶持壮大。①《社会企业行动方案》制定了在三年内孵化100家新创社会企业、协助50家社会企业参与国际论坛、完成200件社会企业辅导案例、政府投入1.6亿新台币的具体方案，从广义与狭义两个角度对地方社会企业下了明确的定义，其内容非常具有包容性，对于组织形式也没有硬性规定。②

创造社会企业发展的多元参与的新公共性环境。公私协作是促进台湾社会企业发展的主要特征，体现为非营利组织、社会企业、一般企业及行政部门的多元参与及平等合作的新公共性。台湾地区各行政部门虽然在促进社会企业发展上发挥了很大的作用，但并非命令式的而是通过政策诱导的。这种多元参与的社会变革提高了整个社会的活力，能够有效减缓现代社会经常面临的原子化及社会疏离的问题。台湾社会企业有效地解决了非营利组织工资低而留不下人才的问题，也因为具有自我造血功能而获得了更大的活力及活动空间，这显示了社会组织专业化发展的新可能性。这种呈现平等合作的新公共性建设增强了社会的活力，也减缓了市场经济带来的各种风险，是维持社会稳定的一个重要因素。③

2. 香港社会企业

香港社会企业的发展得到了学者、政府和业界的关注和支持。由于香港社会企业的营运模式和法律形式的多元化，香港社会企业并无一致性定义。香港特区政府认为，社会企业没有统一的定义，一般而言，社会企业是一盘生意，以达至某种社会目的，例如提供社会所需的服务或产品、为弱势社群创造就业和培训机会、保护环境、利用本身赚取的利润资助其辖下的社会服务等。社会企业所得利润主要用作再投资于本身业务，而非分派给股东。香港社会企业资源中心则认为，社会企业不是纯粹的企业，亦不是一般的社会服务组织，社会

---

① 孙萌萌：《社会企业，台湾这样做》，《人民政协报》2017年4月29日第007版。
② 郑南、庄家怡：《社会组织发展的新形态——台湾社会企业的发展与启示》，《学术研究》2015年第9期第44-49页。
③ 郑南、庄家怡：《社会组织发展的新形态——台湾社会企业的发展与启示》，《学术研究》2015年第9期第44-49页。

企业透过商业手法运作，赚取利润用以贡献社会，其所得盈余用于扶助弱势群体及促进社区发展，其重视社会价值多于追求最大的企业盈利。社会企业的目标主要是为了满足社会需求、创造就业机会、促进员工发展、建立社会资本及推动可持续发展等。香港社会企业认证系统把企业分成不同的等级，因此有几套相应的评估要求，评审内容共有六项，评审结果是相对的。

香港社会企业的创立途径主要分两种。一种是由法人机构以内设部门或者分支的方式成立社会企业。社会企业不以独立的法人身份而存在，即社会企业不能独立于创办机构之外而拥有任何资产、享有任何法律权利或背负任何法律责任。这种以非牟利团体下属部门或项目形式运作的社会企业约占总数的六成。另一种途径是由法人机构或个人选择合适的法律形式来成立新实体，也就是具备独立法人身份的组织。在香港地区，社会企业的法律形式主要包括根据《公司条例》注册的公司以及根据《社团条例》注册的社团两大类。[①] 香港的社会企业涵盖面广，分布在产品制作及销售、家居服务、清洁服务、餐饮服务、个人护理、商务支持、旅游及旅运等方面，大部分的社会企业注册为慈善团体。香港社会企业有社区服务社、合作社和有限公司三种类型。社区服务社是最早期的社会企业，主要承担社区照顾、清洁和安老服务等事务。社区服务合作社是社区服务社的高级形式，是目前香港最常见的社区社会企业，拥有较完善的营运规则，基本能够自负盈亏。有限公司形式的社会企业与一般有限公司的注册形式相同，不享受税务豁免优惠，但开办之初可以获得特区政府社会企业基金的资助，且承担了辅助弱势群体就业的责任，其营运收入不能为主办者占有。

香港社会企业的基本模式分为五类：公司或中小企业模式，主要指非政府机构选择根据公司条例，将辖下的社会企业注册为独立公司，拥有独立董事会和财务；附属单位模式，社会企业依附本来的机构，以非政府经常性津助服务的形式运作，法律及责任由机构承担；社会合作社模式，社会企业由合作社成员共同拥有，所有成员对单位的运作和发展拥有同等的决策权；跳蚤模式，单位主要扮演统筹角色，向有需要人士提供场地，让他们售卖产品和服务，参与人士既是生产者，也是销售者；合资模式，非政府机构与商业机构合作营运社会企

[①] 罗文恩、黄英：《官民商协作与社会企业可持续发展——来自中国香港的经验及启示》，《公共行政评论》2018年第4期第97-118页。

业，双方以合作的方法，在基金、人力、经验上做出交流和共享。① 香港社会企业的兴起，从宏观层面来看，经济低迷及结构性失业、政府资助基金政策的改变、民间团体与学术机构的倡导等是重要的促进因素。从微观层面来看，非牟利团体为了解决生存和持续发展问题，开始尝试通过商业手段来实现自我独立和自力更生。

香港地区于1989年发布《公营部门改革》报告，正式拉开了公共服务改革的序幕。1992年，香港地区成立效率促进组，推动公共服务改革，提高公共服务效率，控制和节省财政开支。20世纪90年代，在由扶贫委员会、社会福利署及民政事务总署的推动下，原先部分专门服务残障人士的社会服务机构，率先创办社会企业模式的业务，为身心障碍者提供培训和工作机会。2001年是香港社会企业发展史上的里程碑。社会福利署开始采用竞争性投标的方式选择服务提供者，以确保服务质量符合要求。特区政府颁布了两项社会福利资助计划，一是在社会福利署成立"创业展才能"种子基金，资助非营利组织创办经营性企业，为残障人士创造就业机会，到2010年止，"创业展才能"种子基金共发放了3700万港元的补助金，协助62家社会企业，为残障人士创造了超过500个职位；二是在施政报告中提出，"帮助他们加强自力更生的意志和能力"，特区政府拨出3亿港元，在卫生福利及食物局成立"社区投资共享基金"种子基金，支持社区团体、商界帮助弱势群体自力更生，2008年底，社区投资共享基金成立了"社会资本挚友"，吸纳民间社会福利资金参与。截至2010年底，基金共批出2.1亿港元，资助213个民间机构；超过56万香港市民参与受资助项目的运作，同时动员了超过5000个项目合作伙伴，包括商界、学界、社区组织、医院、区议会及政府部门等的参与，真正实现了基金倡导的"官、商、民三方协作"的目标。

香港经济已步入以金融服务业为主导的知识型经济时代，为应对"在职贫穷"。2005年初，特区政府成立跨部门扶贫委员会，推行"以社区为本"的扶贫政策，倡导发展社会企业，促进弱势群体在社区内就业，使之从"受助"到"自强"。2006年特区政府设立"伙伴倡自强——社区协作计划"，由民政事务总署注资1.5亿港元，推行"以地区为本"的扶贫工作，协助发展社区经济项目的社会企业。该计划由民政部门负责，标志着社会企业不再被单纯视为福利

---

① 刘小霞：《中国港台地区社会企业发展策略及对大陆的启示》，《社会工作》2013年第5期第42-47页。

事业，而具有了更广泛的社区建设意义。2008年以后，多个民间社会企业基金相继成立，如"香港社会创投基金"及"香港社会企业总会"等等，这些混合投资型和私人投资型的社会企业不再以依赖政府资助的"合作社"方式出现，而是以有限公司形式成立，实行自负盈亏。

成立专门管理部门，支持社会企业发展。香港特区政府于2005年成立由财政司长领导的扶贫委员会，支持社会企业以创新模式自力更生，提供社区就业机会，鼓励失业人士投入就业市场；2007年由民政事务局接手负责促进社会企业的进一步发展；2009年正式提出成立"社会企业咨询委员会"以推动社会企业发展。民政事务总署成立社会企业支援小组，推行各项计划，加强支援社会企业发展的工作及加深公众认识。此外，香港社会服务联会于2006年成立社会企业资源中心，向社会企业及有意愿成立社会企业的人士提供一体化服务，包括培训、经营社会企业等顾问服务，成为社会企业经验交流和价值推广的平台。

实施行动计划，助力社会企业运营与发展。2001年以来，香港特区政府相继推出了针对不同目标的社会企业专项资助基金。香港特区政府在2001年推出了主要为残障人士创造更多就业机会的"创业展才能"计划，即种子基金计划，投入资金5000万港币，共资助31个项目。"伙伴倡自强"社区协作计划中，2006—2007年度安排1.5亿港币，目的在未来五年加强以地区为本的扶贫工作，协助社会上的弱势群体自力更生，包括为社会企业提供援助。申请获批的非牟利机构取得协作计划的拨款后，可开始推展核准计划，促进社会企业的发展，并制订相应的监察机制。这些政府"种子基金"不仅给予社会企业启动资金补贴，还对资助期内的社会企业经营进行监督和指导，资助期结束后再给予评估鉴定，有效地扶持了非营利组织和社会企业家创业。

为打造有利于社会企业发展的政策及法律规制环境，香港特区政府承诺在具备透明度、公平和物有所值的原则下，营造便利社会企业参与公共采购的机制。如社会企业聘用残障人士，采购部门会考虑给予它们优惠待遇，进行局限性招标或在公开招标时增加它们的评分比重。这项优惠待遇不适用于聘用健全失业人士的社会企业，这与把这些社会企业视作竞争性企业而非福利业务的政策一致；对于聘用健全人士的社会企业，要求中标者聘用一定比例的失业人士，失业人士要接受再培训课程，且符合主流服务的素质，即可竞投合约。法律环境方面，关注社会企业的不同组织形态（公司、慈善团体附属机构及合作社等），着力于相关法律法规的全面性和针对性，讨论为健全失业人士而设的各项规定。社会企业运营方面，考虑协助社会企业筹措资金，建立一定的机制和渠道，培育社会企业家。

"官、商、民"的合作模式。香港特区政府积极推行官、商、民的共同合作，建立社会企业与中小型企业之间的互动和沟通机制。"明途联系"被香港社会福利署认为是"官、商、民"三方结合的范例，其两度获得香港社会服务联会颁发的年度"商界展关怀"标志。公司创办于2002年，在职员工约有200人，员工中超过2/3为残障人士和弱势群体，2010年度营业额约4200万港元。香港特区政府认为，社会企业的壮大与政府发展社会福利的目标是一致的，政府应该在促进社会企业发展过程中有所作为。社会企业既能提供更加个性化的社区服务，也能达到节约政府社会福利资源的作用。对于企业界而言，参与及支持社会企业的发展，实际上就是承担起一定程度的社会责任，可以达到积累"社会资本"的目的。目前非营利组织或商界将社会企业当作慈善生意来做。商界投资社会企业可以允许有少量的分红，这使得商界乐意经营社会企业。由于"官、商、民"之间在发展社会企业上有比较一致的利益，因此三方协调社会企业政策的落实比较顺利。商界参与及支援社会企业的发展，实际上就是负起一部分社会责任。社会企业为民众提供了一个表达慈善的平台，社会企业的发展离不开民众的支持。

确立公众认同的社会企业价值理念。香港特区政府为了积极争取社会企业利益相关方的支持和公众接纳，采取了以下措施：第一，与具备营办社会企业经验的非政府机构及私营机构合作，勾画社会企业在香港发展的整体情况；第二，挑选出社会企业的优良作业模式，并鼓励其他社会企业效仿；第三，举办论坛，加深公众对社会企业的了解，并邀请商界及更多市民参与探讨利用社会企业协助健全失业人士的可能性；第四，通过研究，建立社会企业资料库，宣传、鼓励和推广优良运作模式的精髓，调动商业企业和社会公众的支持和参与，让香港市民慢慢了解社会企业的产品与服务，并且逐渐接受社会企业的价值理念。

注重社会企业培训，培育高素质的人才队伍。高校充当着社会企业与私营机构之间的重要桥梁，可以着力深化企业的人才培育。香港社会服务联会率先联同多所具有商业管理和社会企业专才的高等教育院校，合作发展了一个配合非政府机构或私营机构中高层在职管理人员培训需要的培训课程，完成培训的学员可获得适当的认证资格。此外，政府还计划把合适的课程纳入大学课程纲要，推广社会企业人员培训，填补准社会企业人员在营商知识方面的不足。高校可向学生宣传企业社会责任和社会企业精神，从而充当社会企业与私营机构之间的重要桥梁，而学生将来亦可能会在社会企业、非政府机构或社会企业的伙伴公司工作。如为推动企业落实社会责任，香港城市大学在工商管理学硕士课程中推出了"社会责任"的相关科目供学生选修。通过以上措施，香港社会企业的人才队伍不断壮大。[1]

吸纳高素质的社会企业经理人。香港特区政府鼓励企业家参与社会企业建设，积极扶持现有社会企业引进"经理人"制度，从而使得社会企业在政府相关基金扶持期过后，可以正常生存发展。"明途联系"实行独立董事会管理，由香港心理卫生会聘请专业经理人统筹业务营运，形成了一个稳定的经营队伍。[2]

第三节 中国社会企业发展的经验借鉴

社会企业在中国一些城市已经付诸实践，通过积极的市场和商业手段来实现公共目的，在克服政府公共产品供给不足，解决社会治理与民生问题等方面都发挥了重要作用。同时，社会企业发展面临着诸如社会企业相关理念尚未深入人心、缺乏政策法律法规、独立经营能力有限等问题，因此需要整合资源，促进社会企业发展，改善社会企业发展环境，规范和引导社会企业发展。

一、中国社会企业发展的实践经验

社会企业在扶贫、就业、教育、医疗卫生、环保与可持续发展等领域的作用十分突出。社会企业跟一般公益组织一样，有明确的社会或环境目标，而与一般的公益组织不同，它善于创造盈余，但不是追逐利润最大化的商业组织，其收益主要用于再投资；它热爱公益，却并非一味致力于慈善的非营利机构。社会企业作为一种跨界模式，有助于充分发挥社会主体的作用。社会企业家具有较强的社会责任感和勇于创新的意识，社会企业致力于关注弱势群体，深入

---

[1] 彭洋福、刘新玲：《试述香港社会企业的发展及其对中国大陆的启示》，《社团管理研究》2009年第4期第57-59页。

[2] 解韬、吴天青：《香港发展社会企业的经验及对广东的启示》，《残疾人研究》2013年第2期第76-80页。

☞ 社会企业发展理论与实践报告

调查了解群体需求，动员各类社会资源为特定群体提供专业化服务。发展社会企业可以最大限度地激发社会活力、最大限度地增加和谐因素、最大限度地减少不和谐因素。社会企业兼具非营利组织和企业的双重属性，是社会公益与市场经济有机结合的产物，能有效弥补政府和市场的不足，缓和社会矛盾、维护社会公平，改善和优化社会服务供给，为广大市民提供更加优质高效便捷的服务。经验证明，一些社会问题采用企业的模式，能够得到很好的解决，甚至比传统的公益慈善机构解决得更深刻、更有持续性。在成都，社会企业参与的社会治理模式得到复制扩展，党建工作与企业经营融合，把党的政治优势转化为社会企业的发展优势，服务惠及至失地农民、下岗再就业工人、女性发展等。

党的十九大报告明确提出打造共建共治共享的社会治理格局，开启了社会治理迈向格局构建的新阶段。为全力建设好顺德高质量发展综合示范区，顺德区政府于2019年制定出台了《顺德区党建引领社区治理创新工作实施方案》。社会企业认证不局限于养老服务、助残、特殊群体就业，近年来为适应国家新时代的新使命要求，社会治理、乡村振兴、城市更新、社区服务等方面遇到一些棘手问题，各地也在尝试社会创新，突出公益性，以赚取利润回馈社会为首要目标，发展社区教育、文旅融合、乡村文化振兴、社区就业类的社会企业。成都市已开始从政策层面鼓励社区探索创办社会企业，2019年认证的27家社会企业中就有3家是社区公司，其应社区发展治理需要，由居委会出资成立，以解决社区发展中的"输血低效""供应不佳""资源闲置"等问题，引导居民参与社会治理，改善本地人居环境等。

社会企业是非营利组织的演进和发展，通过积极的市场和商业手段来实现公共目的，是一种更加灵活、生命力更强的非营利组织，在克服政府公共产品供给不足和解决民生问题等方面都发挥了重要作用。同时，社会企业可以有效促进企业更加注重产品质量安全、资源环境、员工权利和慈善公益，是商业企业提高竞争力的有效途径。社会企业参与社会管理有四方面的效果：生活质量改善、解决就业问题、赋权、解决社会排斥问题。社会企业在救济弱困群体、扶持青年创业、发展文体事业、保护生态环境等领域发挥了作用。

随着经济结构深入调整和社会持续转型，社会企业在中国呈现出较好的发展势头，具有很好的发展前景，能够很好地解决中国当下的很多社会问题，已被证明是现代社会的重要组成部分，是政府和企业功能的必要补充。扶持社会企业发展有助于政府转变职能、有助于社会治理创新、有助于社会服务提升。

很多地方开始探索将原有部分职能转移给相应社会主体,构建公共服务多元化治理格局。顺德在发展社会企业方面,通过政府与法定机构的合作推动取得了较好的成效,围绕顺德实际需要,聚焦于养老、助残、社区教育和社区文化发展、乡村振兴及文旅发展等领域。顺德注重培育标杆,以标杆示范带动政策支持、环境优化,理念推广强调"宽口径",依托"社企认证",带动认同社会企业理念的企业广泛参与;务实推动"窄口径",依托"项目资助",聚焦重点领域的社会企业培育。

二、中国社会企业发展面临的问题与挑战

当下国内的"社会企业热"反映了当前社会组织面临转型的迫切需求,社会企业培育总体而言仍处于成长初级阶段,与加强和创新社会治理、全面推进社会建设的新形势新任务相比,还有不少差距和不足,因此,加快推进社会企业发展显得尤为迫切。中国社会企业发展缓慢,社会企业仍然受到政治、经济、社会、文化等多方面因素的制约,缺少可实现常态化、规模化发展的良好社会环境。大力培育和发展社会企业,破除民办非企业单位面临的"投资人不享有财产权利、不能向银行贷款、不准设立分支机构、不能获得免税优惠"等政策限制,将社会企业作为承接政府购买服务的重要力量,发挥市场在资源配置中的决定性作用,能够有效弥补政府治理缺失和市场失灵。

1. 社会企业相关理念尚未深入人心

政府、学术界、公益界等对社会企业认识尚显不足,全社会支持社会企业发展的氛围不浓。社会企业理念的公众知晓度较低,有些群众对其以市场化方式实现社会目标的运营模式产生质疑;主流媒体关注不多,不少从事公益事业、社会服务的个人对其了解不够;一些采用社会企业模式运作的机构也未能准确把握社会企业的内涵外延;一些机构利用社会企业概念进行炒作,骗取外部支持和声誉,获取不法收入。社会各界对社会企业的性质和内涵还存在认识偏差,就社会企业的功能定位尚未达成一致共识。政府普遍将社会企业与一般营利企业同等对待,通常将其排除在政府对公共服务的采购和倾斜支持范围之外;慈善机构、基金会等传统非营利机构及其从业人员对社会企业了解不足,对以市场手段实现社会目标的社会企业模式还存有疑虑;社会公众对社会企业能否保持公益性持怀疑态度。这使得社会企业更加缺乏社会认知度和公信力,也影响了行业的整体发展。

2. 社会企业发展缺乏政策法律法规支持

目前，中国社会企业尚处于发展初期，政府对其属性定位不明确，相关法律法规和政策的缺失导致社会企业在中国面临着突出的合法性困境。制度与政策支持的缺位，使得市场和社会缺少支持、创办社会企业的积极性，进一步制约了社会企业的发展。在国家层面，尚未出台有关社会企业的法律法规，既有政策中还存在着制约社会企业发展的条款，使得推进相关工作缺乏规范依据，民间组织出台的社会企业认证办法与现实认证诉求形成冲突，有关部门并未正式出台认定标准以明确其法律地位，无法制订配套政策加以支持扶持，使得许多社会企业仍然在纯商业企业与纯慈善组织之间进行"抉择"，难以确立其应有的合法地位，直接影响了政府相关政策的出台与运行，与政府购买社会服务、政府和社会资本合作、事业单位改革等已有政策体系的衔接和融合不够紧密。由于公益事业的法律法规相对滞后，针对社会企业的保障和约束机制尚未建立，对其监督管理还不能跟上行业发展的需要。

3. 社会企业发展环境亟待改善

从金融生态支持网络来看，社会企业大多从小微企业或社会组织转化而来，具有规模小、经济回报率低、回报周期长的特点，与普通商业企业相比更易产生资金短缺的问题。因此，金融市场对其接受度较低。大部分社会投资机构只对具有一定规模和影响力的项目投资，缺乏真正意义上的公益创投资本。某些行业发展现状影响了创新型社会企业的项目发展，环境保护、社区服务和城市治理等方面鼓励社会创新的力度仍需加大。高校缺乏对社会企业家的教育培养，社会企业的战略规划、发展路径、政策体系和制度建设等方面的深度研究尚未展开。

4. 社会企业独立经营与创新能力有限

大部分社会企业还处于早期发展阶段，符合社会企业定义的社会组织或商业企业数量较多，但规模普遍较小，典型经验不多，效益不高，也不具备较强的自我造血能力。现阶段，中国社会企业自身普遍不具有实现稳定持续发展的能力。原因在于，一是结构相对松散，工作人员普遍较少，经费收入不足，且来源不稳定；很多社会企业设施设备简陋，实力不强，其组织形式松散，对自身规范性建设和发展战略等长远问题考虑较少，运营管理能力也参差不齐；从公益创新来看，资助方式、激励机制、问责制度及公信力提高等方面仍有待突破。二是市场竞争力较弱，社会企业在激烈的市场竞争中尚未形成可持续发展机制和核心竞争力，不少社会企业尚处于维持简单再生产的初级阶段，难以获得应有的市场份额，其盈利模式还需进一步完善，中国既懂市场运作又具有公益创业精神的人才极度匮乏，尚未形成一定的规模以及突出的核心竞争力；创新能力不足，导致社会企业的可持续发展面临严峻挑战。三是服务水平不高，社会企业的服务品种和服务质量有待拓展提升，服务体系不完备、服务手段相对滞后，尚不能很好地满足居民对公共服务多样化、差异化的需求。[①]

三、中国社会企业实践探索的策略

在当下中国社会企业发展的实践探索中，需要明确扶持社会企业发展的主责部门，协调各级相关部门、"枢纽型"社会组织，加强系统性支持，优化社会企业支持办法，搭建社会企业服务管理综合平台，引入社会资本，构建社会企业服务社群，组织专人对接，制订具有统一性、针对性和规范性的规章制度，努力形成政府统一领导、主责部门牵头、相关部门密切协同的体制机制，为优化社会企业发展环境提供组织制度保障，进一步规范引导社会企业发展。

1. 改革引领社会创新，整合资源助推社会实践

推动重点领域与环节改革。探索推动政府直接主办的、具备条件的公益类、经营性事业单位逐步转变为社会企业，通过继续转变政府职能，建立事业单位法人治理结构，逐步取消事业单位的行政级别，为社会企业让渡发展空间。盘活低效公共资源，在公办养老院、街道图书馆等传统公共服务载体推行政府与社会企业合作新模式，探索在养老服务业、医疗服务等领域发展社会企业。

助推福利企业、民办非企业单位转型。以社会企业为方向，改革福利企业，引领福利企业转型升级。统筹制订并指导实施福利企业制度改革方案，继续推进残障人士集中就业。引入更多社会资源，识别和带动潜在的社会企业运用市场机制，不断完善残障人士的就业制度和优惠政策，增强其吸纳弱势群体就业的社会功能和创造市场价值的经济功能。探讨社会企业能否分红的问题，化解民办非企业单位转变成为社会企业进程中的阻碍。

整合资源，推动社会企业生态建设。强化政府部门间的协调作用，构建政府部门、学术机构、金融机构、社会企业、社会组织、商业企业等各方力量参与的社会企业生态圈。支持社会企业孵化平台建设，通过党建引领，建立社会企业俱乐部或行业协会，制订行业自律公约，加强行业监督，支持行业发展。与

---

① 周孝、韩凤芹：《社会企业与公益服务》，《中国财经报》2018年8月21日第007版。

企业家才能要素结合，将社会性因素注入企业各生产要素之中。与资本要素结合，形成公益性小额贷款组织，通过运作资本的公益金的流通与运营，吸引公益创投资金。与劳动力要素结合，关注"劳动力就业困境"，适应性地结合产品、岗位技能要求、地区和企业所处环境等特点，增加专门指向弱势就业群体的就业机会及就业培训，通过雇佣推动就业和就业群体境况的改变。与技术要素结合，利用现代通信技术，进行组织形态的改变，开拓市场运营模式与空间。

2. 积极宣传引导，营造良好环境

传播宣传社会企业理念。将社会企业纳入社会公益汇展示，引导和协调媒体开展专题报道，通过策划系列宣讲等主题活动，广泛宣传社会企业理念，普及社会企业知识，增进社会公众的认同感。举办社会企业发展论坛，深入研讨社会企业发展理论及现实问题，评选表彰一批优秀社会企业家和优秀社会企业品牌，积极营造社会创新创业的良好氛围。

倡导弘扬社会企业家精神。积极培育社会企业家，与社会组织培训相结合，对其负责人开展社会企业理论与实务培训，引导社会组织拓展运营思路；与企业社会责任综合评价相结合，向企业界宣传倡导社会企业家精神，推介国内外优秀社会企业案例，吸引企业家投身社会创业；吸引更多的社会企业家推动社会企业发展，借鉴深圳公益人才培养的"公益星火计划"，举办社会企业家培训班，搭建跨界学习、资源对接的平台，催生社会企业实践。引导企业将参与社会创新作为履行社会责任、实现共享价值的新方向。

加强社会企业理论研究。与中国社会企业和社会投资联盟、社会价值投资联盟等专业机构建立良好合作关系，与高校研究机构联合开展社会企业理论研究和专题调研，编辑出版社会企业系列丛书，为其发展提供智力支持。注重培养年轻一代的社会责任感，在高校开设社会企业相关课程，培育造就社会企业家队伍。

3. 分类认定试点，探索积累经验

明确社会企业发展路径。探索社会企业认证模式，建立准入退出机制，建立科学的绩效评估体系。加强对社会企业的规范和引导，避免社会企业发生社会目标偏离，防止出现"一刀切"和过于简化的情况。当前社会企业仍然是新生事物，还处于实验阶段，对注册认证的尺度把握不当，很可能会导致很多优秀的社会企业被拒之门外，也可能会有不少商业企业被纳入进来。限制分红不是评价社会企业的唯一标准，注重社会企业的创新性、社会目的性等。

明确社会企业身份地位。明确社会企业作为社会组织与商业企业之间的一种基本组织形态，像政府支持和发展社会组织、商业企业那样，加大培育、支持和发展社会企业的力度，放宽社会企业依照企业法人注册，鼓励民办非企业单位、福利企业、以公益为宗旨的企业、合作社等成为社会企业，推动社会企业获得政府政策支持和资金资助，为社会企业的发展壮大创造有利条件。

出台社会企业认定标准。解决社会企业的合法性和行业声誉问题，进一步明确社会企业的概念界定、发展方向及行业布局，着力开展社会企业资格认证，从社会目标、组织类别、业务类型、治理结构、收入来源、利润分配等方面，研究制订社会企业认定标准。

抓好社会企业试点示范。分行业征集社会企业试点项目，选取具有示范效应的社会服务机构，组织专家对其社会目标、社会效益、经济效益、商业模式、治理结构及利润分配等进行综合评审，向社会公示后开展试点。根据试点社会企业的发展现状给予分类扶持，针对初创期社会企业，通过补贴人员工资、小额资助、办公场所租金减免等"造血"措施，提高初创成功率；针对处于发展期的社会企业，通过加大人员培训、规范化建设、增加购买服务资金项目等"补血"力度，提高其自我创新能力和市场竞争力；针对处于成熟期的社会企业，通过宣传表彰、打造服务品牌等"活血"方式，扩大其社会影响，激发规模化解决社会问题的强大能量。

4. 制订政策措施，提供制度保障

促进购买服务。政府购买服务是当前培育发展社会组织、扩大公共服务供给的主要方式。要进一步梳理整合各部门的政策举措，加大工作力度，将社会企业作为专门类别纳入购买服务目录，并享受政府购买服务的优先承接权，逐步提高向社会企业购买服务的份额和比例。明确社会企业购买服务的重点领域、重点项目，逐步推进社会福利、社会救济、社会慈善、促进就业、教育培训、家政、养老、助残等纳入购买服务范畴。

出台财税政策。资金匮乏是社会企业面临的首要问题。由于资金不足，社会企业难以有效开展活动和维持日常运营，也难以解决更多社会问题。要发挥财税杠杆的撬动效应，允许社会企业至少享受与小微企业同样的税收优惠、行政费用减免等政策，推动以企业身份注册的社会企业享受优惠政策。增强社会创新意识，将社会创业培育发展纳入"双创"范围，积极给予扶持。研究社会企业参与公共服务供给的PPP模式，运用公建民营等方式，推动养老、助残、医疗等领域服务机构的专业化、规范化、社会企业化。

拓宽融资渠道。允许慈善、福彩、体彩等部分公益资源进入社会企业。鼓励基金会投资社会企业，推动社会影响力投资，实现基金会和社会企业双赢。设立社会企业发展专项资助基金，支持社会企业参与公共服务能力建设。制订优惠措施，鼓励更多资本进入社会企业投资领域。探索政府参与公益创投、公益信托、社会影响力债券的创新模式机制，资助处于初创期和财务回报过低的社会企业，提升其获得社会投资的能力。

支持社会企业管理能力建设。加强社会企业专项能力建设与资源链接，整合社会企业扶持政策，完善专项能力系列培训和工作坊，帮助企业更加规范和可持续发展。对社会企业的财务状况进行持续监管和评估，链接财务专家资源，为社会企业提供财务课程和财务培训支持。加强企业负责人及财务管理人员的财务能力培训；加强对财务风险的识别和评估能力。

加强产业聚集。规划建设社会企业孵化园，为入驻园区的社会企业提供免征管理费、活动场地、行业信息交流等优惠服务，降低其运营成本，为社会企业家创新创业提供良好的基础设施。吸引为社会企业提供公益风险投资、企业管理咨询等衍生服务的机构入驻，使之发展成为社会企业聚集区，营造社会企业发展的良好微生态。

5. 加强监督管理，促进健康发展

深化行业监督。推动建立社会企业发展促进会，构建符合社会企业发展导向的行业性枢纽型组织，推动行业发展、行业标准、行业管理、行业服务、行业监督和行业自律的进步，提升社会企业的公信力、认知度和影响力。

细化过程监督。探索建立政府、公众、社会多方参与的社会企业评估指标体系和评估方式，制订科学合理的评估办法和流程，开展社会企业等级评估，对社会企业的经济效益、社会影响、内部管理、透明度、受众满意度等进行量化评价，形成切实可行、便于操作的评估体系和评价方式，将评估结果作为政府提供政策优惠和资金支持的重要参考，促进社会企业向规范化，专业化方向发展。

强化社会监督。建立健全综合性、系统性、专业化、公开化的社会监督机制，充分运用大数据，进一步加强个人、企业、社团组织、事业单位信息系统的互联互通，实现政府部门间公共信用信息的共享交换。建立社会企业信息公开制度、重大事项报告和公众投诉制度，健全社会企业诚信制度，构建社会企业公共信息平台和基础数据库，定期公布社会企业的名录和遵纪守法、年检情况等信息，提高社会企业的透明度。

国际篇

国外社会企业模式与动态

20世纪80年代以来，资本主义经济体制引发的社会矛盾和福利国家的失败，促使众多国家纷纷转而寻求摆脱市场失灵、政府失效的第三条道路，在此过程中，兼具经济性和社会性的"社会企业"脱颖而出，逐渐成为社会治理的创新潮流。社会企业不仅在欧洲和北美蓬勃发展，在南美、亚洲等世界许多国家和地区都显示出其在维护社会公平、促进社会融合以及助力经济发展等方面的积极作用，英美等西方发达国家甚至把发展社会企业明确纳入联邦政府的战略规划，社会企业形成了遍布全球的发展态势。社会企业为什么在最近几十年迅速崛起，在西方国家受到从政府到学术界的普遍认可，并且从西方走向世界，其中的缘由是什么？社会企业作为一种公益模式的创新，一种非营利组织形式的创新，对经济社会发展究竟做出了哪些贡献？本篇通过对全球具有代表性国家的社会企业进行梳理和介绍，以期对推动我国社会企业健康发展和促进我国经济社会发展提供很好的借鉴意义。

第一节 社会企业的缘起和发展

社会企业最早起源于英国，发展于欧美等国，已经历了二三十年的发展。社会企业兼具社会和经济的双重目标特性，在解决一些社会问题方面成效显著，引起了各国政府、企业界和学术界的广泛关注。

一、社会企业的起源和背景

社会企业的先驱可以追溯至1844年，在英国西北部城市洛奇代尔（Rochdale）成立了一家现代意义上的工人合作社，以向工厂工人提供价钱便宜的食物。而英国的这种合作化传统一直发展延续并传播到欧洲其他国家。① 这些合作社便是19世纪欧洲社会由市民自发组织的社会协作组织。② 社会企业在经过二战之后短暂的沉寂之后,在20世纪80、90年代在世界各国重新复苏并获得了迅速发展,尤其是孟加拉国经济学家尤努斯博士因为创办格莱珉银行,帮助孟加拉国数以万计的最贫困家庭摆脱贫困,并因此获得了2006年诺贝尔和平奖,使得社会企业在全球声名鹊起,很多国家更是将社会企业视为解决经济与社会发展过程中的深层次问题的一剂良方妙药。

1. 福利国家危机成了社会企业兴起的导火索

二战之后的三四十年期间,随着经济的快速发展和国家财政实力的增强,西欧各国普遍建立了福利国家模式。福利国家在社会治理中将对内的社会保护职能与对外职能摆在同样的地位,运用政治行政的手段保证公民的基本收入并享受到最好的社会服务。二战后的英国率先宣布建立了以充分就业、消灭贫困、风险保护和机会平等为基本内容的福利国家,推行全面社会保障制度。福利国家体制对保障公共利益、解决社会问题产生了深远影响。然而,福利国家体制的长期实行给政府带来了巨大的财政压力和负担。20世纪70年代的经济危机,使得政府在社会福利领域的供给方面明显不足,同时对非营利组织的资金援助也大幅缩减,由此引发的福利危机使西方国家传统的社会福利体系受到质疑。

面对这一福利僵局,欧洲国家从其历史上就一直存在的合作社传统中吸取灵感和经验,开始变革福利模式,社会福利模式由原来的以政府配置为主体的消极福利体制向鼓励个人、社会共同分担责任的积极福利体制转型。政府把福利开支转变为对社会福利事业的投资,由政府与企业、公民社会通过合作来共同负担。政府通过对非营利组织提供补贴等方式鼓励其开展劳动培训和工作整合方案来应对这种政府服务不足留下的社会问题,而这些整合方案经常带有商业性或社会企业的特征。政府通过制订各种优惠政策帮助非营利组织在提供福利服务上发挥更大作用,鼓励非营利组织参与社会福利的供应,这也为非营利组织提供的产品和服务创造了巨大的市场。同时,福利政策也纷纷减少救助年限,激励享有救济的个人实现再就业,掌控自己的生活并承担相应的社会责任。正如查尔斯·里德比特在《社会企业家的崛起》中指出,社会企业具有社会性

---

① 王世强:《社会企业在全球兴起的理论解释及比巧分析》,《南京航空航天大学学报(社会科学版)》2012年9月。

② 甘峰:《社会企业与社会协同治理》,《世界化会主义研巧》2014年第3期。

和企业性，它将创新和企业精神结合在一起，创造出了一种主动的社会福利机制，鼓励服务对象更多地为自己的生活负责，从而打破福利的僵局，社会企业的运作模式和公益理念恰好符合了政府改革福利模式的政策导向，于是得到了政府政策的支持和认可，获得了有利于发展的良好的政策环境。[①] 以英国政府为例，时任首相布莱尔执政后大刀阔斧地对福利国家体制进行了改革。政府开始与企业、社会共同分担治理的责任，政府大力支持各类社会组织的成立和发挥作用，鼓励个人承担一定的社会责任。这样，在国家政策的扶持下，基于合作社传统的社会企业在欧洲又重新繁荣并发展壮大。

2. 非营利组织的资金压力使得社会企业的优势凸显

20世纪80年代以来，西方许多国家都经历了从社会福利国家到新自由主义的以市场为主的分配机制的转变，其结果是政府对非营利性组织的直接资助经费逐年减少，非营利组织普遍面临财务危机。在美国，70%的非营利组织年收入低于5万美元，非营利部门的收入中，35%来自政府，60%的机构从政府获得一部分资金。经济衰退导致财政收入的降低使得政府没有能力独自承担对其公民实行从摇篮到坟墓的全方位福利供给，而非营利组织若要保持已有的服务水平，并应对不断出现的新需求，就只能另辟蹊径寻找新的资金来源。因此，那些能够从事商业活动的非营利机构，越来越多地转向了商业活动，增加了它们对服务收费的依赖。

一些非营利组织开始创新救助模式，将之前实行的直接提供财物救助改为帮助弱势群体提高生存和发展的技能，如提供就业培训和就业机会，通过企业经营与市场手段来运作公益慈善项目，让弱势群体在市场或社会中就业，这种"授人以渔"的救助方式更能从根本上解决失业和贫困等深层次社会问题，之前单纯依靠财物资助的救助项目就转变为可持续发展的产业，这既减轻了政府用于福利支出的财政负担，又为经济发展提供了新的增长点。而运用企业手段进行运作的非营利组织也有了更稳定的资金来源，从而使得非营利组织能利用自身创造的资源来保证发展的可持续性。社会公众不断增加的日益多样化的社会需求与非营利组织持续和独立发展的内在动力相结合，推动了社会企业的迅速发展。最初的社会企业主要关注解决弱势群体的就业问题，伴随社会企业采用市场手段解决社会问题模式的成功，更多热衷于社会公益事业的人士开始表

---

① 舒博著：《社会企业的崛起及其在中国的发展》，天津人民出版社2010，第93页。

现出对社会企业的兴趣。① 以市场化为手段，以解决社会问题为目标的社会企业的优势逐渐显现出来，并且迅速在世界其他国家流行起来，据萨拉蒙对34个国家的调查发现，非营利收入有53%来自这些组织提供的服务收取的费用以及它们从投资、会费和其他商业渠道获得的相关商业收入。②

3. 慈善投资理念的转变和道德消费理念的出现

慈善投资理念从捐赠导向转向绩效和革新导向，消费理念从狭隘的消费主义文化向道德消费主义的转变，为社会企业的兴起提供了资金和良好的社会氛围。

21世纪，一场慈善革命几乎在欧洲、美洲和亚洲同时发生，在以慈善家与社会企业家联盟为公益伙伴的新型基金会的倡导下，提出了寻求高效率使用慈善捐赠的"慈善资本主义"。慈善组织正面临以服务型为主的旧慈善理念逐渐转变为以倡议型为主的新慈善理念，同时新理念下的捐赠者希望慈善捐赠能够发挥类似企业投资的效果，使得慈善事业不仅需要善心，更需要科学的投资方式和运作机制；慈善事业不仅是道德事业，还是社会投资和改变社会面貌的公共事业。这场"慈善资本主义"革命最引人注目的成果就是推动了陷于困境的社会问题的解决，为社会企业的创立和发展提供了充分的资金支持以及技术、管理经营方面的援助。

道德消费是人们在日常消费行为中所体现出来的一种对人类自身及整个世界的关怀意识，该意识会引导消费者在进行消费时更倾向于选择那些包含更高道德因素的产品或服务，如消费者会选择以同样的价格甚至更高的价格购买贫困地区出产的农产品以增加贫困农民的收入。随着消费者环境、社会、民主、人权意识的增强，英国民众乐于通过消费那些积极承担企业社会责任的公司的产品和服务来支持企业的道德行为，并且将这种消费观视作理性的、负责任的、有品位和时尚的消费行为。2005年，英国消费者在道德商品和服务上花费了250亿英镑，比2003年增加了15%，英国的"道德"消费者的数量以指数级的速度增长。道德消费的惊人经济效益使投资者开始关注这种趋势，投资者也正在更多地注重其投资与社会和环境的影响，产生了"社会责任投资"，即一种将投资目的和社会、环境以及伦理道德相统一的投资模式。投资机构通过剔除

---

① 于晓静：《国化社会企业的发展及其启示》，《社团管理研究》2011年第5期。

② Janelle A and Kerlin editor, *Social enterprise global comparison*, Published by university press of New England, 2009. 184.

社会责任表现差的公司股票或者选择社会责任表现好的公司股票作为投资对象，保证后者有充足的资金来源，从而提高其市值和竞争力，并获得不止经济价值的投资回报。英国专门修订了《退休金法》，以鼓励企业把退休金改为投向社会责任领域。以汇丰集团、苏格兰皇家银行为首的越来越多的金融机构加入"赤道原则"，承诺贷款只投向那些能够满足具体环境保护要求的发展项目。2006年，英国道德投资增长了18%，达到106亿英镑。道德消费和社会责任投资的加速发展，为社会企业创造了巨大的市场和资金来源，使这种借助商业模式运作的新型公益项目受到了消费者和投资人的青睐。[①]

二、社会企业的价值与功能

1. 社会企业的价值

社会企业之所以受到许多国家政府的重视和社会认可，关键在于它创造了一种新的福利模式，不但能够有效地整合社会资源，通过创新的方法达成市场、公共政策和公民社会的良好协作和多赢局面，而且还能直接产生经济效益，开辟就业渠道。社会企业改变了传统慈善机构依赖捐赠和政府补贴的"乞讨"式的运作模式，创造性地运用商业模式解决社会问题，实现了组织的自给自足和公益事业的可持续发展。

对经济层面的贡献

与传统非营利组织相比，虽然社会企业同样关注慈善、公益，致力于解决社会中突出的矛盾和问题，但是它能够更好地消除非营利组织中常有的外部依赖问题，即过度依靠政府补贴和社会捐赠。在资金来源有限或不稳定的情况下，非营利组织针对资源的恶性竞争往往为组织自身设置了障碍，因此，如何摆脱资金依赖和增强独立性成为非营利组织可持续发展的关键。于是，运作商业化项目逐渐成为解决组织生存能力的一种替代性方案。相对而言，社会企业具有高度的独立性和自我造血能力，能够吸引社会投资、促进内部资金循环和再投资，可以在福利系统的转换、创造就业机会及地区发展三个方面促进经济的发

---

① 舒博：《社会企业的崛起及其在中国的发展》，天津人民出版社，2010，第101-102页。

展，能更为持久、系统、专业地为解决社会问题提供创新性思路。① 据新经济基金会估算，2006年社会企业学院的1999名学员所管理的企业的营业总额总计达到235.7万英镑。西班牙的失业率在1994年达到24.2%的高峰，其后由1998年的18.8%大幅下降至2006年的8.5%。2006年，西班牙有超过51500间社会经济企业，这些企业聘用的雇员超过240万人，占西班牙总就业人口的25%，仅2004年的营业额就逾870亿欧元（9220亿港元），占西班牙国内生产总值超过7%。根据社会经济促进局（Director-General for the Promotion of the Social Economy）及欧洲社会基金（European Social Fund）编制的统计数据，社会经济界别在1996年至2005年共创造42万个职位。同一期间，社会经济界别创造的职位数目增加了67%，高于劳工市场雇员总人数41%的相应增幅。②

此外，社会企业能够解决非营利组织中志愿服务失灵、专业人员不足等发展瓶颈，在社会凝聚力与创造社会资本和第三部门的动态性方面有着突出的贡献，更好地实现了组织的稳定性和可持续性。③

对政府部门的贡献

从政府角度来讲，全球范围内的新公共管理运动推动了"小政府、大社会"局面的出现，政府不再包揽社会服务领域的方方面面，而是积极地充当"守夜人"的角色，完成从全能政府向有限政府的转变。因此，在社会机构同样能够做出成绩的领域，或在政府自身无暇顾及的领域，理应充分调动商业部门、非营利部门在内的多方社会力量的积极性，授权社会企业一定的自主性，共同推动社会和经济的发展。国际经验表明，社会企业的发展帮助政府分担了很多的社会公共服务压力，利用自己的独特优势在帮助弱势群体就业、开展贫困地区的教育和医疗、吸毒者的救助、艾滋病患者及其子女的医疗以及照料、罪犯子女的看护、老年人服务等公共服务领域弥补了政府的不足。

此外，服务型政府的建设对政策创新提出了更高的要求，如何动员一切可

---

① Borzaga Carol and Alceste Santuari, *New Trends in the Non-profit in Europe: The Emergence of Social Entrepreneurship*, in OECD (ed), The Non-profit Sector in achanging Economy, OECD, p47-51.

② 研究西班牙及英国发展社会企业的经验．香港特别行政区立法会 CB (2) 393/07-08 号文件．来源：http://www.legco.gov.hk/yr07-08/chinese/hc/papers/hc1 130cb2-393-c.pdf.

③ Borzaga Carol and Jacques Defourny, *The Emergence of Social Enterprise*, London and New York: Routledge, 2001: 367-362.

以动员的力量，投身于国家与社会的协同治理目标中来，是时代对政府提出的新课题。根据本国的经济和社会发展状况，向社会寻求更广泛、深入的合作将会是未来的发展趋势。社会企业为此提供了新的方案，主要通过四种方法实现该目标：第一，满足社会需要，用商业成功来解决社会或环境问题；第二，促进道德市场的形成，提高企业的责任杠杆；第三，通过形成新的服务体系，引进新的服务方法来改善公共服务；第四，改善企业水平，证明道德约束和商业成功是可以结合的。[1] 它向人们证明商业部门有能力也有优势承担起政府与第三部门之间联系的使命。英国第三部门办公室在2006年的"社会企业行动计划"中就认为社会企业能够有助于实现政府关于更公平、公正的社会的构想，有助于政府实现其重要目标。

对社会文化层面的贡献

社会企业除了对促进经济发展和实现政府目标方面有着重要的影响，社会企业本身所塑造的社会文化也是社会企业在整个社会中的重要贡献，而这种文化被诠释为"社会企业精神"（social entrepreneurship）。"社会企业精神"一词起源于19世纪的英国，当时的一些企业家开始通过改善工作环境、教育及文化生活等方式，提高员工的福利。在美国，非营利组织的领导者被要求必须具备社会企业精神，以更有效地掌握市场规律与方法，所以非营利组织的领导者必须转型为社会企业家（social entrepreneur）。[2] 在加拿大，社会企业精神主要表现在两个方面，一是其营利部门的活动强调社会参与的重要性，并且奖励表现良好的成员；二是社会企业家鼓励企业参与非营利性的活动，以便提高组织效率并树立长期的可持续发展战略。可以看出，社会企业精神是在对以经济发展为核心的理念提出一种新的要求，它强调价值创造、创新与社会责任于一体，对未来社会的可持续发展具有非常重要的意义。

总的来说，社会企业反映了社会发展进程中人们对于社会平等和公正的价值呼吁，体现了政府、社会与商业部门的多元协作要求。随着三个部门之间的界限日趋模糊，一种新型的混合经济形态将活跃在社会生活的各个领域。在这种大趋势下，社会企业的发展有了更加适宜的土壤，它必将结合多方力量和资

---

[1] Cabinet office, "Social Enterprise Action Plan: Scaling New Heights", http://www.cabinetoffice.gov.uk/-/media/assets/www.cabinetoffice.gov.uk/third_sector/se_action_plan_2006%20pdf.ashx.

[2] Shaw Eleanor. "Marketing in the Social Enterprise Context: Is it Entrepreneurial," *Qualitative Market Research: An International Journal*, 2004, 17 (3): 194-205.

源、整合社会资本,实现三大部门的合作共赢局面,推动社会福利体系的进一步发展。

2. 社会企业的功能

社会企业作为市场与非营利组织的融合,吸收了市场和传统非营利组织的优势,它能够有效地增强社会组织发展的可持续性、充当社会治理的参与主体、缓解就业压力、增加社会福利和助推经济发展。

社会组织角度

社会企业的"造血机制"很好地解决了传统非营利组织在发展中过分依赖政府和社会资源,在决策、领导、计划、组织等管理领域容易受到来自外界力量的影响和干预,丧失自主发展的空间这一难题。社会企业不仅能够通过公益嫁接商业的运作模式满足受助对象的实际需要,还能摆脱对外依赖,增强自主发展的能力。此外,社会企业解决了资金问题,能够增强对不同社会需求的回应,提高产品和服务质量,用多元化、多层次的服务内容满足相对多样的需求;还能扩展服务领域,在人力资源、工作效率、服务质量等方面有着更加卓越的表现,为一些面临生存困境的社会组织找到了转型发展的方向,推动了第三部门的变革。

社会治理角度

首先,社会企业会更加关注并参与传统营利性组织不愿涉足的领域,能够弥补政府的失灵,对政府提供公共产品能力的不足进行有效补充,尤其是更愿意为社会提供诸如教育、医疗卫生、养老服务、社区建设以及环境保护等社会公共产品或准公共产品,减轻政府的压力,满足了更多社会潜在需求,缩小了社会差距。其次,社会企业采用企业化的运作模式,它虽然并非以利润最大化为目标,但在提供公共产品时会充分考虑服务对象的支付能力,不会完全根据市场来定价,这也使得社会企业在组织性、规范性和专业性等方面要远远优于传统的非营利组织,能够更高效、更规范、更专业地提供公共产品和公共服务。除了提供质量优良、定位准确的产品服务之外,社会企业作为重要的社会治理主体,其价值还体现在它能让弱势群体通过自己的劳动和努力重获工作的技能和生活的信心,增强社会团结和凝聚力,消除自卑心理和隔阂,促进社区乃至整个社会人与人之间的融合,符合和谐社会的建设要求和发展理念。

改善民生角度

为弱势群体提供就业机会是社会企业最基本的功能。据统计,欧洲目前大约有100万家社会企业,大约占欧洲企业总数的10%,这些社会企业为大约1100万人口提供了工作岗位,从1996年到2005年的10年间,社会企业大约创造了42万个就业岗位,同一时期,整个社会的工作岗位总数增加了41%,而社会企业创造的工作岗位却增加了67%。社会企业对西班牙就业岗位增加的贡献尤其突出,西班牙在2006年有超过5万家社会企业,这些社会企业的雇员数量超过240万人,占西班牙总就业人口的25%。[①] 在扩展就业渠道方面,社会企业所涉及的业务领域多是服务业和简单的生产制造业,就业门槛相对较低,对受助对象的能力要求不高,从而能够为社区提供更多的就业机会。社会企业生产的产品和服务,它们的价格不包括商业利润,所以低于一般商业企业。这种基于初次分配的方式不仅给予受助对象物质上的丰富,而且通过提高就业能力和信心给它们带来了精神上的富足,整个社区乃至社会的福利水平也因此增加,有助于社会的和谐稳定。

经济发展角度

社会企业之所以能够在欧美国家得到迅速发展,关键在于它能够给当地的经济带来新的增长。相较于传统的非营利组织和商业企业,社会企业能够更好地识别社会潜在需求,通过有效整合资源,助推促进地方经济发展、促进商业企业转型、开辟新的经济增长点。首先,社会企业能助推地方经济发展。社会企业创造性地使用商业运作模式支撑公益目的,实现组织自给自足,对经济的全面协调发展起到了巨大的作用。以英国为例,英国内阁办公室于2013年6月发布的2012年《社会企业:市场趋势》(Social Enterprise: Market Trends)[②] 报告中的数据显示:目前英国的社会企业大约有7万家,从业人员近100万人,总的经济贡献值已超过240亿英镑。其次,社会企业能促进商业企业转型。一方面,消费者在日常消费过程中除了考虑产品服务的设计、质量、品牌等因素之外,开始越来越多地加入道德因素的考量,人们渴望通过自己的消费行为不仅仅满足个人的消费欲望,还能够体现出一定的社会价值。当主动承担社会责任的企业在市场竞争中获得更多消费者的偏爱,进而赢得竞争优势时,会给那些尚未涉足社会公益领域的企业施加无形的压力,而企业目标模式的转变成为

---

① 董蕾红、李宝军:《社会企业的法律界定与监管——以社会企业参与养老产业为分析样本》,《华东理工大学学报(社会科学版)》2015年第3期。

② Cabinet Office, "Social Enterprise: Market Trends", https://www.gov.uk/government/uploads/system/uploads/attachment_data/file/205291/Social_Enterprises_Market_Trends_-_report_v1.pdf, 2013, (Visit Date: Mar. 28, 2014).

改变这一局面的最佳选择。另一方面，社会企业可以吸引商业人才，提高整体经营管理水平。"那些无意于传统商业的人们可能更会被建立社会企业所吸引，而社会企业也会成为激发年轻人为改造社会而奋斗的很好的途径"。[1] 认同社会企业理念的商业企业家或管理者选择进入社会企业工作，带动人才在不同组织之间的流转，也从一定程度上促进了商业企业的转型和社会企业的发展。

三、社会企业在全球发展的不同路径

不同的国家具有不同的经济、政治与社会背景，因此社会企业在不同国家和地区的兴盛和发展具有不同的驱动力，并呈现出截然不同的生成路径。

1. 公民社会型

社会企业在欧洲国家兴盛和发展的最重要的驱动力来源于其深厚而成熟的公民社会传统。公民社会传统在欧洲具有悠久的历史，最早可追溯到古希腊的"城邦政治"，后来随着思想启蒙运动和资产阶级革命的胜利，欧洲独立的公民阶层得以产生，政府与社会得以分离。在公民社会状态下，政府与社会既相互独立又彼此合作，政府可缩减自己的职权范围，并将这部分职能交给社会。以公益为宗旨的非营利组织构成了欧洲公民社会的主体，非营利组织在从事公益慈善服务的过程中，创新性地引入企业的运作模式，产生了欧洲的社会企业。

欧洲社会企业在刚开始发展时，其法律地位比较偏向社团及合作社，但是这些形式无法完全符合社会企业的特征，因为社会企业更偏向社会性与强调生产性。1996年欧洲委员会成立"欧洲社会企业网络"（EMES），致力于重新诠释社会企业的原始内涵。EMES认为，社会企业应符合以下条件：由一群公民首创；权利不是以资本所有权为基础；牵涉到受活动影响的人们的参与；有限的利润分配，以及施惠于社区的清楚目标。欧洲委员会认为，社会企业乃是合作社与非营利组织的交叉点，其中合作社包含劳动者合作社及使用者合作社，而非营利组织包含生产型非营利组织及倡议型非营利组织，而社会企业偏向劳动者合作社与生产型非营利组织的混合体。社会企业的具体类型包含两种：一是重新整合失业者和重新发展被忽略地区的企业；二是在传统领域（家庭照顾、老人照顾等）和那些响应新需求的领域中，如补救性教育、扫盲课堂和房地产保障方面，为更大范围的社区提供商品和服务的企业。

---

[1] 英国内阁第三部门办公室：《社会企业向新的高度进军——2006年行动计划》，庞娟等译：《经济社会体制比较》2007年第2期。

2. 商业创新型

美国虽然同样具有高度发达的公民社会，但其社会企业发展的驱动力主要来自浓厚的商业创新文化与创业精神。美国是商业文化极其发达的国家，其经济发达的一个重要原因就在于创新型的商业文化，创新的商业方法被广泛应用于各个领域，创新精神促使更多年轻人投身于社会创业。美国的社会企业发展与自由主义价值观和市场精神一脉相承，更多地体现出商业化特征和市场化倾向。美国热衷于研究社会企业的学术机构是耶鲁大学、斯坦福大学等大学的商学院，因此与欧洲社会企业的表现形式不同，美国社会企业最主要的组织特质在于"类商业"活动，也就是所谓的"福利市场化"，具体要求营利性厂商进入"社会市场"，同时非营利组织从事商业活动，从而成为营利性厂商。故美国社会企业包含两种趋势，即企业的非营利化与非营利组织的商业化。在美国，社会企业的前提和基础是"企业"，它不会因为其特殊的身份获得政策和市场的更多眷顾，而是以同等的市场主体身份开展企业运营、参与市场竞争。它强调商业企业除了关注经济利润外，还要同时提出创新性的解决社会和环境问题的方案。因此，美国社会企业同样需要强大的商业技能、专业的人才精英，其社会责任鞭策着它应当具有更强的适应性和自我造血能力——道德的血液与商业的基因是社会企业不可或缺的生命力来源。

3. 政府主导型

亚洲国家由于缺乏公民社会的传统，但又认识到社会企业对于经济和社会发展的作用，便开始采用政府推动的方式发展本国的社会企业。这其中韩国最为典型，韩国政府早在 2006 年便制定了《社会远景 2030》的政府计划，该计划提出发展社会企业以弥补韩国政府在社会公共服务提供方面的不足，韩国于 2007 年 10 月颁布了专门的《社会企业促进法》，根据该法律，韩国政府为社会企业的建立和发展提供资金补贴、管理咨询和人才培训等各种促进措施。时任总统李明博更是将推动社会企业的发展作为其五年任期内的一百个国家议程行动的重要组成内容。日本同样制定了各种社会企业的培育方案，政府作为培育方案的实施主体，通过建立社会企业孵化基金以及政府补贴的方式推动社会企业的建立和发展。当然上述对社会企业在不同地区生成路径的考察比较的仅是占主导作用的因素和力量，实际上不同国家社会企业的发展是同时受多种因素共同作用的结果，只不过某种因素在某一地区的影响和作用更加突出。在这些驱动社会企业发展的不同因素中，公民社会和商业创新文化尤为重要，犹如鸟之双翼共同推动了社会企业的发展。在公民社会发育不够成熟的国家，即便具有强大的商业文化，也不可能建立发达的社会企业。韩国和日本具备强大的商业文化，然而公民社会的发育却相对落后，因此只能通过政府力量的介入来推动社会企业的发展，然而政府介入社会企业的发展如同外力，相对于公民社会对社会企业的自发推动如同内力而言，在促进社会企业发展的效果和作用上要弱小得多。

第二节 发达国家社会企业的典型模式

社会企业在欧美国家起步较早且发展势头迅猛，活跃在市场与社会的各个领域，富有创造性地发现并解决问题。在一些国家例如英国、美国等，社会企业的发展已经相对成熟，政府出台了明确、具体的政策法规，规范和引导社会企业发展大势。

一、英国模式

英国是目前世界上社会企业最活跃、最发达的"社会企业大国"之一，被许多国家视作社会企业实践的先锋。英国在 20 世纪 80、90 年代，社会企业的基本形态已经出现，是由一些非营利组织提供无法由公共部门满足的生产性活动需求，"经济援助"是目标，"边缘人群和失业者"是服务人员，这些非营利组织就是社会企业的初始形式。

1. 产生背景

英国的社会企业最早可追溯到 1844 年成立的罗奇代尔合作社，发展到 20 世纪 90 年代，该合作社已经拥有 600 万名会员和 4000 多家贸易分社。20 世纪 70 年代经济危机爆发后，英国进行了一系列的社会改革，为社会企业的发展提供了契机。20 世纪 90 年代，"具有民间组织情怀"的工党上台执政后，开启了社会企业发展的大幕，大量的研究者和中介组织加入支持社会企业发展的行动中来，由于 2000 年之后，慈善捐款和政府资助减少，争取这些资助的竞争加剧，使得已经发展成熟的非营利部门必须通过可赚取收入的业务以支持其营运。同时，英国政府也认为社会企业的确能够帮助解决失业、歧视、社会排挤、低教育水平等一系列社会弱势群体面临的问题。与此同时，发达的第三部门也为其提供了坚实的支持网络，如英国社会企业联盟（Social Enterprise UK）、社会企业标记公司（Social Enterprise Mark Company）、英国合作社联盟（Co-operatives UK）等都是行业内重要的全国性支持组织，并代表社会企业的利益直接与政府商讨和促进该行业的发展。英国因而成为欧洲最早正式支持社会企业并制定相关法律的国家之一。①

2. 现况概述

英国政府自1999年首次承认社会企业这一概念以来，于2001年成立了社会企业局、2002年发布了社会企业战略、2005年创建社区利益企业和第三部门办公室、2006年出台"社会企业向新的高度进军"的行动计划。除此之外，英国大使馆文化教育处也在全球范围内推广英国社会企业。目前英国并没有设立特定的社会企业法，但是有针对社会企业不同组织形式颁布的规定，英国在2005年7月1日颁布了《2005年社区利益公司规定》（Community Interest Company Regulations 2005），从法律、税收、金融等各方面为社会企业的发展构建支持性的环境，并成立专职负责部门，促进社会企业发展。其他组织形式的政策法律散见于公司法以及第三部门的相关法律中。

在英国，政府与社会企业之间建立了良好的互信与合作关系。这种新型的合作模式结合了公共部门、商业部门和第三部门的优势，在以往的社会服务之中成功地缓解了就业、贫困等矛盾突出的社会问题，因此受到政府政策的大力支持。根据数据统计，英国共有超过62000家社会企业，年收入达到320亿英镑，就业人数占企业部门的5%，这些社会企业平均每年为英国经济贡献84亿英镑，大约占英国GDP的1%。② 在英国，大约20%的社会企业的营业额超过100万英镑，中等社会企业的营业额达到28.5万英镑，其中81%来自商业收入，有1/4的社会企业通过提供或帮助寻找就业机会来帮助遭受社会排斥的群体，英国的社会企业多半是"社区利益企业"（The Community Interest Company），企业活动的目标是为社区成员争取福利，成功地带动和促进了社区发展和本地的经济繁荣，对此，政府专门颁布"社区利益企业法规"（The Community Interest Company Regulations）来加强对同类型组织的管理，在审批、资产、分红、评估等诸多方面作出了详细的规定和限制。这一系列的政府举措

---

① 李健：《社会企业政策：国际经验与中国选择》，社会科学文献出版社，2018，第100-101页。

② 《中国社会企业与影响力投资发展报告》，http://www.cfc-c.org/style/file/1497259476623664.pdf。

和社会经济的高度繁荣造就了英国社会企业的迅猛发展，使之成为全球社会企业发展重要的风向标和领军者。

3. 政策支持

（1）立法支持。英国政府高度重视企业的社会责任，全方位通过立法、政策、宣传等方式规范和促进社会企业的发展。2002年通过了"社会企业战略"。2004年颁布的经营和财务审议的法规草案，要求英国上市公司公布年度经营和财务审议及公司董事报告；同年，英国政府颁布的《公司（审计、调查和社区企业）法案》（Companies Audit, Investigations and Community Enterprise Act）中增设了一项新的公司类别，即社区利益公司（Community Interest Company），这是专门为社会企业创立的一种法律身份，这项立法开创了社会企业发展的新模式，社会投资者可以从社会企业的利润中获得一定的投资回报，使社会企业具有了更强的融资能力。2006年，英国公司法以法律的形式引入了"文明的股东价值"概念，并且要求大型公司的执行官年度报告中必须包括公司评论；2006年又通过了进一步促进社会企业发展的第二个国家战略——"社会企业行动计划：永攀高峰"，表明与社会企业合作的态度。

（2）战略规划支持。近年来，社会企业在经济社会发展中的独特价值越来越受到英国政府的重视。2002年，英国政府出台了名为《社会企业：走向成功的战略》（Social Enterprise: A Strategy for Success）的政策文件，标志着英国政府的首个社会企业战略问世。该战略旨在达成三大目标：为社会企业营造支持性环境；使社会企业的商业运作更有效率；确定和推广社会企业的价值。2006年，政府将社会企业组改为第三部门办公室，随后发布了《社会企业行动计划：勇攀高峰》，明确了政府在进一步推动社会企业发展上的职责，该行动计划包括：培育社会企业文化；协助社会企业从金融市场和政府计划中获得支持；使社会企业顺利获得适当融资；促进社会企业与政府合作。2010年，英国政府启动"大社会"（Big Society）项目，将第三部门办公室改为公民社会办公室，并发布了名为《建设更强大的公民社会》（Building a Stronger Civil Society）的新发展战略，该发展战略为政府制定了一个非常清晰的计划，以支持社会企业、慈善组织、志愿组织和社区团体更广泛地参与提供公共服务。政府将社会企业发展提升到国家战略层面，是英国社会企业得以大规模快速发展的基础和前提。[1]

---

[1] 李健：《社会企业政策：国际经验与中国选择》，社会科学文献出版社，2018，第103页。

(3) 金融税收支持。英国政府为社会企业建立了一个有效的金融支持系统，实施了一系列扶持政策。自1997年起，英国政府开始大力推广公益创业和社会企业，内政部成立了"风险资本基金"（Adventure Capital Fund），向社会企业提供金融支援和商业指导。2012年4月，英国政府推出了"大社会资金"（Big Society Capital），这是世界上首家社会投资银行，其定位是为社会企业提供更大范围的金融服务，总额高达6亿英镑的大社会资金来源于英国银行体系内4亿英镑的休眠账户资金以及2亿英镑的商业银行投资。大社会资金的投资对象是直接资助社会企业的社会金融中介机构，首批社会投资总额超过3700万英镑，涉及12类中介机构。英国政府此举意在促进形成高效率的社会投资市场，以充实社会企业的成长资金。2010年，内阁下设的社会影响债券中心推出了社会影响债券（Social Impact Bonds，SIB），同年7月，英国政府又启动了一项"社会孵化器基金"（Social Incubator Fund，SIF），主要用于资助初创期的社会企业，使它们有能力吸引社会投资。

在税收政策方面，英国政府2002年出台了"社区投资税减免计划"（Community Investment Tax Relief Scheme），给予社会企业的投资者最高达25%的减税待遇，以鼓励更多社会资金投向社会企业。"社会投资税减免计划"（Social Investment Tax Relief）鼓励向社会企业（包括慈善组织）进行投资。投资后可以享受税收减免政策，主要包括：其当年投资额的30%所得税可减免；如果将盈利再投资到社会企业，可以降低其资本收益税。[①]

4. 规范监管

社会企业并不属于慈善组织，英国对其有着严格的规定。第一，资产锁定。社会企业一般不能以少于其全部市场价值的价格来转让利润或资产，如果社会企业解散，它还要保护社区的剩余资产。第二，社会企业监管机构通过设定上限来保护资产锁定。第三，除了年度账目之外，社会企业还必须提交一份年报。一个企业必须有不少于25%的收入来自贸易行为；不超过75%的收入来自项目赠款和捐献；不超过50%的盈余用来分红给持有者和股东，才能被官方认可为是社会企业。[②]

[①] 李健：《社会企业政策：国际经验与中国选择》，社会科学文献出版社，2018，第103-104页。

[②] 李健：《社会企业政策：国际经验与中国选择》，社会科学文献出版社，2018，第106页。

二、美国模式

美国社会企业一般包括社会目的企业、社区型企业和社区福利企业,这些类型的社会企业同英国社会企业的雏形有些类似:通过传统的非营利组织进行运营与操作,把获得的商业利润用来填补财政缺口,以支持社会企业精神的实现。每当提及社会企业,人们往往会强调和颂扬社会企业理念和社会企业家精神,因此美国社会企业的外延更加宽泛,组织形态和发展模式相对多元,例如慈善创业、公益创投、福利市场化等都可能成为社会企业的一种表现形式。

1. 产生背景

20世纪60年代,"福利国家"模式在美国受到欢迎。美国政府投资数十亿美元,希望通过非营利组织实现减贫、教育、医疗保健、社区发展、环境和艺术等方面的相关目标,"社会企业"的概念也在这一时期出现(Salamon, 1997)。然而,1970年至1980年的十年经济衰退迫使政府削减了上述计划。20世纪70年代,由于政府大幅缩减了对非营利组织的财政支持,逐渐使非营利组织的结构朝着"市场化"迈进。到了20世纪80年代,非营利组织的主要资金来源不仅是商业收入,而且商业企业也利用自身的市场竞争优势投入社会福利领域。由于企业有助于提高非营利组织的财务自主权、为弱势群体创造就业机会,非营利组织开始认识到,社会企业将是替代政府支持的重要来源,因此对美国社会企业发展的支持更多来自于私营部门。

2. 现况概述

根据社会企业联盟的统计,在美国,除了有175 000个非营利组织可被视作以社会企业的模式运行外,还有超过5000间公司也自称为社会企业。美国也有一个会员制的社会企业联盟,成员主要为来自美国和加拿大的非营利机构的行政人员。美国人倾向于使用"社会企业家"(social entrepreneurship),并按照社会企业家的身份以及时间发展顺序将社会企业家发展大致分为以理论研究为主的大学教师、白手起家的中年实干家以及有过追求商业利益经历的社会精英这三代。尽管美国还没有国家层面的社会企业立法,但其一直在对此进行研究,很早就开始考虑制定有关社会企业的法律。目前,许多州已经有了一些尝试,并已经成为美国全国性的运动。在联邦体制下,各州都可以颁布自己的公司法,公司在州的层面进行登记,各州可以为了社会企业对公司法进行相应调整。

3. 政策支持

（1）立法支持。美国政府明确表明，要努力推动社会企业的发展，首先是建立社会创新与公民参与办公室（Office of Social Innovation and Civic Participation，SICP）。社会创新与公民参与办公室主要在私营和公共部门的非营利组织内工作，组织推动社会措施的实行和制订相关程序，促使政府解决社会问题。美国没有联邦层面上的社会企业法律和专门针对社会企业的规定，但是，由于美国有关企业的立法权和管理是在各州，美国各州关于社会企业的立法比较迅速，特别是共益公司的立法和发展极大地推进了"社会企业"在美国的"法律定型"，加上社会创业家推动的 B-Corp 认证在美国乃至全球的"民间"发展成为热潮，美国式的政府和民间协同模式正在继续发展，成为典型的美国模式。2008 年以来，在美国有超过 20 个州进行了社会企业立法，这个数字还在持续增加中。美国是法官制的国家，通过法院的判决，可以解决法律技术性的瑕疵，也会引导法律的走向。因而社会企业在美国的发展能否落实，关键因素是要观察立法与司法的走向。[1]

（2）税收优惠。美国联邦税法规定，从事社会目的的组织，经主管机关认定其商业活动符合社会公益目的时，可享受税收减免优惠，以鼓励从事及发展社会目的的组织。联邦税法 501（c）中规定慈善组织可以接受捐赠，捐赠者依据其捐赠数目享受一定的税负减免。同时，社会福利组织享受免税待遇，可以从事倡议活动，但其捐赠者不能获得税负减免。这两种免税组织可以有商业收入，而且只有当商业活动与其使命不相关的时候才被征税。自 1950 年起，美国联邦政府使用了宽松定义的所得税法来针对以非营利为目的的与免税目的无关的收入。这种情形让非营利组织对创收活动十分谨慎，生怕影响到它们慈善免税的现状。此外，该所得税法也使营利企业感到很不公平，因为提供同样的服务和产品时，非营利企业不必纳税。2000 年起，美国出台了新的税收优惠政策——新市场税收抵免，截至 2007 年，共为社区活动的投资提供了 150 亿美元的税收支持；2004 年，美国对税法进行了修订，规定了非营利组织与营利组织联合投资时不需要缴税。[2]

---

[1] 李健：《社会企业政策：国际经验与中国选择》，社会科学文献出版社，2018，第 154 页。

[2] 李健：《社会企业政策：国际经验与中国选择》，社会科学文献出版社，2018，第 150 页。

(3) 财政支持。在美国，政府对社会企业的支持是十分有限的，并且多数是通过间接的形式。比如不同层级的政府支持的社区发展计划，并不是为了支持社会企业的发展，只是为社会企业提供替代性的支持。例如西雅图和华盛顿发起的社会企业项目（1998—2001年），它们与各种基金会开展合作，为非营利组织商业化提供培训，并在西雅图举办了美国第一届社会企业展销会，展销会上举办了西雅图社会投资者论坛，政府资助了前两届论坛，后面由企业和慈善家资助。

4. 规范监管

美国的社会企业具有较高的透明度和严格的问责机制。社会企业每年必须向公众和股东提交其创造公共利益和环境价值的详细报告，同时向社会公布。报告用来评估社会企业在实现既定公共利益中的成功或失败，并考虑决策对股东的影响。报告必须使用全面、可信、独立和透明的第三方标准，股东和董事应当执行报告中的公共利益要求。当社会企业设立以营利为目的的附属企业时，捐出利润给相应慈善组织时会面临更多的障碍，国税局允许企业抵扣占其利润10%的慈善捐款，但是如果超过利润的10%，则超出部分无法从企业应缴纳所得税中折扣。①

三、日本模式

社会企业在日本的真正兴起是在2000年后，在日本主流价值观发生变化、非营利组织（以下称NPO）发展遭遇瓶颈和政府推行"新公共"政策②等因素的共同推动下，日本的社会企业逐渐积聚了发展的动力。在经历了频繁发生的大地震后，地区居民自发形成的灾后重建组织相比政府机构，具有更迅捷的应急能力和救援效率，社区组织的作用逐渐得到社会认同。

1. 产生背景

日本以在社会广泛扎根的NPO为基础，充分结合民间力量，缓解公共领域的财政负担。截至2015年，日本社会企业有20.5万家，日本政府干预度高，将社会企业部门视为新型产业，并通过一系列产业政策，包括社会推广、技

---

① 李健：《社会企业政策：国际经验与中国选择》，社会科学文献出版社，2018，第153页。

② 日本政府于2009年宣布"新公共"的政策导向，指由市民或NPO等社会组织作为公共服务的提供主体，政府只在制度保障等方面为其发展创造条件。

援助、人才培养、融资和筹资、网络构建等推动社会企业部门的商业化程度。在这个过程中，政府力促社会企业市场的形成和发展，将其作为区域性经济的重要成员，强调服务性和创新性，以及用商业手段解决问题，试图通过社会企业带动区域经济和创造经济价值。日本社会企业主要致力于区域振兴及城市建设，促进地区发展，推动少子化、老龄化等问题的解决，主要包括：一是为激发城市活力，在城市建设、旅游观光、农业体验等领域进行人才培养和相关组织建设；二是为市民提供育儿支持和老龄化问题的应对措施；三是为环境、健康及劳动就业等领域建设社会组织机构；四是为企业家的培养、创业及经营提供相关支持。

2. 现况概述

日本社会企业的组织形态多样，以法人为主要形式。根据日本经济产业省2015年的数据，目前，日本社会企业的类型主要是NPO法人类，约占总数的一半，其他为公司类组织形式（株式会社和有限公司）约占总数的1/3以上。日本经济产业省在2010年的调查中指出，在营利法人形式的社会企业中，株式会社类占56%，有限公司类占29%，企业工会类占12%，其他类占3%；在社会企业非营利法人中，NPO法人占69%，其他如社会福利法人、一般社团法人占1%，而社会企业无法人资格类的占26%。日本的非营利法人和企业相混合的模式保证了其商业性：以中小企业形态存在的社会企业可享受对中小企业的支援政策，得到直接和间接的资金和经营支援，非营利法人社会企业则可得到与非营利机构相等的税收优惠。针对性的政策让各类社会企业可以灵活选择适合的运营形态，为其提供了最大的发展空间。因此，尽管日本社会企业的商业活动收入仍然受限制，但企业规模在中央和地方政策的合作扶持下迅速成长，成为商业产值和社会就业的重要来源之一。

3. 政策支持

（1）立法支持。日本的社会企业主要由内阁部和经济产业省联合推进，内阁部以实现"新公共"政策为目标，而经济产业省由社会企业研究会牵头，聚焦于社会企业认知度与人才培养等方面。1998年日本政府出台的《特定非营利活动促进法》（以下称"NPO法"）为非营利组织在社会福利领域开展营利活动提供了法律依据。"NPO法"经历了8次修订，2011年在NPO法的基础上又颁布了《改正NPO法》，对NPO法人的认定标准进行了修订并扩大其税收优惠，推动了NPO的稳定化、规模化发展。2010年日本政府提出社会事业法人的方案，鼓励在制度设计上更加灵活，拟给予社会企业向公众筹集资本的权利，当社会企业家启动一项大规模福利事业时，可以通过发行股份的方式向投资者募资，社会事业法人的股权可以流通和转让，但由于企业的公益性质，所持的股份并不能参与利润分配，使其能参与国家重大社会问题的解决，推动社会企业成为"新公共"政策导向的中坚力量。

（2）财政支持。2009年，日本内阁部推出"新公共"政策后，制定了以社会企业为受赠主体，未来十年内将其捐赠规模增加十倍的政策目标，为社会企业的成长保驾护航。2011年，内阁部开展"新公共支援项目"，计划两年内向各都道府县（日本行政区划的总称）提供87.5亿日元的基金，基金为新公共的实施主体，包括NPO法人、民间自发性非营利组织等符合新公共导向的社会企业提供资金支持。

除了"新公共支援项目"，内阁部以推进社会企业的建立和人才培养为目标，2009年到2011年，共计投入70亿日元展开"区域社会就业促进项目"。内阁部以招标的方式，从社会企业中选定12类组织，以增加就业和提升社会企业的人才质量为内容，开展社会企业家每人300万日元的孵化支持和为初创社会企业中工作六周以上的人员发放10万日元的月薪补助。

4. 规范监管

日本通过建立社会企业内部治理的信息公开制度，"强化自律，规范他律"，调动社会力量对社会企业进行日常监督，保障了市民的监督权，提升了社会企业的公共认可度。

目前日本的NPO法人有四万余个，但资产规模达到3000万日元以上的仅占15%，体量较小、风险承受能力低，大多数社会企业面临无法承担大规模的社会福利事业的问题。为了更好地服务和管理社会企业的主要形态——NPO法人，日本的NPO法自1998年出台以后，以平均"两年一优化"的频率对相关政策和制度进行修改，虽然制度的修订回应了社会企业发展中的问题，但也直接使社会企业的合规成本增加，从NPO法条颁布之初的五章五十四条到目前的七章一百条，规则的数量增加了将近一倍。此外在税收政策上，2011年NPO法修订案扩大了获得认定资格的NPO法人的税收优惠力度，但是手续复杂、管理严格。

四、新加坡模式

新加坡是东南亚社会企业发展中的先锋，其社会企业多由20世纪前叶以服务活动与商务支持起家的合作社为主，通过社会企业模式提供部分公共服务。由于新加坡鼓励社会企业和政府联手解决弱势和贫困群体的就业和社会排斥问题等，加上强有为的政府和金融商贸中心的发展背景，使得其社会企业发展稳健而又竞争激烈。

1. 产生背景

新加坡社会企业的历史可以追溯到 1925 年，第一个合作社——新加坡政府公务员存款和贷款合作社（Singapore National Co-operative Federation）成立。随着新加坡的日益繁荣，新出现的社会需求变得越来越复杂并且多样化。在经济领域，贫富差距正在逐渐加大，2014 年新加坡基尼系数为 0.464，最富有人口的 10% 的家庭收入是最低端的 10% 的家庭收入的 25 倍；在政治领域，新加坡人民行动党长期执政，在国家政治生活中居于特殊地位（张明杨，2015）；在社会领域，新加坡的社会福利系统被很强的家庭观念维系并注重国民储蓄，(Holiday，2000)。在由政府主导进行社会管理的新加坡，既不是政府又不是市场的"第三部门"（The Third Sector）概念很淡薄，影响力也十分有限。

到了 20 世纪 90 年代，新加坡出台了"多方援手"（Many Helping Hands）战略。该战略鼓励政府和社区组织积极参与，包括草根组织、宗教团体和志愿福利组织去帮助弱势和贫困群体。在这一时期，包括独立法人组织、有限责任公司、私人有限公司以及担保有限公司等企业形态也陆续加入这一阵营，构成了社会企业的多元形态（Park & Wilding，2013）。与此同时，作为政策企业家的新加坡社会发展、青年及体育部（Ministry of Community Development，Youth and Sports，MCYS，2013 年更名为社会及家庭发展部）在 2003 年 3 月发起设立了"社会企业基金"（The Social Enterprise Fund，SEF），为社会企业提供种子资金，为催化社会企业政策方面起到关键作用。[1]

2. 现况概述

目前新加坡社会企业协会有共 290 多个社会企业会员，并且每年以 30% 的速度增长，整个新加坡社会企业总数预计在 400~500 家。据 2016 年的数据显示，在新加坡社会企业的类型中，63.6% 为私人有限形式，14.8% 为私人独资形式，最普遍的社会企业活动是提供社会服务，占到所有社会企业的 41%。在新加坡政府的鼓励与倡导下，社会企业类型呈现出多元化的面貌，尤以餐饮业

---

[1] 李健：《社会企业政策：国际经验与中国选择》，社会科学文献出版社，2018，第 170-171 页.

居多，与此同时，社会企业在社会公众中的认知度也不断提高。

3. 政策支持

（1）立法支持。新加坡政府干预程度高，政府大力推广社会经济，将社会企业部门发展作为重要经济发展战略之一。新加坡政府部门设立专门的社会企业基金为社会企业提供种子资金，社会企业委员会从国家战略层面促进社会企业发展。值得注意的是，新加坡只有合作社受到相关法律认定和注册管理，社会企业并未被纳入立法体系，尽管政府没有直接立法，但采用了宽松的资金支持方式鼓励社会创新和创业。

（2）财政支持。新加坡政府为社会企业提供强有力的财政支持，采用多样化的融资工具和财税优惠，并且和其他经济部门合作推动民间支持性组织建设，如银行和私人企业携手支持社会企业的成立和孵化。政府既提供直接政策优惠，如补助和捐赠、税收优惠、政府购买等，也提供间接支持，如融资、咨询和创业支持，甚至成立商业担保公司为社会企业提供种子基金和培育青年社会企业家。新加坡政府对社会企业的分红和资产分配没有硬性要求，并推崇以社会创新和创业为主的商业化。因此社会企业横跨多个商业领域，包括旅游、就业、食品、教育、贸易、医疗信息、休闲等，呈现出多样化的商业形态。

（3）能力建设支持。新加坡的社会企业支持组织多元而广泛，各类支持的提供者也横跨了民间、企业、政府三大层面。其中，政府的主导力量显著，除了在2003年就设立了社区关怀社会企业基金，其他如社会及家庭发展部（MSF，原MCYS）、Spring Singapore、Social Enterprise Hub等组织也都隶属于或由政府单位协助成立。新加坡国立大学及新加坡管理大学分别设有亚洲社会企业与公益中心及社会创新中心，致力于培养创造社会影响力的人才，并出版相关研究。新加坡国立大学和星展银行（DBS）共同举办的DBS-NUS社会创投竞赛，是亚洲极具指标性的社会企业竞赛，每年皆吸引各国团队共襄盛举。

同时，新加坡政府更加重视对社会企业家的培育，并借助民间力量的广泛参与为社会企业撬动和连接更多资源。2009年，社会企业委员会出资成立了社会企业中介组织——社会企业协会（Social Enterprise Associa-tion），旨在促进社会企业家精神、培育社会企业家及社会企业，同时推动社会企业部门的发展。2010年，社会企业协会专门成立了负责训练和咨询的部门——"社会企业发展中心"，提供社会企业训练与业务方面的咨询服务，以建构营运能力。2011年，在使用博彩收入发起设立了社会企业中心之后，新加坡政府又设立了"总统社会企业奖",以鼓励帮助弱势群体并激励人心、成功持续经营的社会企业。新加坡社会青年体育部于2012年1月开始执行另外一个资金支持计划——青年社会企业精神培育计划（YSEP），主要通过赞助资金来鼓励各级学校，教育学生关于社会创新与社会企业家精神，以培养学生成为社会企业家的能力，日后参与社会企业。

由于新加坡存在着一批活跃的民间力量，其拥有创业或经营社会企业的成功经验，2013年，社会及家庭发展部发起社会企业指导计划，聘请了一些经验丰富的企业人士、企业家扮演导师角色，与社会企业分享经验和新的商业模式。2015年，政府宣布成立一站式社会企业中心，整合对社会企业有利的资源。在政府和民间力量的通力合作下，新加坡社会企业发展迅速。

4. 规范监管

为确保社会企业实现对利益相关者的责任，新加坡的《公司法》要求公司提供在财政年度结束后6个月内召开的董事会议上通过的年度报告。报告必须在会议前14天内发给与会成员。除了年度报表，公司还必须向出席董事会的成员提供审计报告。如果社会企业是一个合作社，那么它需要遵守《合作社法》及其有关年度报告、审计和会议召开的要求。社会企业还应披露以下附加信息：所遇到的社会或环境需求；具体的社会使命；所出售支持其社会使命的主要产品或服务；如何确保实现社会使命；如何履行其宣布的社会使命；所产生的盈余如何在受益人、员工、投资者和社区等主要利益相关者之间进行再投资或分享；决定撤回投资的金额；社会企业停止交易的剩余资产是否用于社会或环境目的；企业章程；如何进行企业管理，包括董事会管理和治理实践等其他指导细则。①

新加坡有较稳健的国家体制与经济发展，同时作为外商汇集之地，具备完善的金融服务体系，随着其社会企业站稳脚步并规模化，相信通过注入强大的影响力，有望成为东南亚社会企业支持与创投的枢纽之地。

第三节 发展中国家社会企业的典型模式

20世纪80年代以来，随着世界范围内的市场化、民营化、民主化和全球

---

① 李健：《社会企业政策：国际经验与中国选择》，社会科学文献出版社，2018，第174页。

化的浪潮，社会企业不断涌现，即便是对于发展中国家和不发达国家，社会企业在各国和地区的经济社会发展中也扮演着重要的角色。

一、泰国模式：广泛扶植的社企中介组织

泰国是政府积极和高度参与社会企业立法和认证的正面典型。泰国较大程度模仿和参考了英国的社会企业设置。泰国政府由皇室出台了皇家法令（621号），对社会企业的免税资格认定、注册或登记及范围界定进行了专门规定。泰国面临的社会问题涵盖贫穷、观光、医疗看护及环境能源等方面，因应而生的社会企业数量也相当可观，根据 Change Fusion 的统计就有多达 116,000 家，如此蓬勃的发展很大一部分归功于政府及泰皇的积极支持，官方先后于 2009、2010 年成立国家社企委员会（National Social Enterprise Committee）以及泰国社企办公室（TSEO, Thai Social Enterprise Office），除了大量带动公、私部门投资，其也积极向英国等地学习，并设定五年社会企业计划。但有一点值得注意，与英国不同的是，泰国公开宣称社会企业允许由政府设立，事实上，泰国存在大量国有企业向社会企业转型的案例。

泰国的社会企业支持组织相当蓬勃，政府与民间的支持都功不可没。政府除了投注大量资金，还为社会企业提供贷款、税率优惠、股票交易合作、成立投资基金、发展社会影响力等措施，再加上原本就蓬勃发展的公民社会与民间团体，部门间彼此结合，进一步推动了泰国的社会企业发展。

同时随着越来越多的年轻人投入社企领域，学校、国内外的 NGO 和一些基金会等都成了重要的社群营造者。它们提供社会企业家的相关训练，某些组织除了既有的角色外，还肩负了社群营造的工作，串联合作网络并促进信息交流，尽力推广社企。泰国社会企业的资金支持也十分多元，举例来说，除了一般的公益创投，Tae jai 以及本身为友善旅游服务社企的 Social Giver 也为其他社会组织或计划提供了群众筹资渠道，增添了不同的资金来源，政府自英国引入的 UnLtd，以及皇室赞助成立的 Change Fusion 都是这方面的代表。泰国偌大社会企业群体的背后，中介组织能力建设的角色不容小觑。

二、越南模式：战后逐渐茁壮的社企生态

越南的社会企业兴起较晚，直到改革开放后才有显著的进展，但早在开放前就已有许多国内外的 NGO、发展计划以及初具雏形的社企组织存在，致力于

解决战后越南的各种社会问题，近年来更逐渐转为催生在地社企的重要力量。现今的越南社会企业不但民间能量充沛、不乏支持组织，更得到了政府的重视与支持，越南政府于2014年通过修法，赋予了社会企业明确的法律定位。

越南政府干预度低，且由于传统非营利部门的影响，社会投资市场局限，政府目标定位等其他因素，越南社会企业部门多是由商业组合的模式形成的，通过社会创业和创新形成的较少，因此商业化程度低。越南对社会企业按《企业法》来定义和管理，并有51%的盈余再投资的限制，政府也间接支持社会企业孵化组织，培养社会创业家。这本应能大力推动社会企业的商业化进程，但由于实际的支持政策很少，因此仍然处在理念认可阶段，且免税、补贴等优惠政策的缺乏也令越南社会企业的商业化程度十分有限。另外，尽管越南社会企业的活动领域比较广泛，包括教育培训、工艺、医疗、大众传播、住房、环境保护等，但基本都是非营利或不以营利为目的，虽然社会企业能够注册为公司，并按企业法提供税收优惠等激励措施，但难以贯彻执行。

在越南，同样有大专院校如太原大学（Dai Hoc Thai Nguyen），提供社企领域人才的培育，而国内重要的非营利组织，社会行动推广中心（CSIP, Center for Social Initiatives Promotion），不仅协助推广社企概念，其任务内容还涵盖了串联平台投资培育等。茁壮成长中的越南社会企业，需要能发挥社群营造功能的支持组织协助凝聚分布各处的社会影响力，并联结资源的供需双方，以加速这些初创社会企业的成长。举例而言，英国大使馆文化教育处（British Council Vietnam）在越南的社会企业生态发展过程中扮演了重要角色，除了提供能力建设措施协助其发展茁壮，更和CSIP一同促成了企业法的修改。

越南社会企业虽起步较艰辛，但有外援及政府的重视以及乐观的前景，只要持续发展，迈向自给自足，就能成为解决国内社会问题的要角。

三、印度模式：低政府干预度的商业化路径

印度有着世界上规模最大的非营利部门。根据印度统计和项目实施部的一项初步调查，2009年底，印度至少有330万个登记注册的非营利组织（只包括社团和公共慈善信托），其中社团有290万个，不到400个印度人中就有1个非营利组织，一半以上的非营利组织位于农村地区（Ministry of Statistics and Program Implementation of India, 2009）。在印度，很多社会企业是以私营企业的性质参与国家发展的，特别是在迫切需要解决的社会问题上，私营企业的独特作

用已经获得了政府越来越多的认可（Asian Development Bank, 2012）。最近几年，PPP 模式普遍受到不同程度的关注，成为印度社会企业参与促进人民福祉和改善社会保障体系的重要途径（Barowalia, 2010）。

在印度，只有少数的政策明确涉及社会企业这一新型组织形式，其余大多数政策都是通过支持创新创业和中小私人企业的名义来间接影响社会企业的。印度根据1961年颁布的《所得税法》，对于信托、社团和非营利公司，只要符合相关要求，便可以享受所得税免交政策（王世强，2012）。此外印度政府还积极购买社会企业的服务，印度每年拨付50亿美元的政府资金来购买非营利组织的项目，以推动项目实施（贾西津，2007）。对注册为私人企业的社会企业，则主要以政府购买的形式来支持。印度财政部2012年公布的政府采购法案规定，政府采购商品和服务的20%必须来自微小中型企业；其中4%来自弱势阶层和部落人员创立的微小中型企业（Dinesh, 2015）。2015年技能与创业部颁布的"国家技能与创业政策"（National Skill and Entrepreneurship Policy），里面着重突出了培育社会企业家精神和草根创新（British Council, 2016）。

在印度，政府通过成立创新基金和新创计划来对社会企业提供资金支持，也专注于通过各类支持和税收优惠提高中小企业的竞争力，并相对积极地购买社会企业的服务。相关的公共采购法案中也规定了国家的采购计划，其资金支持必须照顾到弱势阶层和社会创业者。但是考虑到这些政策是为全体私营企业而设，并非针对社会企业这一特定组织形态，印度社会企业部门的发展并未获得政府的过度干预，社会企业在政策支持、获得融资、发行股份等方面受到的待遇与私人有限公司相似，因而大多数社会企业都以营利性私人有限公司的形式运营，80%的社会企业选择注册为信托、社团、非营利公司、私人有限公司、独资企业、合资企业、有限责任公司、股份有限公司和生产性公司。在过去十年间，印度的社会企业和影响力投资都得到了很大发展，从金融服务到农业及能源、卫生和健康领域，企业家们已经充分意识到社会企业所创造的三重底线价值。在上述领域，社会企业已经发展出不同的商业模式，并初步获得了成功，值得投资的社会企业数量在不断增长，但金融市场的通道依然对其是一个巨大的限制和挑战（ADB, 2012）。总之，无论是印度社会企业本身，还是政府管理部门，都需要进行改革来促进社会企业更好的发展。

参考文献

[1] 李健. 社会企业政策：国际经验与中国选择 [M]. 北京：社会科学文献出版

社，2018.

[2] 舒博.社会企业的崛起及其在中国的发展[M].天津：天津人民出版社，2010.

[3] 瑾琭主编.社会企业案例研究[M].北京：首都经济贸易大学出版社，2016.

[4] 余晓敏.社会企业与中国社会发展的创新实践[M].北京：中国经济出版社，2018.

[5] 沙勇.中国社会企业研究[M].北京：中央编译出版社，2013.

[6] 杨帆.公益商业模式创新中的社会企业研究[D].上海：华东政法大学，2014.

[7] 董蕾红.社会企业的法律规制[D].济南：山东大学，2017.

[8] 卢国庆.社会企业的特征和经营策略与绩效的关系研究[D].南昌：江西财经大学，2017.

[9] 李卓键.美英企业社会责任模式比较分析[D].长春：吉林大学，2011.

[10] 王琴.NGO与中国社会福利构建研究[D].武汉：武汉大学，2011.

[11] 蔡凌萍.新的企业模式——社会企业初探[D].天津：天津大学，2010.

[12] 于晓静.国化社会企业的发展及其启示[J].社团管理研究，2011（5）.

[13] 崔秀娟.发达国家企业社会责任推进模式及启示[J].中国集体经济，2012（22）.

[14] 王世强.政府推动社会企业发展的政策措施：国际经验与中国路径[J].天津行政学院学报，2013（3）.

[15] 刘玄奇.中国社会企业发展简史（2008—2018）.http：//www.chinadevelopmentbrief.org.cn/news-22343.html.

[16] 金仁仙.日本社会企业发展战略及其借鉴意义[J].企业管理，2015（3）.

[17] 金仁仙.中韩日社会企业发展路径比较研究[J].社会治理，2018（4）.

[18] 金仁仙.中日韩社会企业发展比较研究[J].亚太经济，2016（6）.

[19] 金仁仙.日本社会企业的发展及其经验借鉴[J].上海经济研究，2016（6）.

[20] 俞祖成.日本社会企业政策的概况及启示[J].中国社会报，2015年11月23日.

[21] 张晓萌.国外社会企业发展动态[J].中国党政干部论坛，2016（5）.

[22] 赵莉.国外社会企业理论研究综述[J].理论月刊，2009（6）.

[23] 许倩.英国社会企业发展历程、模式与启示[J].中小企业管理与科技，2015（9）.

[24] 于立华.解读社会企业[J].武汉职业技术学院学报，2008（3）.

机构篇

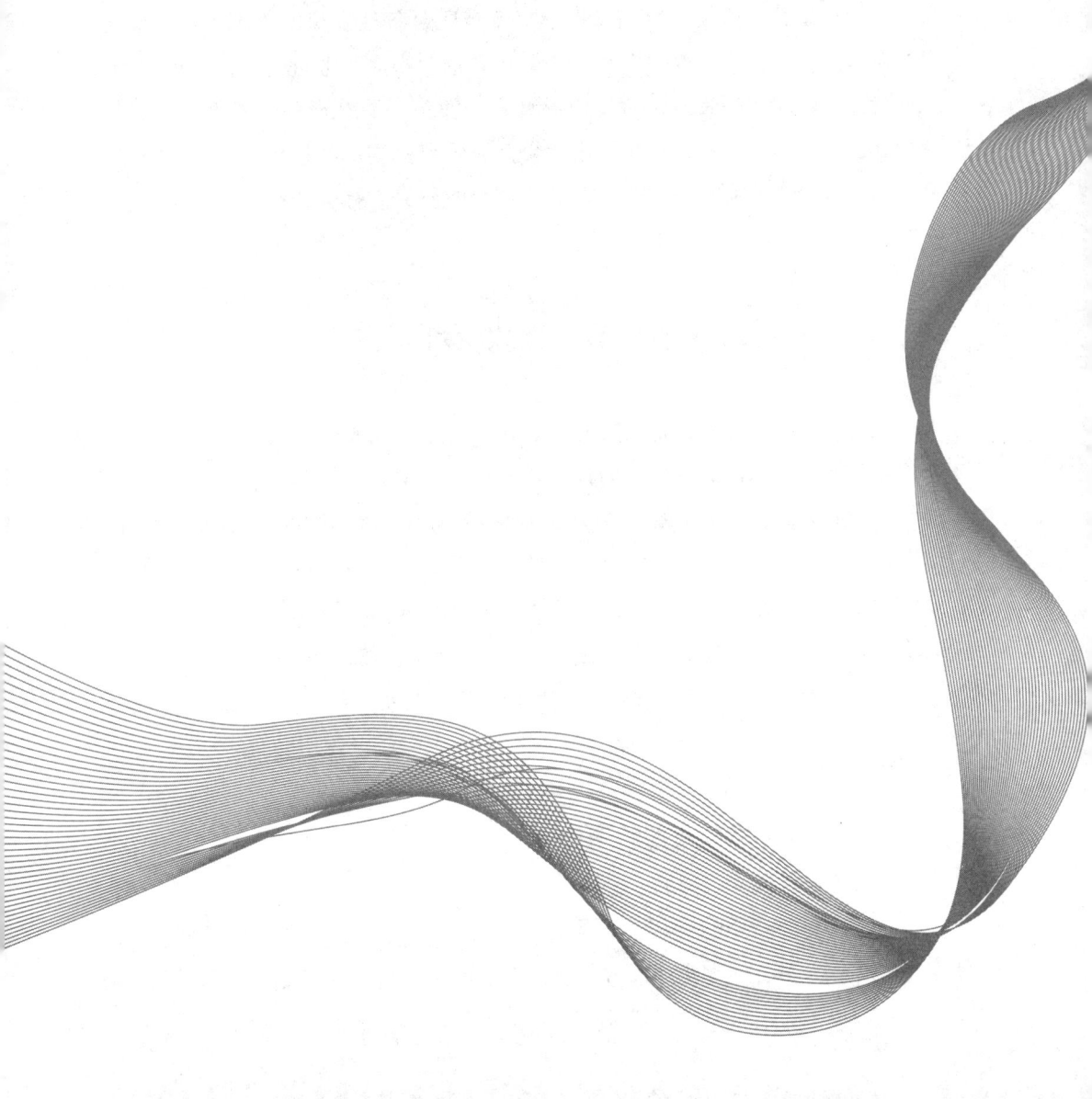

社会企业机构情况

本篇主要介绍国内外社会企业管理、中介服务与研究机构。介绍国内外社会企业的行政管理机构，旨在寻找最有效最适合各地情况的管理机构及途径，以及对现有的管理进行改善提升。介绍社会企业中介服务机构，旨在探讨为促进社会企业发展营造良好环境，引导社会企业为解决社会问题发挥重要作用。介绍社会企业研究机构，旨在强化社会企业研究机构的责任担当，进行有效研究，把准社会企业研究的方向，推动社会企业研究、社会企业教学、社会企业实践相互促进。

第一节 行政管理机构

不同地方政府在社会企业的登记主管部门存在较大差异性，北京市是由市委社会工委（目前已经和民政局合署办公）登记主管，成都市是由市场监督管理部门登记主管，广东顺德是由顺德区社会创新中心登记主管。我国当前可以作为社会企业主管部门的有发改委、社会保障部门、商务部门、民政部门、工商、编办、扶贫办等部门。以往学者努力进行政策倡导的方向是民政系统，但民政系统可能不一定是最适合作为社会企业主管部门的，尽管它具有保障民生的职能和优势，但在市场化领域不具备开拓性，可能会限制社会企业的市场开拓能力。

一、广东顺德社会创新中心

社会企业认证在中国的"破冰"，始于顺德。

顺德社会创新中心的成立，标志着社会企业的发展与管理有了明确的机构。2012年6月，顺德正式通过了《顺德区法定机构管理规定》及《顺德区社会创新中心管理规定》，社会创新中心正式成立。社会创新中心是一个法定机构，专门承担社会创新的职能，包括社会企业家的培训、社会企业的研究、社会企业理念的传播和推动、社会资本投资公益项目等等，是国内首家专门承担社会创新职能的法定机构。社会创新中心的载体是社会创新园，社会创新园的职责是整合企业、社会组织等各方资源，培育和发展社会企业（还包括社会组织），并借助它们开展公益活动，实现工商企业合作互动，以科学、低成本的方法来应对解决社会问题，实现社会、企业、慈善组织之间互利共赢。中心计划推出15个服务项目，项目内容范围涉及社会组织培训、顺德公共咨询互助中心、顺德社会服务网、顺峰公益创投等方面。

《顺德区深化综合改革规划纲要（2013—2015年）》给顺德区社会企业发展指明了方向，明确提出要增强群团组织枢纽功能，充分发挥社会企业孵化培育、人才培养、资源筹措、制度建设和信息交流等方面的引领和服务功能；要制定社会企业标准和扶持政策，积极培育社会创业家、企业家，引导社会资本创办社会企业，推动商业运作解决社会问题。

认证工作的开展使得社会企业的发展有了合法身份。顺德于2014年制定了《顺德区社会企业培育孵化支援计划》[1]，并在2016年对该计划进行了修改。2014年，广东顺德社会创新中心发起了全国首个地方性的社会企业认证。2014—2017年，顺德社会创新中心开展了两次认证，共认证社会企业14家，观察和意向社会企业10多家，服务领域涉及助残、环保、公共安全、文化教育、社区营造、国际交流等。2018年，在第三届认证上，共有20家机构被认证为社会企业，其中，AA级社会企业有8家，A级社会企业有12家。[2] 第四届顺德区社会企业认证工作自2020年11月20日开启申报，共有15家机构通过中审以及尽职调查，由来自学术研究机构、影响力投资机构、社会企业代表、财务审计专家等各个领域的专家代表对15家企业进行评审。经综合评定，最终10家企业获得认证，授予顺德社会企业（A级）称号。

二、深圳市社创星社会企业发展促进中心

社会企业认证在中国变成全国性的认证，始于深圳。始于2015年的中国慈

---

[1] 是国内首个社会企业标准。

[2] 数据来源：《第三届顺德社会企业认证结果发布会昨举行全区认证社会企业总数达20家》，《珠江商报》，2018年9月27日。

☞ 社会企业发展理论与实践报告

展会社会企业认证,是我国第一个民间性、行业性的社会企业认证。具体认证执行工作由社会企业服务平台(CSESC)负责。

2015年,第四届中国慈展会期间,7家社会企业在深圳获得了主办方颁发的"民间执照",其中包括来自大连、上海、兰州和深圳本土的企业。2015、2016年两年的认证过程中,中国慈展会总共收到221家机构的申请(2015年67家机构申请,2016年154家机构申请认证),最终85家机构进入最终的专家评审环节。经过两届的认证,总共有23家机构获得认证(2015年有7家机构获得认证,2016年有16家机构通过认证)。第二届认证首次采用分级认证的方式,中和农信是第二届认证中唯一获得"金牌社企"称号的社会企业[①]。

2017年,作为中国慈展会社会企业认证的执行单位,深圳市社创星社会企业发展促进中心成立。

2018年,来自全国26个省、市、自治区的621家企业和社会组织积极参与社会企业申报。按照《中国慈展会社会企业认证手册(2018)》相关规定,经过对申报机构的资格审查,共有283家申报机构进入终审环节。最终有110家通过认证,包括金牌社企15家、好社企38家、社会企业57家,关注扶贫领域的企业和社会组织占比达到总认证社企数量的40%,包括青少年儿童(教育)、弱势群体、社区发展、无障碍服务(就业、康复、赋能)等14个社会服务领域。[②]

2019年中国慈展会社会企业认证从5月31日启动,由深圳市中国慈展会发展中心、北京大学公民社会研究中心、中国人民大学尤努斯社会事业与微型金融研究中心、亿方公益基金会、国际公益学院、中国公益研究院等6家主办单位共同发起。具体认证执行工作由深圳市社创星社会企业发展促进中心、成都共益社会企业认证中心负责。全国共有254家机构进行有效申报,经过初审、尽调和中审等环节,经信用核查后进入专家评审会的数量为91家,最终认证通过的有74家。其中,金牌社企9家、好社企45家、社会企业20家。

自2020年9月20日起,社会企业行业认证调整为常态化认证,即社会企业随时申请,随时认证,全年将安排两次集中认证发布与授牌仪式(拟安排于

---

① 设定认证的"四大判定性标准",以及三大分级:对4项标准采用百分制进行量化,其中,满足4项判定性标准的申报机构即认证为社会企业;评分达到60分以上的认证为"中国好社企";评分达到80分及以上的认证为"中国金牌社企"。
② 《中国慈展会社会企业认证名单发布》,《晶报》,2018年9月21日。

每年的1月、7月）。

同时已认证的社会企业将不再实行有效期限制，而是由 CSESC 对已认证的社会企业采取年度影响力测评机制，确保已认证社会企业在解决社会问题方面的有效性与真实性。评估时间为每年的4月1日至8月31日。

通过认证的社会企业将获得社会企业牌匾、社会企业认证证书及认证电子版 LOGO，可用于企业宣传，产品介绍等场景。

除了开展认证工作之外，还有一项重要的活动，那就是社创之星中国社会创业家大赛。2014年，"社创之星中国社会创业家大赛"起航，由恩派（NPI）公益组织发展中心、社会创业家全媒体发起，搜狐公司、友成基金会和敦和基金会共同主办。"社创之星"年度评选活动的总目标是通过发现和支持新兴社会创业者，促进社会共享价值最大化，并创造新型和改善的人与人的互动关系。评选不以"成功"而以"新希望"作为评选标准，评选出来的"社创之星"，既非"公益大腕"，也非频频露面的"获奖专业户"，而是植根社会需求、脚踏实地、利用创新方式有效解决社会问题的社会创业者中的新兴力量。从2014年开始，社创之星大赛每年举办一届，七年时间已经覆盖到20个省与直辖市，并跨越海峡两岸。经数百位导师推荐、评审，共发现了400余位具有可持续发展潜力的新兴社会创业者。他们在医疗健康、教育、社区融合、救灾、扶贫、城乡发展、交通、残障、环境、能源和水、文化艺术、居住等社会创生领域，正持续产生社会与商业相融合的价值，并不断扩大社会企业的影响力。

三、市场监督管理局（成都市）

社会企业认证在政府层面的重大突破开始于成都，2018年4月，成都市出台《成都市人民政府办公厅关于培育社会企业促进社区发展治理的意见》，之后成都市工商局又陆续出台了《成都市社会企业评审认定管理工作试行办法》等系列配套文件。

2019年1月4日，全国首例企业名称中体现"社会企业"特点的营业执照于成都发放。获评成都市首批社会企业之一的"成都市智慧源科技有限公司"向成都高新区环保与综合执法局申请名称变更，在名称中增加"社会企业"字样，变更为"成都智慧源教育咨询社会企业有限公司"。成都高新区环保与综合执法局收到申请后，在市工商局指导和支持下，快速为该公司办理了名称变更登记，发放了全国首例在企业名称中体现"社会企业"特点的营业执照。

社会企业通过评审认定产生，不是通过注册登记产生的。为支持"社会企业"培育发展，成都市出台了配套政策，对经认定的成都市"社会企业"，可以使用"社会企业"字样作为企业的经营特点标注到企业名称中，向登记机关申请名称变更。

成都市社会企业评审认定主要有"申报资质""社会企业章程备案""信用状况""社区服务性""可持续发展""高效解决社会问题"及"社会影响力"等7大标准。经认证的社会企业，均通过"成都信用网"对外公示，并可享受政府出台的相关政策支持和后续服务。

四、北京市委社会工委

北京社会企业发展促进会是于2018年经北京市民政局[①]核准登记的非营利性社会团体，业务主管单位是北京市民政局和北京市委社会工委。

北京社会企业发展促进会围绕北京建设国际一流的和谐宜居之都的目标定位，立足北京社会企业发展现实，充分调动社会各方的资源，激发社会各方的积极性，努力搭建社会企业、社会企业服务机构及研究机构的交流合作平台，研究社会企业发展问题，提供持续推动社会企业发展的方案，服务社会企业发展，营造良好的社会企业发展环境，为社会企业发展和社会建设事业贡献力量。主要开展的社会企业发展相关活动有政策调研、咨询服务、专业培训、信息交流、对外交流、展览展示、承办委托、公益活动等。

自成立以来，促进会在市委社会工委的指导下，2018年首次举行中国社会企业论坛北京峰会暨北京社会企业联盟成立仪式；首次发布《北京社会企业认证办法（试行）》，创造了社会企业认证的"北京模式"，走在了全国同行业的前列，并入选2018年中国社会企业与影响力投资十件大事。《办法》的发布使北京市社会企业发展有了可参照的规范标准。

2019年5月17日，北京社会企业发展促进会为北京市首届通过认证的社会企业授牌。首届通过认证的社会企业共有46家，其中三星级社会企业7家，二星级社会企业11家，一星级社会企业25家，普通社会企业3家。此次社会企业认证由北京社会企业发展促进会组织实施，是北京市历史上第一次开展社会企业认证工作。

---

① 2018年11月16日，北京市委社会工作委员会与北京市民政局合署办公。

不同的思路有不同的侧重。社会保障部门作为社会企业的直接主管部门，可发挥其在就业和促进社会发展方面的重要作用。在发改委下面设置社会企业委员会，可发挥其强势推动作用。在地方党政一级政府下直接设立社会企业委员会，可发挥协调作用，动员和整合与社会企业相关的职能部门参与到促进社会企业发展中来。

借鉴国际经验，政策支持是社会企业得以发展的重要基石。当前及未来社会企业发展的走向在很大程度上取决于政策导向及扶持力度。在我国，社会企业的发展逐渐进入了地方政府的视野，并开始获得政策支持。然而，国外存在一样的情况，管理社会企业的行政机构不同（见表1），没有统一的管理机构。[①] 从主管部门的业务领域来看，绝大多数国家的社会企业主管部门都与劳动与就业、经济部门有关，表明这些国家都将社会企业作为同时追求社会就业和经济增长双重目标的工具，纯粹放在第三部门领域管理的只有英国。从具体机构设置方面来看，世界各国的社会企业主管部门大概分为三种类型。第一种是将传统部门直接作为社会企业主管单位，第二种做法是在传统部门下设专门的社会企业主管司局或处室来负责社会企业管理；第三种做法是直接成立跨部门的协调平台，直接隶属于议会或者总统（国王）。还有少部分国家没有建立统一的协调平台，而是采用多个部门联合管理的方式，葡萄牙、希腊、匈牙利等国家的管理便是。

表1 国外社会企业主管单位

序号	国别	管理部门
1	爱尔兰	职业、企业与创新部
2	比利时	就业与社会经济部、创新部及科技部
3	波兰	社会经济领域系统问题解决委员会
4	法国	社会与经济融合最高委员会
5	芬兰	就业与经济发展局和贸工部
6	卢森堡	社会与经济融合经济部
7	马耳他	经济、投资和小企业部
8	葡萄牙	经济部，融合、就业和安全部，经济与社会委员会等
9	斯洛伐克	劳动、社会事务和家庭部
10	丹麦	社会事务、儿童与融合部下设社会企业委员会

---

① 李健：《社会企业主管单位猜想》，https://www.sohu.com/a/306258120_669645。

续表

序号	国别	管理部门
11	斯洛文尼亚	经济发展和技术部下设社会企业委员会
12	西班牙	劳动和社会保障部下设社会经济司
13	希腊	就业部，劳动、社会和福利部
14	英国	第三部门办公室下设社会企业和融组
15	意大利	就业与社会政策部
16	立陶宛	社会保险和劳动部
17	匈牙利	国家经济部、就业政策秘书处、就业项目单位等
18	捷克	劳动和社会事务部
19	拉脱维亚	社会福利部、文化部、社会整合部、环境部、保护和区域发展部、国家就业机构、财政部以及经济部
20	克罗地亚	劳动和养老部、创业和工艺部、社会政策和青年部、政府与NGO合作办公室
21	加拿大	经济发展、贸易和就业部下设社会企业办公室
22	美国	社会创新与公民参与办公室
23	越南	计划投资部
24	印度	政府慈善部署、职业发展和创业部、社会公平和权利保障部、财政部、印度竞争委员会
25	新加坡	社会及家庭发展部
26	日本	经济产业省
27	韩国	劳动部
28	菲律宾	贸工部
29	泰国	社会企业促进委员会
30	南非	公司注册处

第二节 中介服务机构

社会企业中介服务机构主要为第三方服务机构，能够受政府委托开展相关服务工作，评估认证企业是否为社会企业，宣传社会企业政策，对获得社会企业称号的企业进行授牌，建立社会企业信息平台。有的社会企业中介服务机构本身就是社会企业。

一、社会企业服务平台

1. 基本情况

我国第一个综合性社会企业服务平台。2019年10月23日，社会企业服务平台[①]由北京大学公民社会研究中心、中国人民大学尤努斯社会事业与微型金融研究中心、电子科技大学慈善与社会企业研究中心3家研究性机构和北京亿方公益基金会、深圳市中国慈展会发展中心、恩派公益、深圳市社创星社会企业发展促进中心、成都共益社会企业认证中心5家事务性机构共同发起成立。

2. 服务事项

经由社会企业服务平台认证通过的社会企业已有283家，覆盖全国25个省市，涉及行业领域15个。平台以"帮助中国社会企业高效优质发展，推动中国成为社会企业强国"为使命，以"让社会创新有价值"为愿景，向社会企业提供"1+6"服务，其中的"1"指政策咨询，其中的"6"指社企认证、社企孵化、能力建设、传播、产品对接和社企金融服务。平台拥有社企认证、社企信息展示及查询、社企资讯、社企案例、培训课程等核心内容模块。

二、成都市社会企业综合服务平台

1. 基本情况

为全面落实成都市委关于深入推进城乡社区发展治理，建设高品质和谐宜居生活社区的决策部署，推动社会企业在创新社会管理、参与社会治理、改善社会服务等方面发挥积极作用。同时也为促进成都市社会企业发展，营造良好的社会企业生态环境，着力构建共建共治共享的社会治理新格局。

成都市社会企业综合服务平台，是成都市市场监督管理局按照《成都市人民政府办公厅关于培育社会企业促进社区发展治理的意见》（成办函【2018】61号）建立的旨在以倡导社会创新理念、推动品牌体系建设、提升专业赋能、建构跨界合作网络、优化社会投资环境为目的的全市统一的社会企业综合服务平台。

2. 服务事项

主要功能：服务社会企业进行对外宣传、能力提升、业务拓展、交流合

---

① 官方网站 www.socialenterprisechina.com。

作、金融对接，提高社会企业群体的品牌意识，争取社会各方的广泛认知与支持；开辟志愿者服务通道，积极支持和促进志愿者参与社会企业服务；营造有利于社会企业有效运作的良好社会氛围。

未来愿景：培育发展一批具有一定规模、影响力和辐射力的社会企业，基本形成鼓励社会企业有效参与社会治理的支持体系。支持社会企业在创新社会管理、服务社区发展治理方面发挥积极作用，成为提升城乡社区治理能力和治理水平的重要力量。

三、深圳市社创星社会企业发展促进中心

1. 基本情况

深圳市社创星社会企业发展促进中心（Star of Social Innovation）作为一家社会企业，于2017年成立。社创星有超过2000家的公益数据库、超过500家的社会企业数据库和超过50位的社会影响力投资人数据库。合作伙伴包括深圳市中国慈展会发展中心、深圳市关爱行动组委会办公室、深圳国际公益学院、北京大学公民社会研究中心、北京师范大学中国公益研究院、中国人民大学尤努斯社会事业与微型金融研究中心、亿方公益基金会、深圳市广电公益基金会、深圳市社会公益基金会、亚洲公益创投网络、香港汤森路透基金会等。

2. 服务事项

致力成为中国社会企业专业服务平台。以"让社会创新有价值"为愿景，以"服务中国社会企业，打造社会企业的开放共享平台"为使命，以"利他利己，做有中国特色的社会企业"和"公益不仅仅是捐赠"为理念，倡导"至善、至诚、至美"的价值观。通过赋能及营销推广来推动创新公益的产品与服务走进中国人的生活，实现独立、可持续的创新公益模式。

社会企业"1+6"服务：围绕中国慈展会社会企业认证开展服务，推动社会企业实现产品化、专业化、市场化、场景化与规模化。在能力建设版块，为社会企业链接了"新一代社会企业家创新与领导力建设高级研修工坊"和"原力觉醒社会企业研习营"；在传播营销版块，打造了全国第一档社会企业的电视节目"CSR Star 社责之星"；在空间服务版块，为社会企业链接了前海种子期孵化器等。

公益活动1对1定制：提供差异化的服务定制，目前执行了第四届、第五届慈展会、第六届中国公益慈善项目大赛的开闭幕式、中航集团"蓝粉笔"公

益行动、"行益中国"精准扶贫项目、2017 深圳关爱论坛、"社创星球大战"全国高校行等。

四、香港政策研究基金会·香港社企民间高峰会

1. 基本情况

2008 年，香港政策研究基金会创立香港社企民间高峰会，当时社会企业在世界各地已经开始受到重视，普遍认为有助于解决各种社会和发展问题。

2. 服务事项

从 2008 年起步，2009 年参会人数 400 余人，2010 年达 800 余人，到了 2019 年，几乎每年都有 2000 到 3000 名参会者，"社企民间高峰会"已成为具有国际影响力的社企盛会。十二年时间，香港社企高峰会已从香港走向世界。

社企民间高峰创立时明确以推动公共政策研究为宗旨，并提倡社会创新和社企精神，通过香港政策研究所为社企民间高峰会提供启动资金和行政支援。2014 年，随着高峰会的不断发展已成为独立性的活动，香港政策研究基金会将此项目的管理工作交予香港社会创业论坛，并每年广邀来自民、商、官、学四个界别的团体及代表一同合办一连串的社区活动及国际研讨会。社企民间高峰会已经成为社企运动之中民间与政府间的重要桥梁。

五、各地基金会

2014 年，中国的社会企业和社会投资的发展正在从萌芽期进入市场构建期。在此背景下，海南成美慈善基金会、浙江敦和慈善基金会、恩熠影响力投资基金、北京光华慈善基金会、北京乐平公益基金会、北京联益慈善基金会、老牛兄妹公益基金会、马云公益基金会、南都公益基金会、社会企业研究中心、育公益创投基金、北京亿方公益基金会、圆恩空间、增爱公益基金会、郑卫宁慈善基金会、中国扶贫基金会、中华社会救助基金会（以字号的拼音顺序排列）共 17 家机构经过半年的酝酿协商，决定联合发起"中国社会企业与社会投资论坛"，以整合资源共同推动社会企业和社会投资的发展。

2015 年 6 月，首届中国社会企业与社会投资论坛年会于深圳顺利举行。此后每年一届。

2017 年，该论坛更名为"中国社会企业与影响力投资论坛"。

2019 年年会以"科技赋能资本助力商业向善"为主题，来自国际国内的业

界专家、著名学者、社会企业创业者、影响力投资家、商业精英、金融机构负责人等嘉宾和代表共1000多人出席。包含了7大主旨演讲、8个主题分论坛、2个深度圆桌对话、2场项目公开路演、1次TED式演讲、1场主题夜晚会、1个影响力投资签约仪式、3个成都社会企业参访团、1个贯穿论坛的星空市集、6组面对面大咖约会、1场《社区英雄》点映会、N次行业内外聚会交流。组委会共收到440余份申请，经过评审，最终20家机构获奖，2019"年度社会企业奖"由杭州老爸评测科技有限公司摘得。年会期间，"中国社会企业与社会投资行业调研报告"引发各方关注。徐永光老师在10月17日的闭幕式总结发言中说：中国社会企业与影响力投资"主力部队"来了。

2020年，在"中国社会企业与影响力投资论坛"年会上颁发了2020"向光奖"，包括年度社会企业TOP10、年度商业向善TOP10、年度影响力投资TOP3、年度研究奖TOP3等奖项。

第三节 学术研究机构

对社会企业进行研究的机构大多是依托高等院校、科研机构成立的，也有基金会联合研究机构进行研究的。事实上，不少社会企业研究机构除了研究之外，还积极参与到社会企业创办实践中来，拓宽社会企业领域，创新社会企业发展模式，走出了一条理论研究与实践探索并重的路子。

一、湖南大学中国公益创业研究中心

1. 基本情况

湖南大学中国公益创业（社会创业）研究中心于2007年4月在湖南大学成立，是国内第一家批准成立的公益创业研究中心，是集公益创业（社会创业）、教育教学、研究和实践的产学研一体化的综合性研究机构与实践机构。[①] 中心率先将国外公益创业引入大学教育领域，整合海内外丰富资源，取得了一系列研究成果，一定程度上推动了公益创业和社会企业理念的传播。

---

① 公益创业研究中心推动了社会企业理念的传播，故而本书在此介绍了公益创业研究中心的基本情况。

表2 湖南大学中国公益创业（社会创业）研究中心已开展的活动

	开展活动
2009	策划举办中国大学生公益创业挑战赛暨年会
2010	举办中国大学生公益创业论坛
2011	举办中国公益创业高峰论坛
2012	举办中国公益创业者训练营
2013	策划发起中国公益创业周
2014—2015	开展中国青年公益创业调查，并形成《中国青年公益创业调查报告（2015）》
2016	发布《中国青年公益创业调查报告（2016）》

湖南大学中国公益创业（社会创业）研究中心作为指导机构，亲自参与了中国公益创业教育领域的多个首次探索，在公益创业教育的教学、研究和实践方面进行了先行探索，创造了中国公益创业教育的很多个第一。如：在国内申请成功首次明确以社会（公益）为主题的湖南大学、湖南省、教育部的本科生和研究生层次的社会科学类、自然科学类以及教改类系列课题；首次开设"社会（公益）创业学"课程；举行大学社会（公益）创业节；制定大学生社会（公益）创业教育工作的实施文件；创建中国公益创业网，拟建成国内公益创业类门户网站；创建明确以公益创业为名称的滴水恩大学生公益创业社团；获第一个全国公益创业挑战杯金奖。

2. 研究成果

公益创业（社会创业）中心的研究方向主要是：研究公益创业（社会创业）生态系统的演化机理和作用机制；研究公益创业教育形成和演化机理；基于产学研合作教育视角，研究公益创业教育的创新人才培养机制；归纳公益创业教育相关理论，形成大学生公益创业理论体系；承担国家级和省部级科研项目，发表相关论文，在国家或省部级科研资金的支持下深入开展相关研究。中心人员编写《公益创业学》教材[①]等4本；在《经济学动态》《南开管理评论》《财经理论与实践》《人民日报（理论版）》《光明日报（理论版）》等重点刊物发表相关论文60多篇，推动了国内公益创业教育的发展；撰写国内首部《中国青年公益创业报告》（主报告）。[②]

中心把研究与教学和实践有机结合起来。教学方面：构建基于集群的"公

[①] 2009年，由湖南大学出版社出版，是国内第一本公益创业教材。

[②] 2015年，由清华大学出版社出版。

益助学+就业+创业"产学研一体化的公益创业教育新模式,以授人以鱼(公益助学)+授人以渔(就业)+授人以业(创业)+授人以智(研究)等四个层次来构建整个公益创业教育系统,达到经济效益与社会效益的双赢。侧重分析大学生对公益创业的认知和需求;针对大学生需求和公益创业课程特点,研究大学生公益创业教育模式;开展教材建设和教学改革研究,建设公益创业课程体系;组建专业的公益创业教师队伍;与国际组织、教育部等部门以及湖南省教育厅等各单位合作,进行教育师资队伍培养、教育培训等。实践方面:组织并鼓励学生参加国家和省级的"创青春"等大型比赛;组织开展湖南省大学生公益创业节、创业大讲堂等系列活动;组建和完善相关公益创业学生社团;帮助大学生创办公益性非营利企业和营利性企业。

表3 湖南大学中国公益创业研究中心承担的研究项目

类别	主持项目
国家级项目	国家自然科学基金项目《以社会企业为主导的社会创业生态系统形成与演进:模式、机制及实证研究》,国家自然科学基金对外交流与合作项目《社会创业生态系统中社会企业合作伙伴选择评价指标体系构建及应用研究》,中国博士后科学基金资助项目《社会企业主导的社会创业生态系统和运行机制研究》,中国博士后特别基金资助项目《社会企业主导的社会创业生态系统结构和运行机制研究》
省部级项目	湖南省软科学项目《产学研一体化的公益创业系统与湖南"两型"社会建设理论与实践相结合研究》
其他	长沙市软科学项目《长沙社会创业网络平台促进创新人才培养的理论与实践》、湖南大学教改项目《基于社会创业生态系统的高校社会创业教育实践育人研究》

二、中外社会企业研究中心

1. 基本情况

2019年12月23日,在上海交通大学主办的以"社会企业的影响力与政策选择"为主题的2019年第四届中韩社会企业国际会议上,中国社会治理研究会与上海交通大学中国公益发展研究院联合成立的中外社会企业研究中心正式揭牌,这是国内首个中外社会企业研究中心。

2. 研究成果

成立大会上,专家们交流了研究成果。上海交通大学中国公益发展研究院院长、国际与公共事务学院教授徐家良在会上作题为"中国地方政府社会企业政策比较分析"的主题报告,认为随着社会企业重要性突显,将会有更多的地方政府出台支持措施，并在中央政府层面推出相应的法律政策，中国即将在国家治理体系与治理能力现代化背景下出现社会企业发展高潮。韩国忠南研究院高级研究委员成泰圭从社会经济的抽象与具体目的、社会经济的方法、社会企业的目的目标、社会企业部门的性质与社会企业的创新方向几个方面着眼。他提出，只要有市场经济，竞争必然存在；社会经济与社会企业的竞争性资本与技术创新是没有意义的，社会经济的创新是意识创新；竞争性市场经济中的社会经济不是取代市场，而是对市场失败的补充，对社会弱势群体、脆弱地区起补充作用。北京大学政府管理学院教授袁瑞军在会上作题为"中国社会企业认证制度发展的驱动模式研究"的主题报告，总结了中国社会企业发展路径与驱动模式的特点，从一个侧面探讨了当代中国社会创新发展路径的特征。中央民族大学公共管理学院李健教授以朗力养老为案例研究对象，探究社会企业利用社会特许经营实现规模化扩张的实现机制，提出社会企业开展社会特许经营需要经历准备扩张、合作伙伴选择、运营与管理、绩效衡量四个阶段，过程中需要处理好背景分析、复制元素确定、合作伙伴选择、合作关系确立、管理机制选择、绩效衡量等关键问题。该研究通过刻画和分析社会特许经营与社会企业规模化扩张之间的路径和作用机理，丰富和发展了特许经营理论，并为社会企业在中国的快速发展提供了启示和参考。山东农业大学公共管理学院讲师武静提出，为解决多重制度逻辑影响下的发展困境，社会影响力投资中应建立基于协同的风险防范框架，政府应加强治理层面的宏观指导，通过制度创新营造良好的影响力投资生态系统；投资方应正确认知市场理性，增强社会责任感；公民应充分履行参与和监督权利，促使影响力投资在我国社会治理创新中发挥出应有的作用。上海工程技术大学社会科学学院副教授吴磊提出，要推进社会企业发展，则必须构建社会企业功能发挥的目标模式，即实现行政资源、市场资源向社会资源的转换，以及构建以包容性为特征、多元主体协同参与、良好的社会资本为依托的社会企业发展新格局。可能的推进路径包括：积极培育社会资本，推进政府、社会和市场的网络化治理，营造良好的制度环境，正确处理好增强和存量的关系，建立健全社会企业的风险防范和绩效评估机制。

合作双方负责人共同表示，未来将充分发挥两个智库机构各自的优势与特长，形成强强联合态势，为中外社会企业的研究发展提供强有力的支撑性平台。中外社会企业研究中心，旨在打造一个产、学、研一体化的综合服务平台，未来将围绕社会企业发展、理论研究与实务综合、国际合作与人才培养建成国内领先的社会企业研究基地。

三、浙江省衢州学院社会企业研究中心

1. 基本情况

2012年成立，是由衢州学院经贸管理学院教师以及一些社会有识之士共同发起的研究机构，现有校内外专兼职研究人员10余名。研究人员均有硕士及以上学历学位，其中教授2名，博士2名，前期积累了较丰富的研究成果。研究中心负责人为郑文山教授。

研究中心以实现经济价值和社会价值并重，以"让经济人道德起来，让道德人经济起来"为宗旨，是致力于从事传播社会企业理念、服务社会企业发展、推动社会企业繁荣的非营利组织。一方面科学、真实评估企业的综合实力及社会责任的履行，推动社会对企业社会责任的关注和企业对社会责任及其价值的理解与交流；一方面以构建非营利组织的商业化操作和市场化运作，促进非营利组织提高自身效率，提高公益服务能力；另一方面针对经济社会转型中出现新的社会问题开展应用对策研究，为政府和有关部门提供决策参考。

2. 研究成果

研究中心将主要围绕以下三方面展开研究工作：第一，启动浙江社会企业案例库建设项目。采用一手访谈和调研的撰写方式，努力建成较有体系、专业的社会企业案例库，为学界与业界提供浙江社会企业管理经验，为社会创业者提供模式和范例，为社会企业研究提供真实样本。第二，探索社会企业理论研究。(1)探索企业通过履行社会责任提升其竞争能力与盈利空间的研究；(2)探索非营利机构采用商业运作模式提升其社会服务能力的研究；(3)探索大学生公益创业的理论与实务的研究。第三，设计社会企业商业与管理能力建设项目。通过浙江社会企业案例库建设项目资源，在社会企业理论研究基础上，致力于为农村专业合作社、基金会、高校和履行社会责任的企业等组织提供项目顾问服务。在项目的筛选与投资管理、战略规划、领导力建设、市场营销、人力资源管理、供应链管理等方面提供培训和咨询服务。

四、友成企业家扶贫基金会

1. 基本情况

国内首家由中国内地、香港地区和台湾地区的著名企业家发起，以构建以人为本的和谐社会为目标、以参与式资助为主要运作模式的创新型非公募基金会。其愿景是："探索中国社会创新之路，成为推动人类社会公正和谐发展的重要力量。"友成企业家基金会的英文名字定为 YouChange China Social Entrepreneur Foundation，简称是 YouChange。友成企业家扶贫基金会是全国第一家以倡导社会企业家精神为使命的公益基金会，是第一家以发现和支持社会创新领袖型人才为使命的基金会。

2. 研究成果

2011年，友成基金会与中央编译局联合出版了《"友成"社会创新与社会企业译丛》，包括《社会企业家的战略工具》《探求社会企业家精神》等书，推动了社会企业研究的发展。2014年，友成基金会提出了社会价值的概念。"所谓社会价值，是指组织和个人通过物质和精神成果的创造，通过创新的方式，为全体社会成员带来的共同利益。"友成认为，"所谓社会企业家其实就是最能创造社会价值、增进社会福祉、推动社会进步的一群人。"同年开始筹建社会价值投资联盟。2016年友成联合几十家投资机构、研究机构和企业组织，正式发起成立了社会价值投资联盟（CASVI），英文全称为："China Alliance of Social Value Investment"。

五、上海财经大学社会企业研究中心

1. 基本情况

创建于2008年。社会企业研究中心（SERC）是由国内领先的商学院教授、商业精英和媒体人士共同发起，关注中国社会企业的专业研究、教学和培训的领军机构，上海财经大学朱小斌教授为中心主任，前《南风窗》高级时政记者陈统奎先生为副主任。中心除了研究工作，自2012年开始，在上海财经大学首先开设硕士和MBA的"社会创业"学分课程。中心在学生交流方面与美国纽约大学、法国里昂商学院、加拿大多伦多大学联系紧密，开展了一项全新的农村社会创业教学实践。为了提升国内社会企业的整体状况，中心每年11月会组织社会创业和社会投资高峰论坛，邀请近250位专业嘉宾交流想法、展示项目、寻求合作。此外，还针对政府、企业和社会组织开展社会企业培训，并投资了一些生态村落、文化和餐饮实业项目。

2. 研究成果

中国社会创业研究中心是以上海财经大学商学院和创业学院为依托，聚集了一批国际知名、国内领先的创业学领域的专家学者和实战派创业领袖，通过开展社会创业和社会投资理论研究及相关活动的筹办，旨在构筑一个学界与业界、理论与实践、政府与校企的合作交流和资源对接平台，广泛融合智慧，凝聚社会各界资源，为推进中国社会创业与社会投资工作，提供理论支撑与智力支持。中心是全国 MBA 教指委创新创业协同中心的发起单位之一。

中心已经完成了超过 80 个本地社会企业案例研究及重要的基础性研究。2013 年，上海财经大学社会企业研究中心与北京大学公民社会研究中心、21 世纪社会创新研究中心、美国宾夕法尼亚大学社会政策与实践学院共同撰写完成了第一份中国社会企业白皮书《中国社会企业与影响力投资发展报告》[①]，并在博鳌亚洲论坛发布。报告的出世填补了社会企业白皮书的空白，在社会企业行业中具有重要影响力。报告里提到了社会企业定义的三个要素："目标设定""运营模式"和"利润分享方式"。报告指出："作为一种新型社会组织创新模式，社会企业兼具商业的高效、专业、灵活等特征，同时以承担和解决社会问题为目标，能够积极有效地参与到社会治理和发展进程之中，为和谐社会的建设提供富有活力的创新方案，在社会治理领域发挥着日益重要的作用。同时，在实践领域，社会企业能够从横向上打通诸多职能部门之间的隔阂，灵活、有效地处理社会服务领域的综合性问题"。

六、湖南省社会科学院社会企业研究中心

1. 基本情况

2020 年，湖南省社会科学院与湖南省朝阳公益基金会联合成立湖南省社会科学院社会企业研究中心。2020 年 9 月 11 日，湖南省社科院社会企业研究中心成立大会暨首次社会企业研讨会在湖南长沙召开，由湖南省社会科学院贺培育副院长任中心主任，中心共有专家学者 30 余人。湖南省社会科学院社会企业

---

① 《中国社会企业与影响力投资发展报告》，召集人为壹基金前秘书长、永真公益基金会联合发起人周惟彦。报告由上海财经大学社会企业研究中心、北京大学公民社会研究中心、21 世纪社会创新研究中心、美国宾夕法尼亚大学社会政策与实践学院共同撰写完成。

研究中心致力于加强社会企业理论研究,研究社会企业发展典型案例,形成具有影响力的成果;进行社会企业试点探索,打造中国社会企业行业标杆;通过理论与实践的双重探索,推动中国社会企业法制化建设进程,为我国社会企业发展探索新的道路。

2. 研究成果

为了形成有参考价值的研究成果,中心开展了大量的调研。这其中既有湖南省内的调研,也有去社会企业发展较好的省外调研。

2020年11月,为学习先进省份社会企业发展的先进经验,加强湖南社会企业组织宣传推介,助推湖南社会企业建设。湖南省社会企业研究中心一行6人前往四川省成都市调研社会企业相关政策及发展情况。期间前往成都市市场监督管理局、四川省社会科学院座谈,深入了解成都社会企业发展的重要推动力、相关政策文件,成都市社会企业发展现状,同时走访了优秀社会企业代表云喇叭身边科技、星空里咖啡馆等。成都市是全国首个从市级层面以政府发文形式推动社会企业培育发展的城市,其社会企业的推动,是"四级联动"和多部门通力合作的结果,为湖南省社会企业理论研究和实践发展提供了重要的借鉴。同年12月,湖南社会企业研究中心及社企星球(北京)科技有限公司刘玄奇、姚克俭一行13人前往湖南省内2家社会企业(长沙市优儿帮儿童健康公益服务中心、长沙市上善助残服务中心)走访交流,两家机构均有相对稳定的市场收入和可持续的运作模式,社会目标明确且成效显著。

2021年5月,中心科研团队奔赴广东顺德调研。与顺德社会创新中心就社会企业认证、管理、服务、培育等问题进行了座谈,调研了顺德在推动社会企业发展方面出台的政策规定及政策实施效果。调研期间,走访了两家社会企业。

中心在调研的基础上形成了以下研究成果(见表4),并产生了较好的社会反响。

表4 湖南省社会科学院社会企业研究中心研究成果

	名称	主要内容及社会反响
1	调研报告《加快建立认证评估体系,推动湖南社会企业规范化发展——基于四川成都社会企业发展调研》	2021年5月20日获得湖南省省领导肯定性批示,认为社会企业是推动公益事业发展创新之举,也是湖南社会发展之需,报告借鉴外地经验,从评估、立法、主管部门、内部治理等方面提出的政策建议具有决策参考价值。

续表

	名称	主要内容及社会反响
2	提案《关于在湖南推行社会企业认证评估体系建设促进公益事业创新发展的建议》	中心研究人员协助湖南省第十三届省人大常委会毛铁委员撰写，2021年湖南省两会上被湖南省人大采纳，湖南省民政厅正在办理。
3	论文《发展社会企业，壮大公益事业》	社会企业研究中心特约研究员魏朝阳撰写，刊发在2021年的5月14日的《湖南日报》，文章认为，社会企业在许多公益领域发挥了积极作用，对新时期我国公益事业的发展壮大具有重要意义，应创新机制模式，做好社会企业认证评估，强化其规范运作，从而最大程度释放社会企业潜能，推动社会企业可持续发展。
4	著作《社会企业发展理论与实践（蓝皮书）》，计划2021年出版	将囊括湖南社会企业发展现状与对策、国内动态与各地经验借鉴、国际视野下的社会企业模式与动态、社会企业个案、国内外社会企业管理与研究机构概览、国内社会企业研究前沿和热点、中国社会企业创新等内容。

目前湖南省内有7家企业（包括民非、社会组织）在中国慈展会社会企业认证平台上通过认证，成为社会企业，但当前省内相关部门及社会大众对于社会企业的认知度并不高，认证成为社会企业后的所产生的社会效应并不明显。社会企业之路的探索在湖南还处于起步阶段，推动湖南省社会企业的发展任重而道远。

学术动态篇

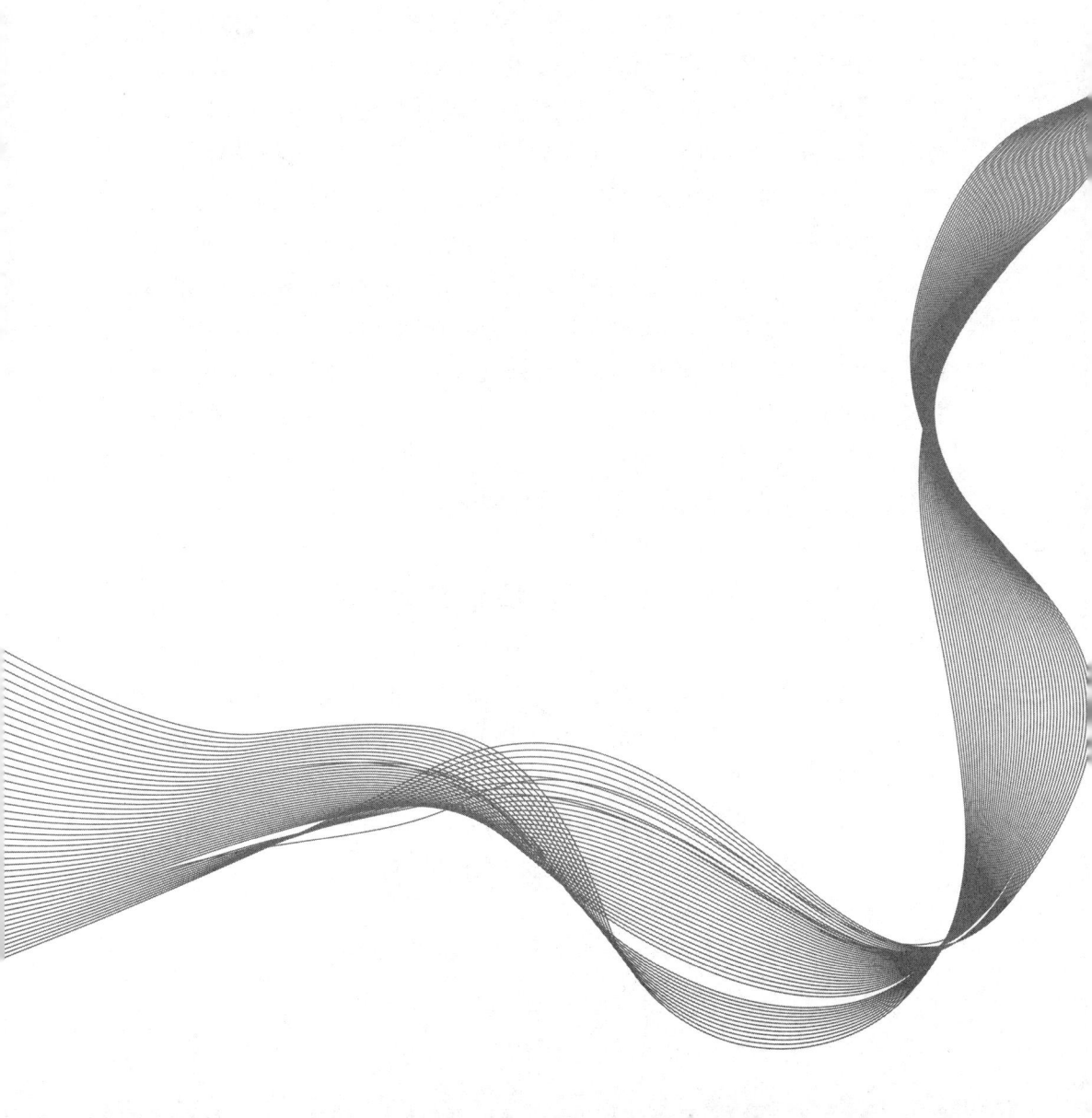

☞ 社会企业发展理论与实践报告

国内外社会企业研究前沿和热点

"社会企业"是近年出现的一个横跨社会学、政治学、管理学、经济学等多个学科的新兴概念。作为一种新的社会经济形式，以商业形式和社会目标相结合运营的社会企业，自出现以来就受到很大的关注，其为社会弱势群体的发展提供了很大的支持，在一定程度上缓解了福利国家的困境。"社会企业"这一概念在 2004 年才引进我国，两年后格莱珉银行创始人尤努斯受邀访问中国，推动了"社会企业"这一概念在我国的大规模推广。伴随着我国政府职能的转变和市场经济的发展，社会企业逐渐成为新型的社会组织主体。目前，尽管中国社会企业大多仍处于初创或者成长阶段，超过 50% 的社会企业是在过去 5 年内建立的，但这些企业增速较快，正在成为解决中国实际社会问题的新兴力量。截至 2018 年，四届中国慈展会社会企业认证累计有 1351 家机构申报认证，其中有 234 家社会企业获得认证。[①] 与社会企业形成热潮相比，我国学术界对社会企业的研究才刚刚开始，滞后于社会企业实践领域的发展，对社会企业的理解还处于初级阶段，远远落后于欧美国家的研究水平。

第一节　社会企业的概念界定与性质定位

社会企业的兴起是对福利国家从"全能政府"向"有限责任政府"转变的一种回应，是非营利组织在面对慈善捐款和政府资助下降时，开始尝试运用商业手段实现"自我造血"，维护自身可持续发展的一种积极回应。社会企业这种新型组织形式在世界上大多数国家普遍存在，但由于认识角度和各自的立场不同，世界各国无论是政界、实务界还是学术界，对社会企业的定义尚未达成

---

① 中国慈展会：《中国社会企业三大概览：数量、多样性、活跃领域》，htp：//ww.sohu.com/a/296105771._818314.

一致。

一、国外研究动态

"社会企业"的概念发源于欧洲和美国,但由于文化和历史背景有所不同,其社会企业的内涵也有所差异,对社会企业的理解各有侧重。在欧洲,"社会企业"最初是用来重新推广合作社的,社会企业是在民主参与的框架下,由社会合作社提供工作机会或特定公共服务。在美国,"社会企业"主要是指非营利组织开展营利性的创收活动。

1. 欧洲社会企业的概念

欧洲社会企业的概念与合作社的兴起密切相关,着重于解决长期的结构性失业问题。社会企业(social enterprise)最早源于法国经济学家蒂埃里·让泰提出的社会经济概念,他认为,社会经济不是"以人们衡量资本主义经济的办法即工资、收益等来衡量的。它的产出是把社会效果和间接的经济效益结合在一起的"。[1] 经济合作与发展组织(OECD, Organization for Economic Co-operationand Development)在1999年提出社会企业新概念,认为社会企业是指任何可以产生公共利益的私人活动,具有企业精神策略,以达成特定经济或社会目标,而非以利润极大化为主要追求,且有助于解决社会排斥及失业问题的组织。[2] 2003年,OECD在定义社会企业时指出,社会企业乃是介于公私部门间的组织,其主要形态为利用交易活动以达成目标及财政自主的非营利组织,社会企业除采取私营部门的企业技巧外,亦具有非营利组织的强烈社会使命的特质,社会企业的主要形态包含员工拥有的企业、储蓄互助会、合作社、社会合作社、社会公司、中型劳工市场组织、小区企业及慈善的贸易部门,其主要活动包含两个领域:训练及整合被劳动市场排除的员工,传送个人及福利服务。[3] 英国贸易及工业部出版的《社会企业—成功策略》中认为,社会企业的主要目的是实现其社会使命,促进社会利益最大化,其经营所获赢利主要是用来为社会企业本身的可持续发展或为其社会目标服务,而非替股东谋取最大利益。[4]

---

[1] 杰里米·里夫金:《工作的终结——后市场社会的来临》,王寅通等译:上海译文出版社,1998。
[2] OECD. Social Enterprises. OECD Publishing, 1999.
[3] OECD. *The Non-profit Sector in a Changing Economy*, OECD. Publishing, 2003:299.
[4] 于立华:《解读社会企业》,《武汉职业技术学院学报》2008年第7期。

在尤努斯的定义中,社会企业(Social Bisiness)是一种无亏损、无分红的企业,是运用盈余来改善穷人生活的组织,并且投资者不参与分红。[①]

欧洲学界定义社会企业,大都强调组织发展的社会创业家的动力,强调非营利组织与营利性组织以创新方式解决社会需要,同时,将社会企业限定在第三部门领域内。如理想类型学派认为社会企业具有三个主要特点:社会企业是一个经济项目,持续生产并雇佣有偿工作员工;社会企业首要是为了实现社会目标,可以允许一定的利润分配;参与式治理,具有高度自治、利益相关方参与、决策权不以资本所有权为基础的特点。[②]

2. 美国社会企业的概念

美国社会企业实务界在使用"社会企业"一词时,更多的是强调非营利组织的创收战略。"社会企业杂志在线"将社会企业定义为:社会创业家个人、非营利组织或公私合作开展的使命导向的创收或创造工作机会的项目。[③] "社会企业联盟"将社会企业定义为:为了支持慈善使命,非营利组织开展的任何形式的创收业务或战略。[④] 美国学术界认为社会企业涵盖了十分宽泛的组织类型:一是公司慈善或企业社会责任,即在从事营利性活动的同时使社会受益;二是综合了营利目标与社会目标的混合型组织;三是从事具有社会使命的商业活动的非营利组织,即社会目的组织。萨拉蒙认为,由于非营利组织向商业化方向发展,非营利组织和商业公司之间的界限变得越来越模糊。[⑤]

Defourny(2001)认为,社会企业具有经济特性和社会特性。从经济特性来看,社会企业具有可持续性的生产商品和销售服务、高度自治、经济风险显著、带薪雇员数量尽可能少等特征;从社会特性看,社会企业具有一个让共同体受益的明确目的,它由一群公民发起行动,拥有的决策权不是基于资本所有权,其具有参与性,受项目影响的所有人都能参与活动,但只进行有限的利润

[①] 尤努斯:《新的企业模式——创造没有贫困的世界》,鲍小佳译:中信出版社,2008。

[②] Jacques Defourmy and Marthe Nyssens, "Conceptions of Social Enterprise and Social Entrepreneurship in Europe and the United States: Convergences and Divergences," *Joumal of Social Entrepreneurship*, 2010(1), 32-53.

[③] 王世强:《"社会企业"概念解析》,《武汉科技大学学报(社会科学版)》2012年第5期。

[④] 王世强:《"社会企业"概念解析》,《武汉科技大学学报(社会科学版)》2012年第5期。

[⑤] Salamon L M, *Holding the center: America's nonprofit sector at a crossroads*, New York: The Nathan Cummings Foundation, 1997.

分配，或者说资产锁定。[1]

3. 欧美社会企业的内涵延伸

随着实践发展中，为了解决弱势群体就业的结构性困境和追求财政支持，欧美社会企业的内涵已逐渐演化，在原先的经济与社会指标外，加入了公共政策（public policy）或环境（environment）指标，朝向三重底线（triple-bottom line）方向迈进。Social Enterprise UK（原名为英国社会企业联盟（The UK-based Social Enterprise Coalition））在原有社会企业定义——运用商业手段，实现社会目的的基础上重新修订，认为社会企业是受社会或环境目标驱动的企业[2]，突出保持环境永续发展的三重底线。Battilana（2014）认为社会企业是处于商业企业和非营利组织之间的一种多元混合组织形式，它受混合动机驱动，并旨在实现社会价值和商业化运营。[3]Young（2013）认为，可以根据国情、社会环境和企业家目的而采取任何组织形式，可以是营利性组织，也可以是非营利性组织，只要是由社会企业家创造的，并且同时追求市场化和非市场化的目标，就可以称为社会企业。[4] Young（2016）认为，社会企业不是一个单维度的概念，而是存在多种组织形态，并且与其他组织和外界环境进行互动，因而提出了"社会企业动物园"（social enterprise zoo）的概念，分析了社会企业生态与动物园生态的相似之处。[5] Young 和 Leey（2014）认为每一类社会企业都可以通过"盈利能力"（profitability）和"社会影响力"（social impact）两个维度定点在社会效率边界曲线上。"社会效率边界曲线"使得社会企业动物园学派区别于其他类型学派，它不仅仅关注组织的经营目标或经营动机，更关注社会企

---

[1] Jacques Defourny "Introduction: From Third Sector to SocialEnterprise," in Carol Borzaga & Jacques Defourny (eds.), The Emergence of Social Enterprise, London & New York: Routledge, 2001, PP. 1-28.

[2] 朱圆，肖佳欣：《社会企业生成逻辑：国际比较与中国特性》，《北京邮电大学学报（社会科学版）》2021年第3期。

[3] Battilana J and Lee M, "Advancing Research on HybridOrganizing - Insights from the Study of Social Enterprises," Academy of Management Annals, 2014 (1).

[4] Young, "Social Innovation, Social Economy and Social Enterprise: What Can the European Debate Tell Us?", In The International Handbook on Social Innovation. Collective Action, Social Learning and Transdisciplinary Research. 2013.

[5] Young, D. R. and Lecy J D, "Defining the Universe of Social Enterprise: Com-peting Metaphors", Voluntas, 25 (5), pp. 1307 - 1332.

☞ 社会企业发展理论与实践报告

业所创造的社会影响力。①

二、国内研究动态

1. 社会企业概念的传入

社会企业在西方发达国家和部分发展中国家如火如荼地兴起,在我国学术界和产业界也逐渐刮起一股热潮。我国社会企业最早出现在 1994 年,中国社会科学院研究员杜晓山在河北易县引进社会企业格莱珉银行的模式,创立了"扶贫经济合作社",为农民提供小额贷款服务。② 社会企业的概念于 2004 年引入中国内地,对社会企业的研究是随着社会企业概念传入开始的,这一概念在英国文化发展协会的带动下,通过译著、论坛、研讨会和学术会议等形式小范围传播开来。2005 年,丁元竹、董炯等人在《中国经济导报》《中国保险报》上发表文章,对国外社会企业实践进行了介绍,并探讨了在中国发展社会企业的战略思路。2006 年 3 月,作为国内长期关注国际学术前沿的杂志,《经济社会体制比较》在 2006 年第 2 期上发表了美国杜克大学桑福德公共政策学院高级助理胡馨的论文《什么是"公益创业"(Social Entrepreneurship)》。在文中,作者将"Social Entrepreneurship"翻译为"公益创业",以英文文献为基础,结合美国社会相关的最新动态和具体事例对"公益创业"这个崭新现象的定义,及其在美国诞生的背景进行了综合探讨。此外,作者还基于在美国的实践经验,对"公益创业"在美国兴盛的背景进行了反思。

2. 国内社会企业的研究认定

中国社会企业研究涉及如何对社会企业进行认定,陈一梅认为,中国第一家社会企业是在 1995 年建立的。20 世纪 80 年代初期,中国开始向市场经济转变,政府开始明确地和渐进地从社会经济生活中撤出。社会企业作为新中国成立以来就已存在的形式,不同的阶段有不同的发展背景。③ 近几年来,一些来自社会、商业和政府部门的人士引进了社会企业的做法,作为对非营利组织在

---

① 张楠、美珊珊:《社会企业共识构建:对社会企业类型学的综述与分析》,《中国非营利评论》2020 年第 2 期。
② 刘志阳、王陆峰:《中国社会企业的生成逻辑》,《学术月刊》2019 年第 10 期。
③ 时立荣、徐美美、贾效伟:《建国以来我国社会企业的产生和发展模式》,《东岳论丛》2011 年第 9 期。

解决社会和环境问题时失灵的替代。① 时立荣（2006）认为，社会企业是一种以企业战略和社会目的为共同特征的性质双构性实体组织，它以社会性价值选择为目标，提供具有经济和公益双重功能的产品和服务。② 王名（2010）认为，社会企业兼具了非营利组织和企业的双重属性，是一种介于公益与营利之间的企业形态，是社会公益与市场经济有机结合的产物，是一种表现为具有非营利组织和企业双重属性和特征的社会组织，二者之间是内在有机统一的。③ 余晓敏（2011）将社会企业定义为受社会目标驱动的商务事业或经济活动。④ 刘小霞（2012）通过对社会企业的概念分析，认为社会企业内涵的基本要素在于社会企业的根本目标是创造社会价值，即社会目标是基本宗旨，社会使命是存在动因；社会企业的多样化组织形态呈混合体特征；社会企业的组织目标实现路径呈商业化，但经济目标产生盈余是为了更加有效解决社会问题而非获得利润。社会企业的混合体特征，展现了一种新的组织形态；经济手段和社会目标的结合，体现了组织发展的可持续性；不以利润最大化为目标保证了社会企业的公益性，社会企业概念的基本元素同时体现了组织属性。⑤ 赵萌（2009）通过分析英国的社会企业，认定社会企业的主要标准是看其经济活动如何与组织声称的社会使命相关联，看它有怎样的社会产出和社会影响。⑥

我国一些学者将社会企业划为"第三部门"，以为其是非营利组织的一种特殊形式。俞可平（2007）指出，社会企业作为经营性的社会组织，它不属于政府系统，是非政府组织；作为以提供公益性社会服务为主要目标的社会组织，它又不属于市场系统，是"非企业单位"。因而，社会企业是属于非政府、非市场的"第三部门"。⑦ 杨家宁（2009）认为社会企业是非营利组织面对经费紧

---

① Meng Zhao, "The Social Enterprise Emerges in China," *Stanford Social Innovation Review*, 2012 (1), 31.

② 时立荣:《社会企业：实践中一路走来》，《中国社会报》2006年8月7日。

③ 王名、朱晓红:《社会企业论纲》，《中国非营利评论》2010年第2期。

④ 余晓敏、张强、赖佐夫:《国际比较视野下的中国社会企业》，《经济社会体制比较》2011年第1期。

⑤ 刘小霞:《社会企业研究述评》，《华东理工大学学报（社会科学版）》2012年第3期。

⑥ 赵萌:《社会企业战略：英国政府经验及其对中国的启示》，《经济社会体制比较》2009年第7期。

⑦ 俞可平:《发展社会企业，推进社会建设》，《经济社会体制比较（S2）》2007年第11期。

缺及为提高自身运行绩效，以企业行为来解决社会问题，实现非营利组织社会使命的组织形式。[①] 金锦萍（2009）认为，我国最典型的社会企业是社会福利企业和民办非企业单位，社会福利企业是具有社会目标的营利组织，民办非企业单位是从事经营活动的非营利组织。金锦萍还对社会企业的设立、适用于社会企业的特殊政策、社会企业的目的限制进行了研究，认为社会企业的出现并没有冲击原先的组织分类，也没有混淆三个部门之间的界限。[②] 丁开杰（2009）也认为，如果将政府、市场、社会等分别称为第一部门、第二部门和第三部门，社会企业主要属于第三部门。[③] 此外，有学者从企业社会责任的角度，将社会企业界定为企业组织形态。姜奇平（2010）认为，社会企业是企业与其社会生态网络的一体化，使企业从只管经营活动，发展成为社会目标与经营活动的结合体，社会企业实现了在商业模式内部就可以承担社会责任的可持续发展方式。[④] 潘小娟（2011）在《中国行政管理》上发表了《社会企业初探》一文，认为社会企业所具有的双重特征，使得它在解决社会问题、改进公共服务供给、推动经济持续发展、促进社会融合等方面发挥了无可替代的重要作用，创造性地弥补了政府不足所带来的空白以及传统营利组织和非营利组织所固有的内在缺陷。[⑤]

第二节 社会企业的类型划分与价值选择

社会企业的类型划分与其价值选择有密切的关系。国内外从不同的角度出发，对社会企业的类型进行了不同划分，由此对其价值使命进行不同总结。

一、国外研究动态

1. 社会企业发展的划分

从不同的角度出发，可以对社会企业做出不同的分类。狄兹（2003）从组

[①] 杨家宁：《社会企业研究述评——基于概念的分类》，《广东行政学院学报》2009年第3期。
[②] 金锦萍：《社会企业的兴起及其法律规制》，《经济社会体制比较》2009年第4期。
[③] 丁开杰：《"社会企业"能服中国水土吗》，《社区》2009年第5期。
[④] 姜奇平：《新商业文明中的社会企业》，《互联网周刊》2010年第8期。
[⑤] 潘小娟：《社会企业初探》，《中国行政管理》2011年第7期。

织存在的动机出发，把社会企业划分为以使命为中心型、与使命相关型和与使命无关型三类。根据创新程度的不同，可以将社会企业分为就业型社会企业和创业型社会企业。就业型社会企业的着眼点在于使处于社会边缘的人获得工作机会。创业型社会企业与创新相连，能够解放被老观念束缚的社会资产，能够增大社会的财富在对社会企业类型的研究上。[1] Kerlin（2013）根据"经济发展和国家创新程度"和"国家市民社会发展程度"（civil society）两个基本属性将可能培育出的社会企业划分为四种类型：自发的共生性社会企业（autonomous mutualism）、依赖型社会企业（dependent focused）、陷入型社会企业（enmeshed focused）和多重自主性社会企业（autonomous diverse）。[2] Hynes（2009）认为社会企业需要统筹兼顾经济目标和社会价值．这是因为商业业务的经营及其收益的取得是支持和促进社会企业创造社会价值的先决条件。[3] Defourny 和 Nyssens（2017）认为，Kerlin 关于社会企业类型的区分并没有考虑中观和微观层面，即国家内部的分化和区别，也忽略了除以上四种因素以外的其他环境因素，对于理解微观社会企业运营和模式有一定的局限性。[4] 随着社会企业日益成为扶贫领域的关注焦点，国内外学界对社会企业扶贫的研究日益增加。现有的文献研究中，Seelosa、Mai（2007）指出社会企业通过可持续商业模式扶贫的可行性。[5] Chamber（1983）研究表明社会企业能将扶贫对象和外部利益相关者有效整合至扶贫工作中，通过经营和投资激发穷人进行"自我参与式"扶贫，确保扶贫成效的可持续。[6]

2. 社会企业发展的驱动力

国内外对社会企业发展的驱动力的解释存在着差异，国外的研究采用了国

---

[1] Dees J Gregory, "*New Definitions of Social Entrepreneurship: Free Eye Exams and Wheel chair Driver,*" http://www.fuqua.edu/adim/extaff/news/faculty/dees-2003.htm.

[2] Kerlin J, "Defining Social Enterprise Across Different Contexts: A Conceptual Framework Based on Institutional Factors", *Non-profit and Voluntary Sector Quarterly*, 12（1）, pp. 84-108.

[3] Hynes B, "Growing the social enterprise- issues and challenges," *Social Enterprise Journal*, 2009, 5（2）.

[4] Defourny and Nyssens, "Fundamentals for an International Typology of Social Enterprise Models", *Voluntas*, 28（6）.

[5] Seelosa C and Johanna Mair, "Social entrepreneurship: Creating new business models to serve the poor," *Busiess Hori zons*, 2005.

[6] Chambers R, "Rural development: putting the last first," *London Longman*, 2014.

家—市场—社会的三维分析框架。EMES对欧洲各国的社会企业进行了跨国研究，结果显示，至少有四种组织类型：一是为各类残障人群提供就业服务的组织，并享有国家的优惠政策；二是为就业弱势群体提供稳定就业的组织；三是为具有精神疾患或其他社会问题的人群提供生产性活动机会，从而帮助其实现（再）社会化的组织；四是为失业人群提供临时就业或职业技能培训，其服务周期是短期或固定期限的组织。著名的"社会企业光谱"概念的创始人狄兹将经营原则划分为经营动机、经营驱动力和经营目标，来阐释不同的经营逻辑，又以四种不同类型的利益相关者（受益者、资本方、人力资源、供应商）为标准描述了社会企业在这四个方面的具体特征。[1] Darby（2006）研究认为社会企业的成长过程存在异质性，根据社会企业成长的异质性，将其划分为：突击性社会企业、兼顾性社会企业和平台性社会企业。[2] Young（2016）通过"社会效率边界曲线"界定了六大类"社会企业动物"：战略性企业社会责任的企业（for profit business corporations）、社会事业（social businesses）、社会型合作社（social cooperatives）、经营型非营利组织（commercial nonprofit organizations）、政府和社会资本合作（public-private partnerships, PPPs）、混合型组织（hybrids）。[3]

二、国内研究动态

我国学者从连续体的角度阐述社会企业的混合体特征，认为社会企业是一种多元混合的连续体，难以简单地进行单极划分。

1. 社会企业的类型使命

我国学者对社会企业的类型使命进行了大量的研究。刘志阳、王陆峰（2019）从社会企业的产生的历史着眼，认为在中国，先后经历了国营单位、社会福利企业、非营利组织、企业社会责任和社会企业等不同历史阶段。社会企业历史生成演变过程的内在逻辑与中国独特的文化情境以及社会结构变迁密切相关，将两者结合分析仍是理解中国社会企业的产生过程及其本质特征的关

---

[1] Dees J Gregory, "*New Definitions of Social Entrepreneurship: Free Eye Exams and Wheel Chair Driver*," 2003. http://www.fuqua.edu/adim/extaff/news/faculty/dees-2003.htm.

[2] DarbyL and Jenkins H, "Applying sustainabilityndicators to the social enterprise business model," *International Journal of Social Economics*, 2006（3）.

[3] Young D R, et al, *The Social Enterprise Zoo: A Guide for Perplexed Scholars*, *Entrepreneurs*, *Philanthropists*, *Leaders*, *Investors*, *and Policymakers*, Edward Elgar Publishing, 2016.

键所在。①

严中华（2008）认为，使命中心型社会企业是指企业的经营活动以组织的使命为中心，以自筹经费的方式运营并实现其使命，这种类型的社会企业往往雇佣弱势群体以推动社会就业。使命相关型社会企业是指企业从事的经营活动与组织本身的宗旨使命有密切的联系，它一方面创造社会价值，另一方面也通过创造经济价值补贴社会项目投资或运营费用，社会服务商业化是这类型社会企业的普遍运营方式。使命无关型社会企业是指企业从事的经营活动与组织的使命无关，创立此类社会企业仅仅是为了通过创造经济价值来补贴社会项目投资和组织运营费用。因此，他从社会创新的角度将社会企业分为两类：就业型社会企业和创业型企业。②

舒博（2010）在其博士论文中认为，在我国，社会企业的发展受到政府部门、市场部门、社会方面和国际方面四个方面的驱动。政府部门"再就业工程"政策的出台，通过"再就业服务中心"帮助许多下岗工人实现了再就业，由此可见，我国社会企业的发展仍然与政府政策法规、资金支持等方面密切相关。企业社会责任的大量实践能够促进市场部门和非营利部门之间的合作与交流，从而实现双方的共赢。社会方面，如何通过商业化的运作实现经费的自给自足，成为非营利组织发展的重要研究议题，而社会企业则为其提供了一种新的思路。国际方面，国外一些学术机构以及在华国际组织等通过论坛、研讨会等方式就国内外有关社会企业的理论与实践进行了交流。同时，一些国际机构针对国内社会企业家的成长与发展进行培养，对促进国内社会企业的发展也发挥积了积极作用。③

2. 社会企业的特征

社会企业兼具公益性和市场性的特征，是融合了社会目标和商业手段的组织，其由市场驱动同时以实现社会价值为使命，简而言之，就是通过商业运营手法，达到社会公益目的。俞可平（2007）从社会企业法律地位的角度，指出目前我国可以归属于社会企业范畴的社会组织有民办非企业单位、社会福利企

---

① 刘志阳、王陆峰：《中国社会企业的生成逻辑》，《学术月刊》2019年第10期。
② 严中华：《社会创业》，清华大学出版社，2008。
③ 舒博：《社会企业的崛起及在中国的发展》，《南开大学博士论文》2010年第5期。

业、城乡居民的互助合作组织和社区服务中心等几种类型。① 余晓敏、张强（2011）等从社会企业的起源将中国社会企业的发展归为政府行政驱动、公民社会创新型驱动、市场部门以及国际社会等多种力量的作用。② 赵莉和严中华（2009）在其研究中指出，依据西方的社会企业光谱理论，从组织动机导向角度，社会企业可分为使命中心型、使命相关型和使命无关型；从社会创新的角度，社会企业可分为就业型社会企业和创业型社会企业；从交叉补贴的角度，可将社会企业分为完全慈善支持、部分自给自足、资金流自给自足、运营支出自给自足和完全商业化五种形态。③ 此外，黄江松和于晓静（2013）按照社会企业所解决的社会问题处于企业生产、经营的不同阶段，将社会企业划分为特殊资源型社会企业、公共服务型社会企业、复合型社会企业三种类型。④ 肖建忠和唐艳艳（2010）将社会企业划分为商业性社会企业、社会福利企业、合作社社会企业、社区型社会企业四种类型。⑤

3. 社会企业的价值选择

价值选择也是社会企业研究中一个备受争议的议题。尽管学者们都认同社会企业具有公益性和市场性的双重特征，对如何兼容公益行为与商业行为，学者们进行了一些探讨，探讨中对于社会企业的利润分配问题引发最多争论。社会企业是一种新的企业形态，其所得盈余主要用于社会企业再投资，以持续解决社会或环境问题，而非仅为出资人或所有者谋取最大经济利益。社会企业同时追求社会价值与经济利益，以创造社会影响力为主要使命。⑥ 马仲良等（2006）认为，社会企业以追求社会效益为主要目的，其投资者的行为主要是一种公益性投资，社会企业不得把收入的盈余作为利润回报给投资者，也不可

---

① 俞可平：《发展社会企业，推进社会建设》，《经济社会体制比较（S2）》2007年第11期。

② 余晓敏、张强、赖佐夫：《国际比较视野下的中国社会企业》，《经济社会体制比较》，2011年第1期。

③ 赵莉、严中华：《国外社会企业理论研究综述》，《理论月刊》2009年第6期。

④ 黄江松、于晓静：《社会企业是推动社会创新的生力军》，《学习时报》2013年第4期。

⑤ 肖建忠、唐艳艳：《社会企业的企业家精神：创业动机与策略》，《华东经济管理》2010年第4期。

⑥ 台湾当局经济事务主管部门：《社会企业行动方案（2014—2016）》，台湾当局经济事务主管部门，2014。

以在组织内部分红,收入盈余要用于组织的发展。① 王名和朱晓红(2010)也指出,社会企业虽如企业一样要在经济活动中不断创造和积累财富,但这种作为利润的企业收益并不回到投资人手里,无回报、不分红是社会企业的刚性约束,不断增大的企业收益将会作为社会财富源源不断地回馈给社会,致力于相关社会问题的解决并增加弱势群体和整个社会的福利。②

也有学者认为社会企业可以将盈利用于一定的分配。刘小霞(2012)认为,社会企业通过商业运营产生盈余是为了履行社会使命而非利润,可进行有限的利润分配,其不同于一般商业企业的追求利润最大化的目标,因此,社会企业是"目标驱动型"而不是"利润驱动型"。③ 潘小娟(2011)指出,社会企业财务盈余的绝大部分必须用于社会公益或自身发展的再投资,只有很小一部分可以按照预先的决定分配给股东。④ 王世强(2012)也认为,在利润分配方面,可以允许社会企业分配一定的利润,实现组织的可持续发展,以吸引更多资本投资于社会服务领域。⑤

还有的学者认为可视情况而定,不能一概而论。徐家良(2014)等认为在组织形态上,社会企业可以是一般营利事业与非营利组织,社会企业可以在保证财务回报收益的基础上,尝试解决"市场失灵""政府失灵"或者"志愿失灵"等问题。⑥ 孙智丽采用"双重底线"的概念,认为社会企业价值包括企业目的价值和社会目的价值两部分:前者指社会企业通过销售商品、提供劳务为自己创造的净收益,后者指社会企业活动带来的社会价值及其影响。⑦ 金锦萍(2009)认为,中国的社会福利企业和民办非企业单位都可以被界定社会企业的范畴,能否分红取决于社会企业自身具体的组织属性。我国社会福利企业是营利性的企业,因此可以从事任何形式的商业活动,其利润也可以分配给股东;与此相反,我国的民办非企业单位却严格受到禁止利润分配原则的规制。社会

---

① 马仲良、于晓静:《发展"社会经济"构建和谐社会》,《新视野》2006年第5期。
② 王名、朱晓红:《社会企业论纲》,《中国非营利评论》2010年第2期。
③ 刘小霞:《社会企业:合法性困境及出路》,《学习与实践》2012年第10期。
④ 潘小娟:《社会企业初探》,《中国行政管理》2011年第7期。
⑤ 王世强:《社会企业的官方定义及其认定标准》,《社团管理研究》2012年第6期。
⑥ 徐家良、陈建刚、沈文伟:《多中心理论视角下的社会企业与公共物品供给——以深圳残友集团为例》,《天津行政学院学报》2014年第6期。
⑦ 孙智丽:《台湾农业社会企业案例分析与现况调查》,台湾《农业生技产业季刊》2016年总第46期。

企业在中国可以采取营利或者非营利两种模式，界定社会企业并不会改变这一组织本来的营利或者非营利的所有权结构选择。[①]

学者们的观点都有一定的理论依据和实践依据。我国目前尚未建立社会企业规范发展的制度法规，关于社会企业的性质还缺乏清晰明确的界定和规制，因此各方学术观点的争论难以避免。

第三节　社会企业的作用性质与发展定位

一、国外研究动态

国外对社会企业的作用、定位研究基本涵盖在概念之中，主要从经济层面、政府部门影响层面和社会文化层面分析了社会企业发展对应的主要贡献。

1. 社会企业的贡献

卡罗·波兹卡（Carol Borzaga）和桑特瑞（Santuari）（2003）认为，社会企业可以在福利系统的转换（transformation of the welfare systems）、创造就业机会（employment creation）及地区发展（local development）三个方面促进经济的发展。[②] 卡罗·波兹卡（Carol Borzaga）和雅克·迪夫尼（Jacques Defourny）（2001）则认为，社会企业除了上述贡献之外，还在社会凝聚力与创造社会资本（socialcohesion and creation of social capital）和第三部门的动态性（dynamics of the third sector）方面有着突出的贡献。[③] 英国第三部门办公室在 2006 年的"社会企业行动计划"中指出，社会企业能够有助于实现政府关于更公平、公正的社会的构想，有助于政府实现其重要目标。在此过程中，社会企业主要通过四种方法实现该目标：第一，满足社会需要，用商业成功来解决社会或环境问题；第二，促进道德市场的形成，提高企业的责任杠杆；第三，通过形成新的服务体系、引进新的服务方法来改善公共服务；第四，改善企业水平，证明道德约

---

① 金锦萍：《社会企业的兴起及其法律规制》，《经济社会体制比较》2009 年第 4 期。
② Borzaga Carol and Alceste Santuari, "New Trends in the Non-profit in Europe: The Emergence of Social Entrepreneurship," *The Non-profit Sector in a Changing Economy*, OECD Publishing, 2003.
③ Carol Borzaga and Jacques Defourny, *The Emergence of Social Enterprise*, London & New York: Routledge, 2001.

束和商业成功是可以结合的。①

2. 社会企业精神研究

社会企业除了对促进经济发展和实现政府目标方面有着重要的影响，社会企业本身所塑造的社会文化也是社会企业在整个社会中的重要贡献，而这种文化被诠释为一种"社会企业精神"（social entrepreneurship）。在美国，非营利组织的领导者被要求必须具备社会企业精神（socialentrepreneurship），以更有效地掌握市场规律与方法，所以非营利组织领导者必须转型为社会企业家（socialentrepreneur）。②

欧美学者总结了一套光谱理论来分析社会企业的运营方式。Dees（1999）从社会企业组织形态的角度来阐释社会企业的组织属性和特征，认为社会企业的概念应置于非营利组织的背景下，视社会企业为一种多元混合的综合体，其并非单纯为财政目标而存在。他还认为社会企业是在纯慈善（purely philanthropic）（非营利组织）与纯营利（purely commercial）（私人企业）之间的连续体（Hybrids）。③ Alter, K.（2007）是光谱学派的另一位著名学者，她将 Dees 的光谱发展为"可持续性平衡"的光谱，认为社会企业需要在经济可持续和社会可持续之间找到平衡点，而两点之间的平衡源自对社会改变、社会价值的追求与对经济价值的追求之间冲突张力的互相妥协。④ 一些学者沿此路径进行探索，形成了社会企业光谱学派。Defourny 和 Nyssens（2017）将社会企业光谱学派对市场的依赖程度作为社会企业的基本属性和本质特征，并依据其划分不同的社会企业类型，设计了连续性光谱来代表社会企业在利益追求和社会目标之间的融合程度，光谱的一端是完全追求经济利益的企业，另一端是完全追求社会目标的非营利组织，而两端之间的不同位置代表了社会企业对市场不同程度的依赖，最理想的状态是社会企业位于光谱中间，是一种同时追求社会目

---

① Cabint Office, "*Social Enterprise Action Plan: Scaling New Heights*," http://www.cabinetoffice.gov.uk/-/media/assets/www.cabinetoffice.gov.uk/third_sector/se_action_plan_2006%20pdf.ashx.

② Shaw Eleanor, "Marketing in the Social Enterprise Context: Is it Entrepreneurial," *Qualitative Market Research: An International Journal*, 2004, 17（3）.

③ Dees J Gregory, "Enterprising Nonprofits," *Harvard Business Review on Nonprofits*, Harvard Business School Publishing, 1999.

④ Alter K, "Social Enterprise Typology", *Virtue Ventures LLC*, (2007).

标和经济效益的混合性组织。[1]

美国学者也通常用"社会企业精神"（social entrepreneurship），来代替"社会经济"（social economy）这一概念。[2] Dennis R. Young（2017）认为社会企业是指采取企业的方式和商业活动，以促进社会事业（social cause）或对公共财政有所贡献为目标的组织。若从结构决策（structural decisions）的角度分析，社会企业包含两种界定方式：一是对社会公益有所贡献的企业；二是作为非营利组织通过商业化手段赚取利润。据此两种界定，社会企业乃是一个连续体组织，可区分为三种组织形态：企业慈善（corporate philanthropist）、社会目的组织（social purpose organization）及两者之间的混合型组织（hybrids）。[3] 伯恩斯坦（2013）认为，"创新属性"是社会企业的核心属性，强调社会企业家的解决社会问题、满足社会需求的核心作用。[4] Mulgan（2007）强调了社会创新对社会企业的关键性作用。社会企业家、社会企业家精神对社会企业的创立和运转具有重要意义，这有助于推动社会企业对社会的变革、对社会问题的有效解决，以及社会企业的可持续性发展。[5]

二、国内研究动态

我国的相关研究趋分为两种情况：一是侧重于社会企业的社会目的性，把社会企业归类为第三部门的范畴；二侧重于社会企业的营利性。这两个方面也正体现了社会企业的组织特性：商业手段、社会目标。

1. 关于社会企业的组织定位

我国学术界的争论点集中在社会企业与社会创新间的关系。有一些学者认为社会企业是一种创新型组织，其将经济价值和社会价值有效结合，以全新的

---

[1] Defourny and Nyssens, "Fundamentals for an International Typology of Social Enterprise Models", *Voluntas*, 2017.

[2] Van Til Jon, *Growing Civil Society: From Nonprofit Sector to Third Space*, Indiana: Indiana University Press, 2000: 13.

[3] Dennis R Young, "Organizational Identity in Nonprofit Organizations: Strategic and Structural Implications," *Nonprofit Management & Leadership*, 2001.

[4] （美）戴维. 伯恩斯坦（2013）：《如何改变世界：用商业手段更好地解决社会问题》，张宝林译：中信出版社，2013。

[5] Mulgan G, "Social Innovation. What It Is, Why It Matters and How It Can Be Ac-celerated," *London: Young Foundation*, 2007.

组织形式参与解决某些社会问题，增进社会福利，因此是推动社会创新的新生力量。如丁开杰（2009）指出，与商业企业相比，社会企业是针对存在的社会问题进行创新，形成新的社会治理模式，是对企业社会责任履行不到位的一种纠正或补充。[1] 何增科（2010）认为，异军突起的社会企业既构成社会创新的一个重要组成部分，同时又成为推动社会创新、促进社会公平的一支重要力量。[2] 王名和朱晓红（2010）认为，社会企业富于创新精神，是社会创新的实践者，其具有的双重属性、双重特征是一种内在的、有机的结合，是表现为社会创新产业精神实质、文化内涵、创新机制的超越与升华。[3] 高传胜（2013）指出，社会企业是不同于传统非营利组织和追求利润最大化的普通企业的新型社会经济组织形式，它的持续发展是对社会问题日渐增多而传统的社会三大部门未能给予充分有效解决的一种理性回应。[4]

2. 社会企业的性质认定

李新涛（2006）对"社会企业是否是慈善的一种形式""社会企业可否成为摆脱筹资困境的一种途径""社会企业能否成为公共服务领域的一种力量"三个问题进行了探讨。他认为，在大慈善的观念下，社会企业不失为一种慈善方式，慈善和商业从传统上讲是两个对立的概念，但是当今似乎应该重新思索这种对立，比如社会责任投资、社会主义社会经济，显然它们不约而同将社会放在了第一位。[5] 左玮娜（2006）也撰文《社会企业：弱者对自强自立的求解》，对大连社区公共服务社、云南戴托普药物依赖治疗康复中心、孟加拉国小额信贷等社会企业的实践进行了介绍。[6]

有学者则认为社会企业在中国并非新生事物，在社会发展的各个阶段都有其存在的不同组织形式。时立荣等（2011）认为，自新中国成立以来，我国就一直存在着较为丰富的社会企业组织形式，从建国初期的"以工代赈"组织、烈军属和贫民生产单位，到计划经济时期的社会福利企业，再到改革开放后的街道、企事业单位、非正规就业组织、民办非企业单位等，都具有社会企业的

---

[1] 丁开杰：《"社会企业"能服中国水土吗》，《社区》2009年第5期。
[2] 何增科：《社会创新的十大理论问题》，《马克思主义与现实》2010年第5期。
[3] 王名、朱晓红：《社会企业论纲》，《中国非营利评论》2010年第2期。
[4] 高传胜：《社会企业：反贫困和社会救助的新力量》，《中国社会报》2013年10月21日。
[5] 李新涛：《社会企业：慈善的另一种思考》，《中国社会报》2006年7月10日。
[6] 左玮娜：《社会企业：弱者对自强自立的求解》，《中国社会报》2006年7月10日。

性质，因此社会企业不是来自国外的制度创新。[1] 金锦萍（2009）也持这一观点，认为我国的社会企业由来已久，它并不是一种新型的企业组织形式，反而是在现存各种组织形式的基础上，对于致力于解决社会问题、进行经营活动并取得收益的组织进行一种识别。[2]

3. 社会企业的运作模式

社会企业的运作模式是指社会企业用于创造社会价值和经济价值的方式。余晓敏（2001）等认为中国社会企业所采用的运作模式主要包括有偿服务、服务补贴、公平贸易、企业家支持、提供就业以及合作社模式。[3] 何增科认为社会创新是公民及公民社会组织等社会行动者为解决社会问题、满足社会需求而在社会领域率先发起和实施的富有成效的创造性活动。社会创新已经成为当今世界的一种潮流，并具有广阔的发展前景。何增科（2010）对社会创新的概念、分类、背景、意义、动力、过程、评估、条件、培育、趋势等十个基础性理论问题进行了初步的探讨。[4] 潘小娟（2011）研究了社会企业在创新性运用市场手段解决社会问题，促进社会企业家精神发展以及消除社会歧视，增进社会互信与合作，培育公益精神等领域的独特作用。[5] 随着社会企业的迅速发展，其在市场目标和社会价值之间的实际绩效也备受关注。社会企业的市场目标旨在通过商业运营获取资金，维持该组织的可持续发展；社会价值体现在通过一种创新的模式将解决社会问题纳入组织经营和组织活动之中。[6] 在获取经济盈余方面，谢家平，刘鲁浩（2016）等认为社会企业可通过引入企业化运营与有限制的利润分配，整合商业和公益元素，从而处于一种富有成效的平衡状态，实现社会价值与经济价值的均衡性，有利于社会企业的可持续发展。[7] 刘志阳，金仁旻（2015）在研究中提出社会企业的商业模式体现为基于必要经济价值获取能力和更多社会价值创造能力的多种价值要素的组合配置。社会企业的商业模式可划分为项目型、嵌入型、成熟型和潜

---

[1] 时立荣、徐美美、贾效伟：《建国以来我国社会企业的产生和发展模式》，《东岳论丛》2011年第9期。

[2] 金锦萍：《社会企业的兴起及其法律规制》，《经济社会体制比较》2009年第4期。

[3] 余晓敏、张强、赖佐夫：《国际比较视野下的中国社会企业》，《经济社会体制比较》2001年第1期。

[4] 何增科：《社会创新的十大理论问题》，《马克思主义与现实》2010年第5期。

[5] 潘小娟：《社会企业初探》，《中国行政管理》2011年第7期。

[6] 胡亦武、石君煜：《社会企业概念及发展探析》，《贵州社会科学》2015年第9期。

[7] 谢家平、刘鲁浩、梁玲：《社会企业：发展异质性、现状定位及商业模式创新》，《经济管理》2016年第4期。

在型四种基本类型。社会企业的商业模式演化存在着三种路径：经济价值获取先行型、社会价值创造先行型和经济社会价值并重型，不同组织可以根据自身特点选择不同的演进路径。[1] 田蓉（2016）等提出，服务收费模式和雇佣就业模式为当前社会福利领域非营利组织较为普遍的社会企业化模式，为机构企业化运作背后之动力，以满足社会需要、缓解财政压力与提升社会影响力；交叉补贴、多元化、快速扩张与治理保障是机构平衡双重目标之策略。[2]

研究普遍认为社会企业的目标主要体现在解决社会问题与获取经济盈余上。余晓敏，张强（2011）等指出，在关注和回应社会问题方面，社会企业在促进就业、弱势群体的社会照料、扶贫治理、医疗卫生服务、教育服务等公共服务领域的社会价值得到了学界的一致认可。[3] 社会企业通过不同的业务模式，在扶贫领域发挥促进作用，比如社会企业在帮扶妇女就业方面的积极作用，[4] 社会企业运用小额信贷模式打通金融扶贫的绿色通道等。[5]

第四节　社会企业的内部管理与宏观环境

社会企业的外部环境影响着企业内部管理。研究人员对社会企业管理进行了案例分析，通过对组织管理、政策支持方面的综合性研究归纳出了社会企业的内部管理模式。同时，研究人员基于外部政策等宏观条件分析了其对社会企业发展的利与弊。

一、国外研究动态

1. 社会企业的内部治理

美国学者 J. 格雷戈里·迪兹（J. Gregory Dees）、杰德·埃默森（Jed Emer-

---

[1] 刘志阳、金仁旻：《社会企业的商业模式：一个基于价值的分析框架》，《学术月刊》2015年第3期。

[2] 田蓉、Lucy Jordan：《非营利组织的社会企业化：模式与策略》，《华东理工大学学报（社会科学版）》2016年第4期。

[3] 余晓敏、张强、赖佐夫：《国际比较视野下的中国社会企业》，《经济社会体制比较》2011年第1期。

[4] 王蔚：《"公平贸易"：扶贫新概念》，2010，https://site.douban.com/widget/Notes/1319039/Note/91681783/。

[5] 李留宇：《公益小额信贷发展难点与解决之道》，《国际融资杂志》2015，http://bank.hexun.com/2015-05-05/175544332.html。

son)等（2008）从社会企业的使命定义和运用、市场机会的识别和评估、资源运用、公信力建设、企业风险管理、企业创新、吸引顾客、财务管理、社会企业规划等九个方面，结合案例阐述了如何设立并运作社会企业的理论和技巧，为社会企业管理者提供了许多实用且有效的经验与启示。[①] 理查德·斯特科尔博士（D. Richard Steckel）和杰克·博伊森（Jack Boyson）(2003) 探讨了社会企业或者其他非营利组织如何从组织能力建设、组织团队、识别和掌握必备的企业家技巧等企业管理方法入手，还探讨了社会企业或者其他非营利组织如何与私人企业建立伙伴关系。[②] 英国学者克里斯·罗（Chris Low）运用营利组织治理理论和非营利组织治理理论对委托—代理模式和民主治理模式进行了对比分析，认为虽然社会企业属于非营利部门，但是可能更适合借鉴营利部门委托—代理模式的治理结构。[③] 克里斯·罗（Chris Low）和克里斯·科诺克（2008）通过对因为治理失败而破产的社会企业的分析，指出社会企业中普遍存在的民主参与治理可能会被一些有力的参与者滥用，从而导致决策的失误和企业的倒闭，他们通过与私人企业决策模式的比较分析，认为社会企业与私人企业具有共性，有权力的决策者的权力滥用也会导致社会企业的破产。对于如何避免这一情况的发生，他们提出了一个解决方案。[④] 克里斯梅森（Chris Mason）(2007) 等人对社会企业治理的理论进行了梳理，并且在利益相关者理论和委托—代理理论之外提出了制度理论来研究社会企业的治理问题。[⑤] 罗里·里德利-达夫（Rory Ridley Duff）(2007) 从哲学角度对社会企业的治理结构进行分析，比较了一元论和多元论对公司治理的不同观点，认为社会企业更倾向于从多元论的哲学理念出发构建企业治理结构，通过把那些在劳动力市场上被排斥的人纳入企业的治理结构，不仅能够使这部分人参与市场经济，而且也能参与

[①] ［美］J. 格雷戈里·迪斯、杰德·埃默森等著，顾德洽等译：《企业型非营利组织》，北京大学出版社，2008。

[②] Dr Richard Steckel and Jack Boyson, *Creating Social Erterprises Through Strategic Alliances: A Tool Kit for NGOs*, published by the Intemational Youth Fourdation, 2003.

[③] Chris Low, "A Framework for he Govemance of Social Eateprise," *Interatiorul Jounal of Sociol Ecoroics*, 2006.

[④] Chris Low and Chris Chnnock, "Govemance Falune in Social Enterprise", *Educalwledge and Economy*, 2008.

[⑤] Chtis Masonet al, "From Stakeholders to Institutions : the Changing Face Enterprise Covermance," *Theor Management Decision*, 2007.

企业决策，从而主宰自己的未来，以此来解决社会排斥问题。[1]

2. 社会企业发展的外部环境

Kerlin（2013）从制度主义和社会起源理论出发，阐释了宏观制度环境对于繁衍社会企业类型的决定性作用。认为不同国家或不同地区的政治体制、经济发展和国家创新程度、市民社会发育程度以及文化社会因素共同影响了社会企业，使其产生多种类型。其中，文化社会因素（例如集体主义/个人主义和风险规避偏好）对于国家政治体制的确立有不可估量的作用，而政治体制对于经济发展和市民社会的发育程度具有决定性作用。[2]

二、国内研究动态

1. 社会企业的内部治理

在社会企业理论发展和实践创新中，学者们通过具体的案例对我国社会企业的内部治理以及运营状况进行了研究。余晓敏（2012）在对38家社会企业深入研究的基础上，探讨了我国不同类型社会企业在所有权形态、治理结构、治理模式上的基本特征。他认为，尽管很多社会企业都是由非政府部门的力量创建，但其所有制结构缺乏明确的社会取向或利益相关方取向；目前社会企业的治理结构有三类，即政府监督型、股东控制型和会员自治型；我国社会企业主要采取三种治理模式，即管理人模式、管理人—吸纳混合模式、管理人—利益相关方混合模式。[3] 康蕾等（2012）以深圳残友软件公司为案例，分析了类似残友这样的中国社会企业在发展过程中可能遇到的诸如企业人力资源、财务以及战略管理等问题，并提出相关建议。[4] 何广文等（2012）在基于山西永济富平小额贷款公司案例的分析后认为，要确保小额贷款公司实现政策初衷和公益目标，其必须具备一些显著的特征：需要讲求财务上的自我可持续发展；需要将业务网络延伸到社区、农村，近距离地提供服务；贷款方式应该由业务区

---

[1] D Rory Ridley Duff, "Communitarian Perspectives on Social Enterprise," *Corporate Goemance*, 2007.

[2] Kerlin J, "Defining Social Enterprise across Different Contexts: A ConceptualFramework Based on Institutional Factors", *Nonprofit and Voluntary Sector Quarterly*, 2013.

[3] 余晓敏：《社会企业的治理研究：国际比较与中国模式》，《经济社会体制比较》2012年第6期。

[4] 康蕾、徐月芳、何荷等：《中国社会企业战略发展的思考——以深圳残友模式为例》，《战略决策研究》2012年第2期。

域的需求决定；真正具有正确的小额贷款理念；需要提高社会责任意识，参与对于弱势群体、偏远地区领域的金融服务等。[①] 刘小霞（2012）根据调研发现，在中国内地的社会企业中，企业家精神在社会企业内起着决定性的引领作用，她指出，在现代管理体制下，权威的存在如果不能和内部管理制度对接，则会影响社会企业的持续性发展和规范化管理。[②] 徐家良和黄珊（2008）以北京市朝阳区酒仙桥小红帽社区志愿者协会为案例，详细剖析了协会内部的组织结构、运作和管理模式、经费来源，对协会的拍卖会活动和剪纸分会的活动做了较为详细的分析，并将这类社会企业发展模式归纳为行动价值——中心边缘模式。[③] 吴宏洛（2017）强调从创新能力与专业人才角度分析，认为发展中的社会企业既要学习借鉴国外成熟经验，又要结合国情，在健全立法的基础上，通过制度创新，充分发挥社会企业参与社会服务的优势，重视社会企业家的培养，构建政府、市场和社会监督以及行业自律为一体的监管体系，促进社会企业在养老领域发挥更大作用。[④]

部分研究则以国际经验为视角。梁唐（2006）介绍了美国的"社会企业"运动，进而总结出社会企业成功的三个内部条件：有可操作性的好想法，以获得种子资金；一个真正懂管理、懂营销的专业团队；将企业运营与公益设想进行适度分离，在项目运作中不被商业利益迷乱思路，知道"行动的边界"至关重要。[⑤] 杨光飞等（2010）借助于孟加拉国的格莱珉银行案例，分析了社会企业要实现"叫好"又"叫座"的几个重要条件：首先，社会企业创始人必须具有受使命驱动的社会企业家精神；其次，社会企业必须要基于社会领域进行创新；再次，基于公益目标的社会企业要充分发挥其声誉效应带来的竞争优势。[⑥]

2. 社会企业发展的外部环境

社会企业的发展与外部制度环境密切相关。许多学者致力于研究中国社会

[①] 何广文等：《小额贷款公司的政策初衷及其绩效探讨——基于山西永济富平小额贷款公司案例的分析》，《金融理论与实践》2012年第1期。

[②] 刘小霞：《社会企业：合法性困境及出路》，《学习与实践》2012年第10期。

[③] 徐家良、黄珊：《社会经济发展模式分析——以小红帽社区志愿者协会为例》，《中共浙江省委党校学报》2008年第5期。

[④] 吴宏洛：《社会企业提供养老服务的公益逻辑与运行困境》，《福建师范大学学报（哲学社会科学版）》2017年第1期。

[⑤] 梁唐：《美国的"社会企业"运动》，《21世纪商业评论》2006年第1期。

[⑥] 杨光飞：《梅锦萍. 社会企业：如何"叫好"又"叫座"？——来自格莱珉银行的启示》，.《公共管理高层论坛》2010年第1期。

企业面临的各种困境与行动策略，基本统一的观点是认为复杂的制度环境对社会企业发展存在显著的约束性，社会企业很难自觉地走上可持续践行公益的道路，双重目标的实现难以保障。学者们在比较中外研究的基础上，探讨了我国社会企业所处的制度环境。学者们认为，近年来我国政府对非营利组织的政策调整，为社会企业提供了更大的发展空间。王世强（2012）分析了社会企业在世界各地兴起的不同原因，指出中国社会企业兴起的一个重要原因是政府对非营利组织的扶持。他认为，政府将一些社会服务项目外包给非营利组织，非营利组织需要通过竞争才能获得合同，这提高了非营利组织的市场化程度，使它们向社会企业转型。政府通过购买服务、公益孵化器、公益创投、资金扶持等方式，积极支持社会企业的发展，为社会企业提供了很多资源。[①] 舒博（2010）通过对西方国家社会企业缘起的考察，指出中国社会企业正面临自上而下的发展机遇：经济体制转轨和政府职能转变为非营利组织发展创造出了体制上的空间；政府采购为社会企业参与公共服务提供了机会；政府对转型期社会矛盾问题的关注有利于社会企业获得政策空间。[②] 另一方面，学者们也从不同角度指出，当前我国社会企业发展的制度环境存在问题。杨光飞等（2010）通过对格莱珉银行和中国类似的小额贷款银行之间的比较，发现中国现有的制度已经影响到了社会企业的发展，包括拦截社会资金的注入、对社会领域中相关社会创新制度的限制等。[③] 余晓敏等（2011）认为，与欧美国家相比，中国社会企业面临的制度环境尚处于发育阶段，各类社会企业在所有权性质、税收优惠地位、利润分配方式和治理模式等方面差别迥异，为社会企业发展提供的经济、知识、技术和人力资源支持尚十分有限。[④] 刘小霞（2012）认为，我国社会企业在行政合法性、社会认知合法性和法律合法性等方面都遭遇困境。[⑤]

如何创造良好的外部环境以促进社会企业发展，既是学者们讨论的核心问题，也是我国社会企业可持续发展所需要解决的现实问题。一些研究者基于对

[①] 王世强：《社会企业在全球兴起的理论解释及比较分析》，《南京航空航天大学学报（社科版）》2012年第3期。

[②] 舒博：《社会企业的崛起及其在中国的发展》，天津人民出版社，2010。

[③] 杨光飞、梅锦萍．社会企业：如何"叫好"又"叫座"？——来自格莱珉银行的启示》，《公共管理高层论坛》2010年第1期。

[④] 余晓敏、张强、赖佐夫：《国际比较视野下的中国社会企业》，《经济社会体制比较》2011年第1期。

[⑤] 刘小霞：《社会企业：合法性困境及出路》，《学习与实践》2012年第10期。

我国社会企业发展的实践观察，提出了许多颇有价值的建议。丁开杰（2007）结合北京农家女文化发展中心、大连公共服务社、上海罗山市民会馆三个社会企业的实践案例，提出了中国社会企业发展的五项战略：建立和健全法律法规；改革社会管理体制；建立新型公私合作关系；推动民间组织市场化；建立宏大的社会工作人才队伍，培育真正的社会企业家。[①] 赵学刚等（2013）指出，应根据我国实际推进社会企业发展，包括完善法律法规以明确社会企业的法律地位、设置适当的组织机构为社会企业发展提供组织保障、通过税收等手段为社会企业营造良好的融资和经营环境等。[②] 黄江松和于晓静（2012）分析了北京市扶持社会企业的发展经验，认为政府要扶持社会企业的发展，必须突破政策障碍，从以下几方面进行制度创新：降低民办非企业单位的登记门槛；将社会企业纳入政府购买公共服务的范围；让小型民办非企业单位享受小微企业的待遇；加强政府对社会组织及其项目的评估考核机制。[③] 赵萌（2009）认为，政府培育、规范和引导社会企业发展，应加强政府有关部门之间及其与各利益相关方的协同合作；建立社会企业发展的法律法规体系；为社会企业提供资金、信息和能力支持。[④] 徐君（2012）指出，应当探索创新社会企业的组织形式，通过多层面的立法保障，使社会企业具有灵活多样和因地制宜的组织形式；还应当整合政府、市场和社会三方力量，引入政府服务外包、种子基金、战略规划、市场分析等新机制和做法，搭建社会企业发展的支持平台。[⑤]

第五节 社会企业的发展挑战与效益评估

为了更好发挥社会企业在社会转型中解决社会问题和创造社会价值等方面的积极作用，学者们对社会企业的成长受到哪些因素驱动，面临哪些机会和挑

[①] 丁开杰：《从第三部门到社会企业：中国的实践》，《经济社会体制比较（S2）》2007年第11期。

[②] 赵学刚、吴林霖：《解决社会问题呼唤发展社会企业》，《人民日报》2013年1月11日。

[③] 黄江松、于晓静：《扶持社会企业发展要突破四大障碍》，《前线》2012年第9期。

[④] 赵萌：《社会企业战略：英国政府经验及其对中国的启示》，《经济社会体制比较》2009年第4期。

[⑤] 徐君：《社会企业组织形式的多元化安排：美国的实践及启示》，《中国行政管理》2012年第10期。

战等具体问题进行了研究。

一、国外研究动态

1. 社会企业的成长因素

Delmar（2003）认为影响社会企业成长的因素体现在多个层面。企业成长是一种多层面、异质性现象，通过不同方式与途径得以实现，通常与企业的成功、生存和业务目标实现相联系，比如销售额提高、员工数量增加等。因此企业成长会表现出不同的模式。[1]

具体到社会企业，Brooks（2008）认为，社会企业在经济层面的成长体现在产品和市场两方面，一方面，产品成长指产品供给的扩张，即社会企业活动规模的扩大。例如高度创业性的社会企业——国际扫盲组织，通过不断开发新项目实现成长，包括建立满足妇女特殊需求的——国际妇女扫盲组织，和为文化培训项目提供原始材料的——新读者出版项目。另一方面，市场成长依赖企业的核心产品和服务，并且不断开发新的顾客群体。例如为低收入家庭的孩子提供图书的第一本书，即社会企业，且其经营和服务范围不断扩大，为这些孩子所提供图书范围在全美超过 1300 个社区。[2] Hynes（2009）研究发现，社会企业在社会层面的成长体现在多个方面，比如吸纳新增就业人口、缓解贫富差距、保护环境、增加社会福利等可感知、可观察的新增社会价值，社会层面的成长主要基于外部利益相关者的主观判断来评定，而不是以内部财务指标作为衡量标准。[3] Austin J（2006）认为社会层面的成长依赖于对社会环境变化的持续关注，从而对社会企业进行有效的管理以获取经济收益，进而创造并分享社会价值。由于社会企业之间在争夺慈善资金、政府补助与业务合同、志愿者、社区份额、政府和顾客关注等方面存在激烈的竞争，因此社会层面的成长需要遵循两条原则：一方面是要不断探索可持续的业务或方法，而不是试图建立竞

---

[1] Delmar F, Davidsson P and Gartner W, "Arriving at the high-growth firm," *Journal of Business Venturing*, 2003, 18: 189–216.

[2] Brooks A C, Social entrepreneurship: *A modern approach to social value creation*, Pearson Prentice Hall, 2008.

[3] Hynes B, "Growing the social enterprise issues and challenges," *Social Enterprise Journal*, 2009, 5 (2).

争优势；另一方面是以授权而不是控制为基础，制订解决社会问题的具体方案。[1] Yunus 等（2010）将 2006 年诺贝尔和平奖获得者穆罕默德·尤努斯（Muhammad Yunus）创办的格莱珉银行，看作是经济与社会价值并重的社会企业典型案例，它通过向穷人提供贷款，在解决孟加拉国穷人失业问题的同时，按市场机制运作实现了赢利和持续发展。[2] . Bornstein（2004）研究表明，比尔·德雷顿（Bill Drayton）创办的阿育王（Ashoka），是侧重社会价值的社会企业支持平台，其除了为世界各国的社会创业者提供直接的资金、培训、人力等支持外，还为社会创业者提供相互交流与合作的平台，对社会企业的资源获取具有重要作用。[3]

2. 社会企业的成长驱动因素

根据社会企业的成长异质性，可将其成长驱动因素划分为内生因素与外生因素两方面。Shaw 和 Carter（2007）从内生因素角度出发，将社会企业的根本任务视为社会价值的创造，通过选择最适合调动和配置资源的营利方式，以支持社会价值的创造。社会创业者确信通过创建社会企业，能够提高那些被主流大众和商业组织所忽略的边缘人群的福利水平与生活质量。[4] 进而，Certo 和 Miller（2008）认为，不论哪种类型的社会企业，其共同的成长内生因素都是通过商业化手段满足社会需求和解决社会问题，为目标群体创造社会价值并增加社会福利，而不是追求社会创业者个人和社会企业利益相关者经济目标的最大化。[5]

对于不同类型的企业来说，突破制约因素也是内生驱动成长。Hynes（2009）指出，平台型社会企业与商业企业在使命和经营方式上存在差别，前者侧重于公平与共享，而后者注重效率与效益。由于市场经济侧重于效率，在

---

[1] Austin J, et al, "Social and commercial entrepreneurship: Same, different, or both?", *Entrepreneurship Theory and Practice*, 2006.

[2] Yunus M, et al, "Building social business models: Lessons from the Grameen experience," *Long Range Planning*, 2010 (43).

[3] Bornstein D, *how to change the world: Social entrepreneurs and the power of new ideas*, Oxford University Press, New York, 2004.

[4] Shaw E and Carter S, "Social entrepreneurship: Theoretical antecedents and empirical analysis of entrepreneurial processes and outcomes," Journal of Small Business and Enterprise Development, 2007, 14 (3).

[5] Certo S T and Miller T, "Social entrepreneurship: Key issues and concepts," *Business Horizons*, 2008, 51 (4).

保持经济公平方面存在不足，因而导致社会企业处于市场经济的边缘位置，其生存与成长空间受到诸多限制。单纯从经济收益的角度看，社会企业明显处于劣势地位，因此这类社会企业应重点关注社会价值的创造，以社会价值的创造与扩散带动经济收益的提高。[①] Corner 和 Ho（2010）通过研究得出，对突击型社会企业而言，社会创业者的先前工作经验和累积的专业知识，也是其成长的内生因素。[②]

3. 社会企业的成长机会

关于社会企业成长过程中面临的机会。Corner 和 Ho（2010）基于跨案例研究认为，社会企业的机会识别与开发是一个有机循环的过程。社会需求、商业机会以及两者兼顾可以概括为机会识别、机会识别带机会利用，需要一一对应满足需求、经济价值和两者兼顾，形式机会识别—机会利用—提纯与精炼—社会价值—社会现象—创意，创意—机会识别—机会利用等正向循环。[③]

成长的挑战源于社会企业需要在"实现和保持社会使命，与为投资者创造有竞争力的收益"两者之间保持平衡。国外学者依据社会企业成长的异质性，从经济与社会两个层面研究了此问题。

经济层面，Austin（2006）认为，突击型社会企业与处于侧重经济价值阶段的兼顾型社会企业而言，融资和投资渠道往往难以确保获得能够支持开发和拓展商业业务的资金，支持社会企业成长的金融机构、金融工具和资金渠道相对较少，自有资金与战略性的限制也限制了其整合外部资金的能力。与商业企业相比，社会企业经济收益的持续性较差且总量较低，仍然需要寻求更多的外部资金支持。[④] Hynes（2009）的跨案例研究表明，在社会企业运营的第一年里，社会创业者大多是依靠个人资金启动并保持商业运作。此后，用来支持商业业务的资金，来自信用合作社的贷款或银行贷款和透支。[⑤] 对平台型社会企

---

① Hynes B, "Growing the social enterprise- issues and challenges," *Social Enterprise Journal*, 2009, 5 (2).

② Corner P D and Ho M, "How opportunities develop insocial entrepreneurship," *Entrepreneurship Theo-ry and Practice*, 2010, 7.

③ Corner P D and Ho M, "How opportunities develop insocial entrepreneurship," *Entrepreneurship Theo-ry and Practice*, 2010, 7.

④ Austin J, et al, "Social and commercial entrepreneur-ship: Same, different, or both?" *Entrepreneur-ship Theory and Practice*, 2006, 1: 1- 22.

⑤ Hynes B, "Growing the social enterprise- issues and challenges," *Social Enterprise Journal*, 2009, 5 (2).

业与处于侧重社会价值阶段的兼顾型社会企业而言，在招聘和留住员工方面面临着较大压力。财务资源不足、无法保证工作职位的稳定性以及无法提供有吸引力的工资等原因，使得社会企业难以留住员工。

社会层面，Hynes（2009）对社会创业者进行调查发现，社会层面对社会企业认知不足，使社会企业成长受挫，使主流创业者对社会企业提供支持的积极性降低。Lyon 和 Sepulveda（2009）认为，对社会创业者的角色与贡献缺乏足够的认识，是社会企业难以获得社会认可和成为商业界必要组成的首要原因。而且，这也影响了潜在的社会企业，比如个人创办的组织、非营利组织、慈善机构、商业企业等向社会企业的转变。Santos（2012）研究了兼顾型社会企业，认为其大多数的创办者需要调整他们在企业中的最初角色，以适应价值重点的调整、社会环境的变化与社会需求的提高，然而社会创业者往往缺乏应对经验与技能。Shaw 和 Carter（2007）认为，对突击型和平台型社会企业而言，外部关系网络对社会企业的成长具有十分重要的作用，社会企业所需的许多关键资源往往不受企业自身控制，比如资金、市场信息、可识别的机会、政策支持等，[①] 而这些资源恰恰掌握在其利益相关者和社会大众手中（VanSandt 等，2009）。然而，无论是突击型还是平台型社会企业，在外部网络的多元性与广泛性方面都存在不足。

罗布·佩顿（Rob Paton）（2003）系统介绍了在私营企业里经常使用的绩效评估方法，并结合具体案例对这些方法如何用于社会企业的社会效益评估做出了分析，是众多社会企业绩效评估研究当中对于社会企业绩效评估工具比较详细、全面的研究，应用性比较强。[②] 麦克·布尔（Mike Bull）（2007）对如何用社会核算法（social accounting methods）来评估社会企业的社会效益/社会企业对可持续性（contributions to sustainability）的贡献进行了分析。[③] 布莱恩·崔尔斯塔德（Brian Trelstad）（2008）运用 BACO 工具对社会企业的社会影响进行了简要评估。对社会企业社会效益的评估研究为社会企业的现实评估工作提供了技术工具，使社会企业比较复杂、抽象的社会作用可以量化，有助于政府

[①] Shaw E and Carter S, "Social entrepreneurship: Theo-retical antecedents and empirical analysis of entrereneurial processes and outcomes," *Journal of Small Business and Enterprise Development*, 2007, 14 (3).

[②] Rob Paton, *Managing und Measuring Social Enerprises*, published by SACE Publications Ltd., 2003.

[③] Mike Bull, "Social Enterprise" *Jouural*, 2007.

和社会更好地评估社会企业的价值,也有助于政府据此对社会企业进行相应的管理。①

二. 国内研究动态

1. 社会企业的成长挑战

国内从其管理角度来研究社会企业的成长挑战问题。孙宇凡、李硕(2012)认为,合法性不仅仅是从法律地位是否合法的意义上定义的,还包括组织成员以及社会公众尤其是利益相关者对其的评价。他们认为合法性包括法律合法性、道德合法性和认知合法性三个方面。法律合法性是一个组织存在的前提要件,法律合法性能够确认社会企业的身份。道德合法性方面,社会企业自身存在着经济目标和社会目标的"双重底线",内部群体和外部群体可能会对这两种身份的认同上各有所偏重,因而在组织内部具体的经营管理过程中,会对包括组织的经营理念、经营目标的优先性、不同组织成员技能和素质的侧重方面等造成一定的分化,从而在组织的经济目标和社会目标之间形成一定的冲突和矛盾,进而产生合法性困境。认知合法性方面,社会企业自身的发展要从如何扩大自身的社会影响力和获取社会公众的信任方面下功夫,以便从认知合法性方面得到发展。② 刘小霞(2012)在合法性分类的框架下,从社会目标、组织权威与运作机制等方面加以考虑其合法性。③ 李保明、张钰静(2021)认为大部分社会企业事实上还只是处于初创或成长期,资金周转困难、专业能力不足、系统性培训不够、发展规模有限、盈利较少和社会影响力缺乏等问题仍然比较突出。另外,各利益相关方缺乏共识、社会企业双重甚至三重目标平衡困难以及公众认知不足,也是目前我国社会企业面临的主要问题。在社会企业融资困难的问题上,政府推动不够,外部融资渠道狭窄、自身发展能力不足,内部融资能力较弱、社会企业资本产权界定不清、难以吸引社会投资者以及信息短缺与非对称、难以发挥捐赠资本的作用是主要原因。④

---

① Brain Trelstad, "Innovations: Technology, Coxerrance, Globalization," *Innovation summer*, 2008.
② 孙宇凡、李硕:《论社会企业的合法性》,《社会工作》2012年第8期。
③ 刘小霞:《社会企业:合法性困境及出路》,《学习与实践》2012年第10期。
④ 李保明、张钰静:《社会企业的概念辨析及发展展望》,《人才资源开发》2021年第2期。

田雪莹、赵春阳（2020）通过比较分析英国、美国、日本、韩国的社会企业的产生背景、驱动因素、法律制度、融资渠道、政策支持和公众认知，在此基础上对我国社会企业的发展状况进行了解读，发现我国社会企业的产生深受"义利统一"思想的影响，起源于政府、市场与学界的多元驱动；政府和民间组织积极出台相关政策与认证标准支持社会企业的发展；融资问题是困扰当前社会企业最为严重的现实问题；公众对社会企业的认知程度仍有待提升。[①]

对于社会企业发展的挑战，贺建军（2015）认为社会企业在两个目标（社会、经济）达成中表现不佳，社会企业在实践中存在行为偏离，假借社会公益之名而行追逐利润之实。[②] 刘振（2016）认为尽管社会企业能够凭借价值共享的社会身份获得资源帮扶和政策支持，但却无力将其转化成支持组织可持续增长的经济绩效。[③] 邓汉慧（2015）等提出，作为舶来品的社会企业，与中国文化背景的水土不服是其在中国发展需要克服的最大问题。[④] 黄江松、于晓静（2012）认为，应突破认知障碍，大力宣传社会企业及社会企业家精神，突破政策障碍——多部门合作探索制度创新；突破人才障碍——提升社会企业的人力资源水平；突破地域障碍——积极引进国内外成熟的社会企业进京落户。[⑤]

2. 社会企业绩效评估

对于社会企业的评估问题，刘志阳、邱舒敏（2014）认为，价值追求不能停留在使命层面，需要一套方法来测评社会企业的价值。众多评估方法中比较有代表性的计量模型有 SROI（Social Return on Investment，简称 SROI）和 LM3（local multiplier 3，简称 LM3），然而现有研究主要集中于对指标进行讨论。[⑥] 曾传广从社会企业双重价值驱动的特点出发，分析了社会企业绩效评估在社会价值计量和公信力两方面的难点。他通过分析基于平衡计分卡和社会投资回报

[①] 田雪莹、赵春阳：《国际比较视野下中国社会企业的发展现状及实践启示》，《社会政策研究》2020年第4期。

[②] 贺建军：《社区发展的角色困境及其解决路径——一种社会企业的观察视角》，《浙江社会科学》2015年第4期。

[③] 刘振、乐国林、李志刚：《双重驱动因素与社会企业成长绩效——市场合法化的中介作用》，《科学学与科学技术管理》2016年第9期。

[④] 邓汉慧、涂田、熊雅辉：《社会企业缺位于社区居家养老服务的思考》，《武汉大学学报（哲学社会科学版）》2015年第1期。

[⑤] 黄江松、于晓静：《扶持社会企业发展要突破四大障碍》，《前线》2012年第9期。

[⑥] 刘志阳、邱舒敏：《公益创业投资的发展与运行：欧洲实践及中国启示》，《经济社会体制比较》2014年第2期。

率这两种绩效评估模式的局限性，结合我国社会企业面临的现实问题，提出了"APC"绩效评估体系框架。[①] 张锦等通过整合经典绩效评估理论与方法，构建绩效评估体系，利用模糊层次分析法（FAHP）确定绩效指标权重，并运用该体系对小额信贷企业进行实证分析，以证明绩效评估体系的可行性与有效性。[②]

由于多个学科的相继加入，无论是国外还是国内社会企业研究的主题和内容日趋丰富和多元，这些研究成果对于社会企业发展起到了重要的导向和支持作用。

参考文献

[1] 田雪莹，赵春阳．国际比较视野下中国社会企业的发展现状及实践启示［J］．社会政策研究，2020（4）．

[2] 舒博．社会企业的崛起及其在中国的发展［M］．天津人民出版社，2010.

[3] 赵莉，严中华．国外社会企业理论研究综述［J］理论月刊，2009（6）．

[4] 余晓敏．社会企业与中国社会发展的创新实践［M］．北京：中国经济出版社，2018.

[5] 沙勇．中国社会企业研究［M］．北京：中央编译出版社，2013.

[6] 陈雅丽．社会企业研究：理论探讨与实践观察——近十年来中国社会企业研究综述［J］．社科纵横，2014，29（05）．

[7] 刘振，杨俊，李志刚．国外社会企业成长研究综述与发展趋势［J］．现代财经（天津财经大学学报），2014，34（02）．

[8] 张楠，关珊珊．社会企业共识构建：对社会企业类型学的综述与分析［J］．中国非营利评论，2020，26（02）．

---

① 曾传广：《社会企业绩效评估体系初探》，《企业研究》2011年第6期。

② 张锦、严中华、梁海霞：《基于FAHP的社会创业绩效评估体系构建与实证分析》，《科技管理研究》2013年第16期。

学术创新篇

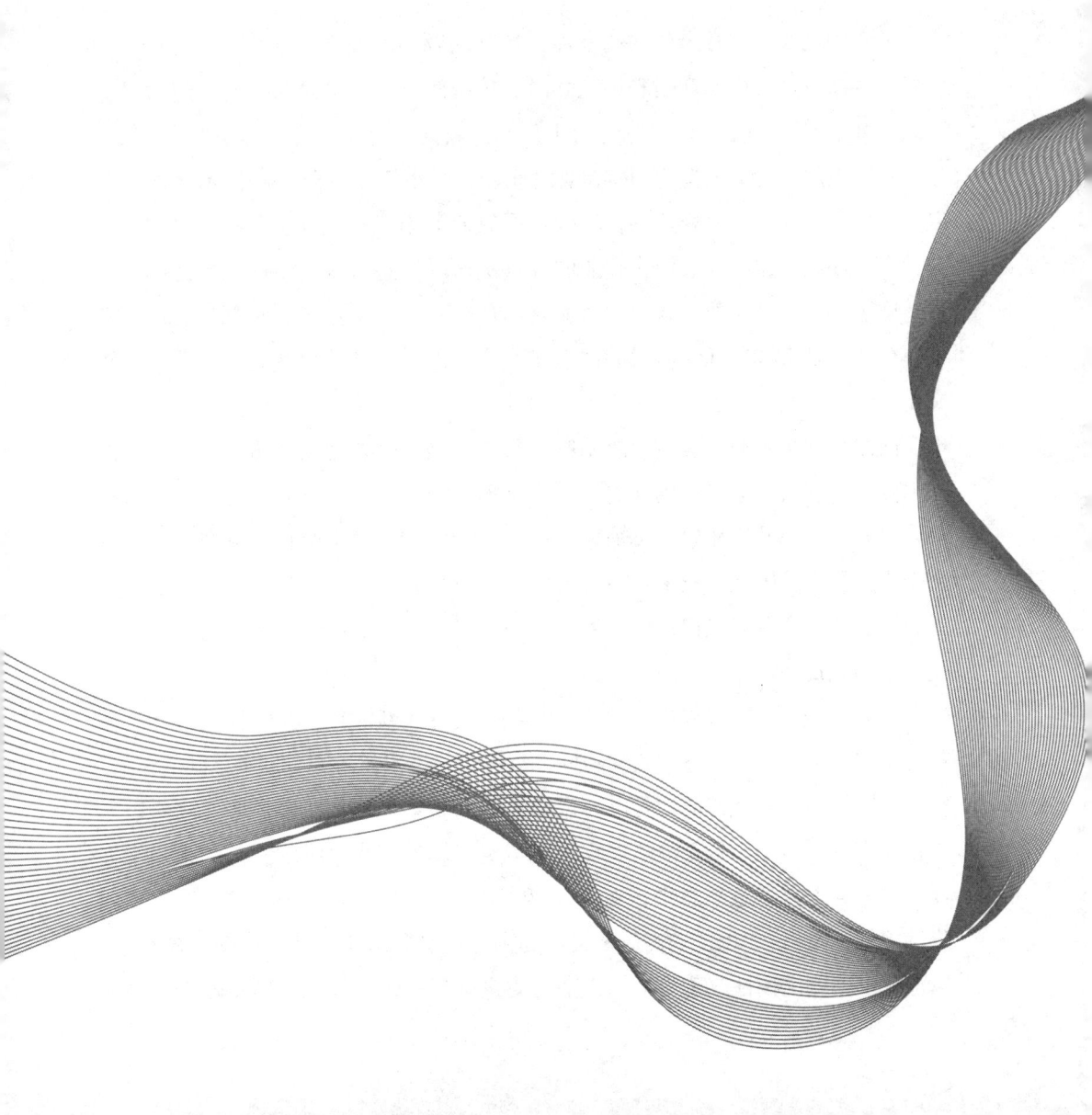

中国社会企业向何处去？
——新时代中国社会企业高质量发展研究

随着中国经济和社会的快速发展，社会问题不断涌现，且呈现出复杂化和多样化的新特征，依靠政府和第三部门的传统解决方式已经无法有效应对日益复杂的社会问题，社会企业应时而生，成为新时期社会问题的全新解决方案。作为一种以解决社会问题为根本目标的全新社会组织，社会企业于20世纪中叶诞生于西方社会。社会企业的核心宗旨是以商业模式解决社会问题，具有经济与社会方面的双重特质。社会企业的双重价值属性意味着其整体目标是助力公益、增进福祉，其运营方式是以商业化的运作来实现企业盈利和循环发展，不再单单依靠官方和民间慈善式的输血来获取资源。我国社会企业始终秉承儒家文化传统，脱胎于"义利统一"的文化背景，"义利统一"作为社会企业核心理念内嵌于社会企业发展过程的始终。回望中国社会企业发展历史，可以回溯到以爱国民族实业家张謇创办的大生企业集团和卢作孚创办的民生实业股份有限公司。这些民族实业致力于民族振兴、实业强国、社会福祉，可视为我国社会企业之鼻祖。民族实业家张謇的大生集团在兴办实业的过程中，积极发展教育和社会福利事业，造福桑梓，为民谋利，习近平总书记曾称赞其为中国民营企业家的先贤和楷模。

十九大报告中明确提出中国特色社会主义进入新时代，新时代我国社会面临的主要矛盾是人民日益增长的美好生活需要与不平衡不充分发展之间的矛盾，经济发展上的新时代特征就是由高速增长向高质量发展的阶段过渡。之所以作出这一重要论断，乃是党治国理政的现实实践倒逼理念思维的必然结果。十九届五中全会上，习近平总书记对"十四五"及2035年远景发展目标进行了前瞻性规划，指出："以推动高质量发展为主题，必须坚定不移贯彻新发展理念，以深化供给侧结构性改革为主线，坚持质量第一、效益优先，切实转变发展方式，推动质量变革、效率变革、动力变革，使发展成果更好惠及全体人民，不断实现人民对美好生活的向往。"在全新的时代背景下，我国社会企业发展蒸蒸日上，当前我国社会企业业务范围涵盖了扶贫助残、医疗康养、社会养老、教育帮扶、环境保护等多领域，成为经济社会良序发展的重要推力。但是，我国社会企业在发展过程中，仍然面临着一系列严峻挑战，如市场竞争力弱，外部认证难，政策环境支持较弱，内部运营问题机制不畅和融资渠道狭窄等。面对诸多问题，政府和企业都应该做出努力，直面挑战。

第一节 中国社会企业可持续发展面临的困境

网络时代信息传播的加速，让一系列如"郭美美事件"、水滴筹诱导募捐、儿慈会"春蕾行动"专款不专用、9958儿童紧急救助中心诈捐等负面新闻持续发酵，公益慈善机构的信任危机日益加剧。社会企业自身的双重特质，也让民众产生较多质疑，认为其"假公益之名，行盈利之实"。在我国社会企业如旭日东升，方兴未艾之时，所面临的处境仍然艰辛，实现可持续发展任重而道远。

一、法律地位问题

尽管我国社会企业的发展持续向前，但是目前，我国社会企业仍面临着法律地位不明确这一重大问题。迄今为止，我国尚未有专门的法律对社会企业进行规定和约束，就法律层面而言，关于"社会企业"的定义并未明确。[①]

当前，从登记注册的形式来看，我国社会企业以民办非企业单位和工商企业两种方式登记注册的居多。社会企业作为民办非企业单位时，可以享受政府各项福利政策的补助。但根据《民办非企业单位登记管理暂行条例》，民办非企业单位不能自主分配利润，在其生存发展过程中由于非企业的地位必将在市场竞争和吸纳投资等不同方面受到各种限制，在人才引进方面也会存在较多障碍；当社会企业以工商企业身份存在时，尽管社会企业可以作为一般的商业企业，采取传统的商业化运营方式，但是无法享受财政补贴、税收优惠、金融支持等各项官方补贴政策。综上，无论社会企业以何种方式登记，情况都比较尴尬。目前国内只有北京市、成都市等少数城市制定并出台相应的政策法规，对

---

① 厉杰、孙瑞杰：《社会企业创立过程影响因素探究》，《科学学研究》2020年第9期

社会企业的认证标准进行明确,但现有政策法规下,认证机制复杂,程序烦琐,准入难度大,只有很小的一部分企业能完成认证准入,这对社会企业的发展壮大是个极为现实且严峻的挑战。

二、对社会企业的认知仍有待加强

中国社会企业实际发展时间尚短,社会各界仍未对社会企业这个概念形成有效共识。公众对社会企业概念的认知偏差会直接对社会企业的存续壮大带来影响,融资渠道和增长前景的不明确,会对社会企业的发展壮大产生副作用。[①]有学者质疑社会企业是混合组织,却往往无法将体内的多种制度逻辑进行有效整合,致使社会性议题的商业化运作失败,影响社会企业的社会价值创造能力和水平,导致社会企业治理效果不佳,不可避免走向"失灵"。[②]

三、专业化服务缺失和人才支持薄弱

社会企业作为企业的一种,具有和商业企业一样的企业目标,并且拥有类似的服务支持需求,但是社会企业的双重属性让其需求具有更加独特的特质,需要更加有针对性的支持方案。以我国目前现状来看,社会企业的孵化制度和发展指导计划数量有限、内容分散,在部分地区甚至是完全缺位的。社会企业的公益特质强调奉献和公益,自然导致盈利能力的相对低下,其带来的直接后果就是社会企业从业人员的薪资水平低,待遇较同类型的企业存在着不小的差距,这为社会企业创新型人才的吸引蒙上了阴影。[③]

社会企业从业人员专业化水平不高,严重制约了社会企业的长远发展。企业的发展离不开企业家优秀独特的个人特质的驱动。从某种意义上说,社会企业家个人的精神特征和行为特质将深刻影响企业的运行逻辑和发展前景。社会企业家在具有传统优秀企业家的开拓进取、锐意创新、敢拼敢闯的精神的同时,还应该具有崇高的社会使命感和社会责任心,目前我国的社会企业家总体上离这个标准尚有差距,其运营理念和运营能力决定了社会企业发展的上限和下限。社会企业作为社会公益和商业机构的有机结合,对员工的专业素养和道德水准

---

① 徐虹、张妍翟、燕霞:《社会创业研究回顾与展望》,《经济管理》2020年第11期。
② 黄英:《社会企业失灵了吗》,《外国经济和管理》2021年第4期。
③ 刘玉焕、尹珏林、李丹:《社会企业多元制度逻辑冲突的探索性分析》,《研究与发展管理》2020年第3期。

都有较高的需求，但是目前社会企业由于自身规模、名气和薪资等因素的限制，对当前所急需的专业且高尚的高素质人才吸引力严重不足。从目前的社会企业发展状况来看，社会企业较少对员工开展社会责任和社会目标的培训，说明企业员工的个人发展意愿和企业所追求的社会效益并不同向，这是目前部分社会企业在运营发展中偏转目标的直接原因。

四、市场和融资问题

市场和融资问题同样是我国社会企业发展的重要制约因素。我国的社会企业由于自身规模较小，创立时间较短，运营管理不善，整体收益较低，资金问题成为制约其可持续发展的又一重要问题。

目前市场上，社会企业和传统企业一样通过市场化运营来获得经济收入，但是由于自身规模较小，运营经验不足，导致自身所能提供的产品的附加值不足，其造血能力还有待进一步提高和加强，对于维持自身运作都稍显吃力，更遑论和其他规模、经验、技术都成熟的企业展开竞争。社会企业的资金来源之中，政府和社会的捐赠仍占相当大的比重，若企业经营状况持续不佳，对于官方民间的资金依赖会使社会企业萎缩为依赖外界支持的非营利机构。[①]

社会企业较难吸引传统投资，因为传统投资更加关注经济收益，并且更愿意投资已发展到一定规模的项目。社会企业大多是初创企业，很难自行吸引投资，对社会企业的投资强调社会效益的回报，因此，社会影响力投资和风险慈善事业应运而生。但是，这种投资仍处于概念阶段，现实案例较少，普通的社会企业很难获得这种投资机会。就目前的中国公共采购而言，社会企业所面临的竞争环境同样严峻，无法在平台上展开对等的竞争。由于社会企业的公众认知程度尚有待提高，传统的投资客和放贷部门对其认知不足，难以提供有力的资金支持，致使融资渠道不畅成为社会企业发展的"拦路虎"。

五、评价和自我约束机制缺位

随着全球化的深入发展，越来越多的企业在追求价值增长、实现市场赢利之时，也在努力寻求社会的认可，采取社会企业的发展模式，而在这个理论与实践不断进步的过程中，评价与自我约束机制始终具有不可低估的重要作用。

---

① 李保明：《社会企业的概念辨析和发展展望》，《人才资源和开发》2021年第3期。

评价机制既可以来自外部社会的分析评判,也可以来自内部的衡量与自我认定,社会企业将社会目标放在首位,通过市场竞争实现高质量发展,同时也向利益相关者分享收益,因而这种评价也是多元化的。经过多年的发展,我国已经形成了许多社会企业发展模式,但对于社会企业的评价则缺乏统一的标准,导致在操作过程中时常缺位。同时,对于社会企业的约束机制也存在类似困境。在企业的约束机制方面,政府的职能和责任在传统的事前监管模式中被过分强调,而行业管理部门、社会组织、企业等社会力量发挥作用受限。中国大多数社会企业缺乏完善的自我约束机制,导致发展过程中任务漂移,逐渐偏离社会企业的本质。[1] 现代商业体制下,政府角色逐渐由市场经济的主导者向商业发展的服务者转变,其应当在合理范围内保持谦抑性,将"好企业"的判断权归于市场,真正做到简政放权、放管结合。目前社会企业的内部部门不明确,职能部门职权不明晰,内部监管不到位,让社会企业社会行动的开展存在着"运动式"的倾向而非常态化的机制,无法长期发展运营。因此,对于完善社会企业的内部结构、建设评价与自我约束机制等迫在眉睫。

第二节 中国社会企业的社会、市场与法治化环境

改革开放 40 多年的实践一直都在解决"有没有发展"的问题,全程都在论证"发展才是硬道理";而当改革开放进入深水区时,"有没有发展"已经不再是一个必须单独拎出来回答的问题了,现在必须要快速解决"发展得好不好"的问题。没有"好"的、高质量的发展,就不会有人民日益增长的美好生活需要的实现,这为新时代新阶段扎实推进社会企业高质量发展指明了方向、提供了遵循。

一、完善认证机制,明确社会企业准入门槛

社会企业的长远发展离不开完整和完善的认证机制,要从社会企业登记制度和社会企业评审认定制度两个角度发力,完善我国的社会企业认证机制,促进社会企业的快速发展。

1. 确立社会企业登记制度

我国社会企业发展实践的经验表明,社会企业登记制度是社会企业发展的

---

[1] 王名:《中国社会企业论纲》,《中国非营利评论》2010 年第 2 期。

基础和先导。首先，建立和完善社企登记制度。第一，要明确社会企业的定义，并在定义的基础之上对登记范围予以清晰的界定范围。定义首先要对社会企业的根本目标进行明确，即社会效益的追寻。第二，对于社会企业的定义应强调其企业定义，即商业化的运营手段和逐利的企业性质。第三，要对社会企业所开展的社会服务所能解决的具体社会问题以及预期性的社会成果展开测量和分析并列出标准。[1] 在此标准之下，可以登记认证为社会企业的应为以增进社会福祉，实现社会公益，践行社会责任，履行社会义务为目的，并以商业模式自负盈亏维持运转的社会组织。根据目前北京、成都等地已明确登记制度的先行经验并借鉴国外经验，建议符合标准的组织以"申请—认证—登记"的程序在有关部门登记为社会企业。其次，要对社会企业登记的部门予以明确。社会企业由于其企业性质，目前我国现有社会企业大多以企业形式注册成立，工商部门在现有部门中更适合作为社会企业登记的主管部门。与此同时，根据《中华人民共和国慈善法》，我国公益性社会组织由民政部门主管，民政部门在帮助社会企业实现其社会目标上有着监管义务，在帮助社会企业实现扶弱救残、纾困解难上能发挥积极作用，更有助于保证社会企业公益目标不偏移。社会企业的双重属性决定了社会企业的登记工作应由工商和民政两个部门协同进行。可以结合社会企业发展的需求特点，综合两部门的优势，通过协同工商和民政两个部门的工作，实现从单一的工商登记或者民政部门对社会企业的认定到社会企业专职登记评审部门协同工作机制的形成，让社会企业的登记和准入更加便捷。在此基础之上，主管部门要加强对社会企业的动态管理，形成有效的惩戒激励机制，对未达到准入条件的社会企业尽快予以清退。

2. 规范社会企业评审认定制度

确立社会企业登记制度之后，规范社会企业评审认证制度是社会企业规范化发展的关键。社会企业的认定应该和传统的商业企业和公益性社会组织相异。评估标准和认证制度具体包含以下几个方面。

首先是认证标准。认证标准应当包含如下几个指标：社会企业的企业目标，社会企业的企业使命，合法合规的社会企业的工商注册信息，社会企业的经营管理状况评估，社会企业的可预期性社会效益评估，社会企业带来的可预期性社会公众参与状况评估，社会企业是否可持续发展评估，社会企业可预期

---

[1] 徐虹、张妍翟、燕霞：《社会创业研究回顾与展望》，《经济管理》.2020年第11期。

性社会成果评估以及社会企业的行业影响力评估。具体到指标标准，社会企业的注册成立应达到以下标准：

①社会企业目标。社会企业应当有明确的目标使命，要以解决具体的社会问题为己任，要在救孤助残，帮扶纾困，提高就业等特定的社会问题上有所作为。②经营状态良好。社会企业要有较好的经营状态，应当有超过三到五成的商业运营收入，应来源于商业运营，商品服务销售。社会企业应和正规商业企业一样有完整健康的财务制度，专业规范的管理团队，科学合理的组织章程。③社会效益显著。社会企业最终还是要以社会效益为自身价值的实现方式。社会企业在运营发展的过程中，应当尽力整合社会资源，全方位吸纳多元化的社会力量参与，实现社会价值的最大化。应与时俱进，在先进的经营理念引导下，注重市场规律，运用新的技术手段，创新社会问题的解决方式，在增进社会福祉，改善民生方面贡献自身力量。

其次是认证流程。规范认证流程，是社会企业认证的必要途径，社会企业的评审和认证的流程需要明确和规范，这个过程包括申请、认证、公示、再监管四个环节。①申请认证环节。有关部门要尽快出台社会企业管理办法，对社会企业的申请标准予以明确并组织统一或者分批认证，有资质的组织团体申请之后，应在规定的申请节点向有关管理监管部门递交材料。②认证评估环节。有关主管部门应当在认证过程中，组织有资质的评估专家或者团队组成评审小组或者委员会对相关组织群体提交的材料予以评估审核，其评估过程应当包括材料评审和实体考察，通过全方位多角度立体化地综合考量评估，最终确定社会企业名单。③公示颁牌环节。根据评审小组或者委员会最终认证评估的结果，向社会公示，公示期结束后颁发社会企业证照。④监管复审环节。对于取得资质的社会企业，予以政策和资金帮扶，大力支持，建立健全社会企业信息系统，实施动态管理、监管和定期巡查，将不符合管理规范的社会企业筛除并摘牌处理。

最后是认证方式。社会企业在评估过程中，应该严格遵循高标准严要求，主管部门应当与第三方机构加强合作，以更专业的标准和要求，提高认证评估的专业性和严肃性，形成社会企业评审的认定机制，构建评估评审的完整指标体系，进行量化评估，并打分定级，对社会企业整体进行评价。根据指标体系，确定社会企业的等级，等级高者可享受更多的政策扶持。动态监管和复审环节亦当采取指标打分，探索建立信用积分制度，保证社会企业目标保持稳健不发生偏转。

二、加强政策支持，促进社会企业发展

完善社会企业培育孵化制度，形成良好的社会企业培育环境；对社会企业加强财政税收优惠力度；对社会企业予以金融支持；打造完善社会企业综合管理与服务平台。多管齐下，加大对社会企业的政策支持力度，为社会企业的做大做强提供有力的政策保障。

1. 完善培育孵化机制

社会企业的发展离不开良好的培育孵化环境，促进社会企业发展在社会治理中发挥重要作用，还需要形成社会企业培育孵化制度[①]，在现有社会企业孵化机制的基础之上巩固提高，探索建立更加良性的机制以促进社会企业的有序发展。进一步对中小社会企业以资金技术支持，并帮助其提高自身能力，通过加大宣传力度提升中小型社会企业的品牌影响力。积极响应党中央和习总书记"乡村振兴"的号召，并结合经济社会发展规律和农村群众发展需求，大力发展农业农村类帮扶农村弱势群体和低收入群体的社会企业。以提高城乡居民的幸福感和获得感为目标导向，鼓励并孵化发展社区生活支持类的社会企业，保障和改善民生。在提供公共服务的同时，通过宣传提高社会企业的影响力。要进一步鼓励更多有社会责任感的企业家创办社会企业，大力弘扬社会企业家精神，让社会企业造福桑梓，回馈社会。鼓励社会团体、公益基金、城乡社群等志于公益的团体或者个人投身社会企业建设事业。进一步优化社会企业孵化平台，让社会企业孵化平台在神州大地各处开花结果。打造社会企业大品牌，树立榜样，引领更多社会力量参与社会企业投资。

2. 落实财税支持

切实落实财政税收支持，在财政政策如税收制度上对社会企业加大补贴和优惠力度。

首先，在财政政策上加大补贴力度，参照中小微企业的支持标准，将符合政策要求的社会企业列入补贴范围，在项目启动和运营过程中加大资金支持。鼓励政府设立不同层次的投资引导基金，建立社会企业专项资金，支持社会企业吸引各类投资。针对特定的社会企业如帮扶困难群众和残障人就业的企业[②]，

---

① 沙勇：《中国社会企业研究》，中央编译出版社，2013。
② 徐虹、张妍翟、燕霞：《社会创业研究回顾与展望》，《经济管理》2020年第11期。

应给予资金补贴和社会保险的补助。支持政府购买社会企业服务，充分考虑社会企业的商业属性，应在政策上充分鼓励社会企业激发自身活力，允许社会企业经营所得利润在三成到六成的不同比例之间进行利润分配。

其次，在税收政策上，对社会企业予以一定的优惠，同财政政策一样，参照中小微企业税收的优惠政策。在此基础之上，参照社会企业自身的发展特点，对社会企业税收，制定支持社会企业的方案。对参与捐赠的社会企业在税收上对企业和受捐人都应当加大优惠力度。

3. 提供金融服务

在金融政策上对社会企业予以支持。鼓励金融机构对社会企业展开多元化的金融服务，为社会企业发展提供资金方面的保驾护航。在社会企业的运转过程中，帮助其规范信贷业务，防范重大风险，提供优质的金融服务，保障社会企业在运营过程中能更加充分运用金融服务，更好地实现自身持续稳健发展。对于基层社会企业，发挥基层银行网点作用，为社会企业提供金融服务。在金融机构提供传统金融服务的基础之上，要对社会企业的个性化需求展开个性化服务。对一些组织形式特殊、组成人员特殊的社会企业，要更细致地评估其金融需求，在兼顾商业属性和风控允许的基础之上，对这类社会企业展开金融支持和信贷支持。[1]

探索建立并完善社会企业的融资担保机制。对社会企业展开评估，对合规的社会企业，依法依规给予小额担保贷款扶持政策支持，并加大融资担保支持。在补助方式和形式上创新，鼓励引导金融机构、担保机构等为社会企业提供融资服务。[2]

4. 构建服务平台

现阶段的社会企业发展方兴未艾，一个专业的服务平台对于社会企业的发展无疑将注入强劲动力。探索搭建社会企业综合管理平台对于社会企业的做大做强、理念更换、创新精神培育、品牌壮大、专业水平提高，加强外部合作等具有较大的现实意义。基于此，搭建专业综管平台，是社会企业发展的必行之路。要在技术上有保障，综合管理平台应当实现全平台各区域信息互通互联，要在技术上实现信息共有率的有效提高和服务效率的切实加强。要在信息系统上加强技术支持，在社会企业认证之后，及时统合数据，建立起社会企业名录，

---

[1] 沙勇：《中国社会企业研究》，中央编译出版社，2013。
[2] 沙勇：《中国社会企业研究》，中央编译出版社，2013。

公开信息并接受监管。将工商部门的企业信息系统和民政部门的社会组织信息系统联网，利用信息信用平台，将登记注册、税收、社保等信息进行整合，共享社会企业信用信息，促进社会企业信用体系建设。充分发挥现代化信息技术，运用云计算、大数据等技术手段，实现信息的互通有无，推动政府与金融等专业机构的合作，共同推动社会企业发展。注重社会企业的认证复审，加强社会企业的实地调查，加强监管信用积分制度。①

三、建立健全社会企业外部监管机制

加大对社会企业的外部监管力度，借助互联网大数据等新技术手段，搭建社会企业信息监管平台，建立健全社会企业市场监管制度，从严监管，建立社会企业摘牌制度，保障社会企业在外部监管中良性发展。

1. 建立社会企业监管平台

社会企业监管平台的搭建可借力社会企业综合管理平台的搭建。社会企业监管平台的搭建离不开大数据和互联网技术的运用，政府部门应当同有这些技术的第三方机构展开合作，搭建社会企业外部监管平台，借助大数据手段对社会企业运营状况展开监管，探索搭建多级监管平台，多级联动，整合社会企业信息，实现有序管理。在多级管理平台的基础之上，还应搭建信息公开平台，在此平台基础之上开展制度化的监管，通过公示平台，对社会企业的各项运营指标以及社会目标的实现情况进行全时段的追踪和监督，督促社会企业公开各项公益活动和项目的资金流动，并在平台中公布年度责任报告，努力做到透明、公正、公开。

2. 建立健全社会企业市场监管制度

注重技术监管的同时更应注重现实的市场监管。社会企业为了自身的存续必须在商业上有所成就和突破，社会企业的持续健康发展更需要遵循公平竞争的市场秩序，这是对消费者的义务。工商和市场监管部门要对社会企业所提供的产品和服务加强监督和管理，社会企业的各级主管单位，要在监管上下功夫，担起主要监管责任，保证社会企业产品和服务的标准化。社会企业主管部门与市场监管部门要结合社会企业的组织特点，制定具体监管标准和规范，明确监管的范围和依据等，及时向社会公布。②

---

① 沙勇：《中国社会企业研究》，中央编译出版社，2013。
② 王名：《中国社会企业论纲》，《中国非营利评论》，2010 年第 2 期。

3. 建立社会企业摘牌制度

主管部门应当在学术机构和社会企业联合会等机构的合作下，共同展开复查，探索建立社会企业的退出摘牌机制，并制度化。对社会企业为何被摘牌和强制摘牌进行明确的界定。对于提出申请的社会企业，应当结合其企业信用评估报告和市场监督的情况，通过自身或者委托机构及时审查。对于复审不合格的企业，应当及时移除并摘牌处理，对于其之前享受的政策优惠减免一律取消，并且在再认证时提高准入门槛。在复审过程中，对社会企业目标进行严格把关，对于目标偏转的企业应当及时纠偏矫正。

第三节 构建具有中国特色的社会企业发展模式

中国社会企业要实现良性发展离不开自身内部的"良治"，在广泛吸收世界社会企业发展经验的同时，探索一套良性的社会企业内部治理逻辑，对社会企业实现自身商业性和公益性的统一有着至关重要的作用。这样既能解决发展中国家普遍存在的社会企业发展理论和发展话语储备不足等问题，又可以驱逐那些所谓主流发展理论中各类或显或隐的傲慢与偏见，实现"良币驱逐劣币"，并在一定程度上彰显在发展进程中的中国方案和中国智慧。

一、中国社会企业运营模式创新

运营模式的创新主要体现在社会企业的商业化模式创新，通过建立良性的组织运营模式、强化技术手段等，从而实现"持续市场、持续公益"的中国社会企业发展要义。

1. 创新商业化模式

对于社会企业而言，创新商业模式是实现自身长远发展的必要手段和立足市场的必备特点。在制定商业计划的过程中，社会企业要从实际出发并结合自身所长，充分展开市场调研，对项目开展和目标客户展开评估，在此基础上，创新商业模式，结合社会目标。商业模式是企业价值创造的基本逻辑，也就是社会企业在一定的产业链供应链中通过提升产品和服务水平，加快供给侧改革，从而提升以市场化手段实现企业赢利增值的目标，提升价值链的过程。在实践过程中，社会企业一般通过积极联系政府和其他企业或社会团体组织开展业务交流，互通经验，共享资源，不断提升所供给的产品质量和服务的水平，并更好地投身于公益事业。换而言之，就是通过紧抓企业的核心竞争力，利用比较竞争优势资源，并大胆将非优势环节外包出去，从而提升价值链，提高服务社会的能力。

2. 探索良性的组织运营模式

我国社会企业发展的经验表明，基金会控股是提升社会企业公信力、维持社会企业公益性的一种有效方法。可以通过探索推广基金会控股等方式维护公益性，避免出现目标替代问题，在此基础之上，通过创新提升组织独立参与市场竞争的能力。① 国内基金会实践证明，社会企业基金会不仅积极拓展开辟社会行动、文化创意产品营销、融媒体发展等融资渠道，也通过市场化运营来创新募资方法，在治理架构上，通过资本与实际操作单位的剥离，基金会正向公开透明、收支平衡、高效运转变化。还有一些基金则变身 VC 或 PE，通过培育更多的新型社会公益团体，并引入社区救助、公益演出、邻里互助等机制让社会企业的公益职能下沉，实现慈善事业的系统化，以良性的组织运营模式营建"公序良俗"社会。

3. 强化互联网技术应用

互联网时代，社会企业也应该紧跟时代发展脚步，运用互联网技术更好地开展商业和社会服务。通过对互联网技术的高效运用，为服务领域的服务对象和服务内容建立起畅通有效的联系并获取反馈，有助于服务开展效率的提升。互联网云技术的运用对于社会企业主要有内外两个方面的作用，一是建立社会企业服务开展的内部沟通系统，互联网可以通过技术实现各方面资料和信息的采集，包括政策走势、市场前景和服务对象的档案等；二是社会企业可以搭乘互联网的东风，实现商业模式的创新，运用大数据和云计算等新技术手段开展个性化定制服务，更好地在养老、医疗和教育领域开展服务。

4. 拓宽融资渠道，改善融资环境

目前我国社会企业发展的经验表明，社会企业创业早期阶段容易出现亏损，融资渠道不畅是重要原因。社会企业融资渠道主要有三个，分别是风险投资、影响力投资和公益创投。② 目前社会企业经济营利能力普遍不高，难以吸引到风险投资，社会企业的融资应该更注重社会效益的渠道，社会影响力投资

---

① 刘振、杨俊、李志刚：《国外社会企业成长研究综述与发展趋势》，《现代财经》（天津财经大学学报），2014 年第 3 期。

② 张凌竹：《我国公益创投的本土化定位及法律实现》，《法学》，2020 年第 10 期。

和公益创投能为社会企业带来更多的资金。要增加基金会和商业投资机构数量，拓宽社会企业投资覆盖面，将社会企业孵化园建设好，以此作为拓宽社企融资渠道的展示平台。建立起数据库，为投资机构投资提供翔实的数据支撑，充分发挥公益创投这一利用商业风险资本进行慈善活动的新型公益资本投资方式，最大限度地提高社会效益[1]，为投资机构提供咨询支持和投资后的决策等其他服务。

二、企业文化与人才队伍建设

企业文化是企业的灵魂，因而要强化社会企业的文化建设，培育更多有责任担当的社会企业家和管理团队，面向全社会打造更多的专业化社会企业人才。

1. 形成独特的社会企业文化氛围

培育社会企业文化，为社会企业发展"铸魂"。企业文化是一个企业生存发展的灵魂，社会企业的持久发展，离不开自身良好的企业文化。服务社会、造福社会是社会企业的目标宗旨，亦应成为社会企业特有的企业文化。社会企业文化的培育应该多方形成合力，政府应加大对社会企业的培训力度，通过培训潜移默化地宣传社会企业发展理念，增强社会企业从业者对社会企业发展前景的信心和投资积极性；高校可以定期开展社会企业论坛或者设置课程传播社会企业理念，吸引更多有活力和思想的年轻人加入社会企业的队伍中来。

2. 储备社会企业人力资源

培育一批社会企业家，鼓励更多有社会责任和担当的社会企业家加入社会企业事业中来，通过加强培训，让这些企业家能够有广阔的发展空间。夯实社会企业发展的研究基础，培育一批专精人才，为社会企业的发展壮大持续输送力量，储备丰厚的人力资源。大力加强有关社会企业的理念宣传工作，提高社会认可度，让更多优秀的人才加入其中；加大社会企业人才的激励力度，建立招聘平台。

3. 打造多层次的社会企业人才队伍

社会企业自身要加强员工的培训，在加强专业技能培训的同时增强员工的社会责任感和使命感。在培训机制上要守正创新，严格把控培训内容，聘请专业人士按照企业的社会目标和战略开展培训，建立起培训激励机制，奖励培训中表现优秀的学员，激发其工作热情和效率。要潜移默化地传播企业文化，引

---

[1] 张凌竹：《我国公益创投的本土化定位及法律实现》，《法学》2020年第10期。

导员工将个人目标与企业战略目标相一致。社会企业在提高自身商业运作能力的同时要提高薪资待遇，加大福利补贴力度，以此吸引更多的专精人才加入进来，建立一支专精的人才队伍，以过硬的专业素养，以及激昂的工作热情和崇高的社会使命感为新时期社会企业的高质量发展提供蓬勃生机。

三、优化内部治理，加强自我调控

作为市场主体，社会企业的内部治理同样重要，因而要不断强化管理培训，优化内部治理结构，同时要强化党建工作，强化服务社会的生力军职能。

1. 加强管理培训

购买优质服务，加强社会企业的管理培训，通过引进或联合办学的方式，以点带面，培养更多高技能人才投入到社会企业之中，全面提高社会企业员工的专业素养和业务能力。建立高层次专家咨询机制，聘请高水平专家为社会企业提供政策咨询、项目指导、风险评估和产品营销等方面的建议。定期和国内外，特别是港澳台地区的社会企业开展交流，互相培训，定期开展社会企业比武和交流峰会等活动，博采众长，增强社会企业的发展活力。

2. 优化组织内部机构

进一步优化社会企业内部治理架构，协调优化企业内部理事会、监事会等机构的运作。以精简高效的运作机制为优化目标导向，明晰各部门权责和义务，促进各部门稳定并灵活地开展企业各项商业和社会公益活动。其中，要明确理事会的日常决策职责，成立专业委员会和顾问团队，专业高效地对社会企业日常运营提供正确的指向和专业的建议，作为社会企业社会目标最终得以实现的制度支撑。社会企业内部应该尊重民主，规范程序，在组织运营和资金预算等方面接受监督。在具体的运作过程中，从实际出发，不断学习和完善自身，根据时代需求和自身发展特点的阶段特征，不断调整，锐意开拓，不断优化自身的组织架构和管理模式，在财务管理和营销方式、制度建设等方面不断优化，促进社会企业的良性运营和协调发展。

3. 加强社会企业的党建工作。

社会企业的党建工作是强化基层党建工作的重要内容，强化党建工作也是持续推进社会企业服务社会这一主旨的过程。要把党建工作相关要求写入社会企业的发展规划与企业章程，推动符合基本条件的社会企业尽快建立党组织，开展基层党建工作及党员教育等活动。不断加强社会企业的党建工作，将党支部建立在社会服务的第一线，以先进的理论武装自身，不断提高社会服务的水平和质量。推动在社会企业当中发展党员，要将有入党意愿、工作勤奋、努力为社会服务、符合条件的社会企业员工吸纳到党员队伍中来，不断为党组织输入有生力量，提高党组织在全社会的覆盖面。建立党建工作专项考激励核机制，提高党建职工的积极性、主动性。党组织要成为社会企业学术理论思想的宣传阵地，积极构建和谐向上的组织氛围，加强自我约束，发挥党员员工的模范带头作用，以高水平的党建工作确保社会企业发展的先进性，保证社会企业始终以服务群众、服务社会，解决社会问题为目标，实现社会企业的高质量发展。

参考文献

[1] 赵萌，郭欣楠．中国社会企业的界定框架——从二元分析视角到元素组合视角 [J]．上海：研究与发展管理，2018，(2)．

[2] 厉杰，孙瑞杰．社会企业创立过程影响因素探究 [J]．科学学研究．2020（09）．

[3] 刘玉焕，尹珏林，李丹．社会企业多元制度逻辑冲突的探索性分析 [J]．研究与发展管理．2020（03）．

[4] 张凌竹．我国公益创投的本土化定位及法律实现 [J]．法学．2020（10）．

[5] 徐虹，张妍翟，燕霞．社会创业研究回顾与展望 [J]．经济管理．2020（11）．

[6] 王名．中国社会企业论纲 [J]．中国非营利评论．2010（2）．

[7] 刘振，杨俊，李志刚．国外社会企业成长研究综述与发展趋势 [J]．现代财经（天津财经大学学报）．2014（3）．

[8] 张楠，关珊珊．社会企业共识构建：对社会企业类型学的综述和分析 [J]．中国非营利评论．2020（12）．

[9] 瑾琇．社会企业案例研究 [M]．北京：首都经济贸易大学出版社．2016．

[10] 沙勇．中国社会企业研究 [M]．北京：中央编译出版社．2013．

典型案例篇

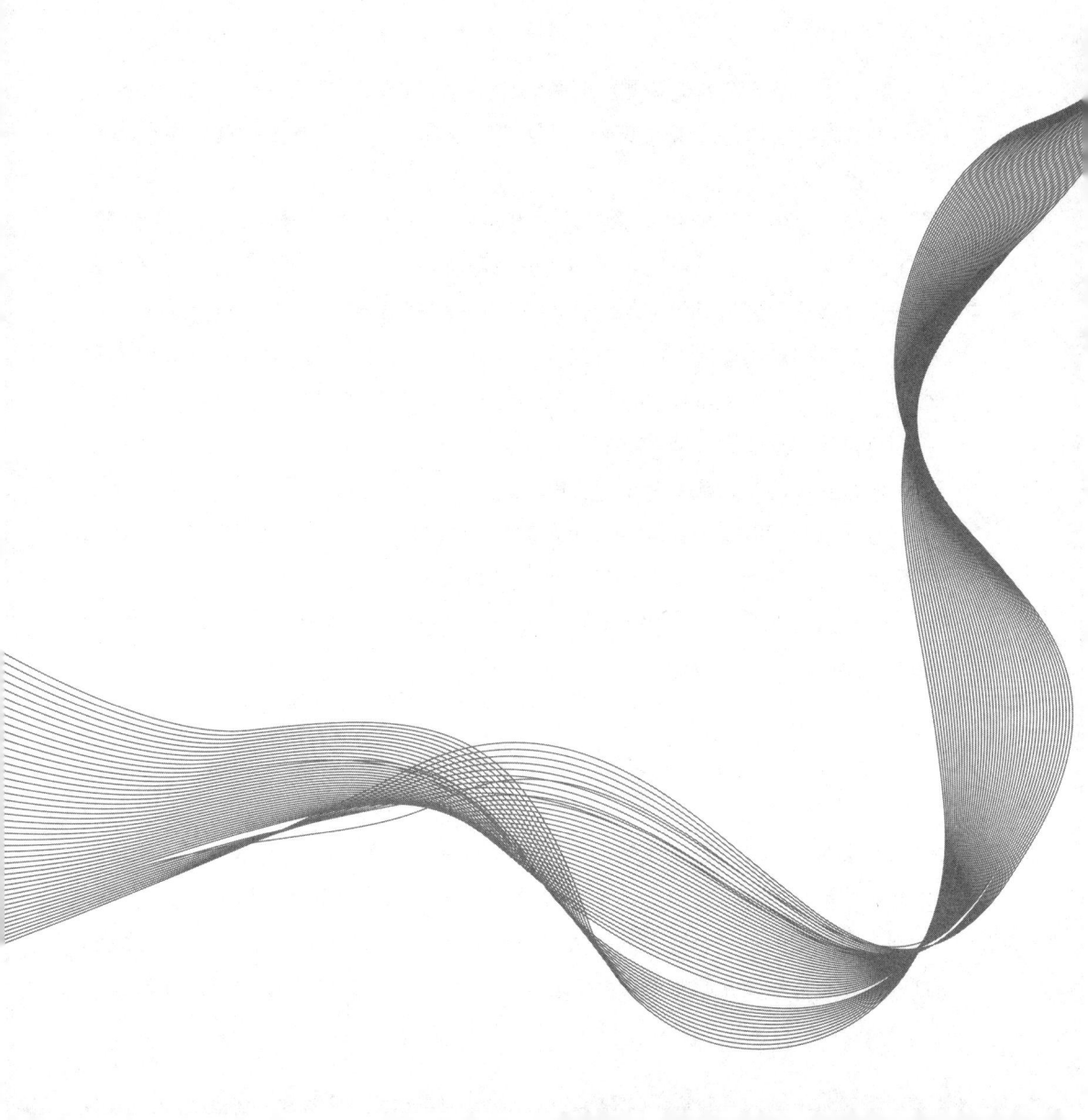

☞ 社会企业发展理论与实践报告

登龙云合森林学校：改变世界梦想的未来学校

导读

我们正处于一个变幻莫测的时代，全球挑战越来越复杂，需要人们寻找一种新的教育方法以适应未来变革。"创新"成为这个时代的关键词，也成为教育的关键词。

如何解决生态保护和经济发展之间的关系，是一个全球性话题。在我国，为了破解保护区周边农村社区经济发展与生态环境保护之间的矛盾和不平衡的问题，许多社会创新机构、环境公益组织在保护区社区发展方面进行了积极的探索。刘璇和她的合伙人在云端藏寨，建立起一座笃信改变世界梦想的未来学校——登龙云合森林学校。这所学校通过旅游社区参与自然教育项目，探索出一个解决社区发展和环境保护的可持续发展模式，并在自然教育领域、社会企业领域以及乡村振兴领域展现其影响力。

登龙云合森林学校作为社会企业的典型案例，被不同的期刊收录。联合国国际创意与可持续发展中心也将其收入案例库中。

本书特选取其作为典型案例进行分析，以便为更多企业在教育与生态保护的发展上提供经验与帮助。

梦想在云端藏寨放飞

未来教育将是怎样的图景，有国外媒体预测，或是没有实体校园，旅行教室和现实的世界环境将成为一个新的校园，学生们与大自然更加亲近，更加开放地面对周围的世界和真正的挑战。有研究表明，参加户外实践活动的儿童心理健康和总体健康水平都有所提高；参加过森林学校的儿童比没有参加过森林学校的儿童表现出明显更高的环保态度，"森林学校"或将兴起。

良好生态环境是最普惠的民生福祉，党的十九大将生态文明建设提升到思想层面，构成习近平新时代中国特色社会主义思想的重要内容。我国生态文明建设取得了积极成效，但经济发展与生态保护之间的矛盾仍然存在，特别是自然保护区内周边农村社区经济发展与生态环境保护之间的矛盾和不平衡问题仍未得到突破性解决。

刘璇和荣耀，登龙云合的两位创始人，多年致力于探索保护与发展平衡的实践，相信通过回归自然和本土智慧的创新教育与设计创造，可以为世界带来积极的改变。

德国诗人荷尔德林曾经说过："思想最深刻者，热爱生机盎然。"大自然，蕴含着无穷的意趣，也拥有着无限的开拓潜力，是人类最珍贵的瑰宝。2015年，登龙云合团队受四川省丹巴县政府邀请对中路乡发展乡村旅游进行规划设计，提供一个乡村可持续旅游的经营模式。

在开展为期七个月的社区调查中，他们被这颗尘封在横断山的"明珠"深深吸引。中路乡是墨尔多山省级自然保护区实验区，被誉为"千碉之国""中国最美乡村"，有着原始、纯净、美丽的特质。在看到当地传统文化流失、教育匮乏、传统走马观花式旅游对经济贡献微弱、居民环境意识薄弱、社区能力不足后，他们似乎看到了世界性生态保护与发展问题。

墨尔多山神似乎给了登龙云合团队神的智慧，他们顿悟，如果不把自己摆进去，这些问题就永远是问题，活在当下也许正是破解悖论的唯一方法。他们也深知，生态保护和经济发展之间的矛盾源于现代社会对经济单一发展的迷信，因而首先是认知问题，根本的解决办法就是教育，而登龙云合不就是一直在做自然教育和生态旅行吗！心动不如行动，登龙云合团队决定建立一所森林学校，通过自然教育和体验的手段，将当地农村社区优质的旅游资源转化为教育型旅行产品，协助社区居民建立自己的乡村旅游合作社，用协议的方式保证多方参与和合作，带动当地社区可持续发展。

"如果你想做一件事，全世界都会为你让路。"这句励志的话也同样发生了神谕一般的效果。中路乡最高处的传统藏式房子即将被拆除，他们便租下这栋房子及其附近另一栋空置的民居，在云端藏寨正式建立登龙云合森林学校，开展了一次创新尝试。

在谈及森林学校愿景时，创始人刘璇满怀喜悦地说："我希望这所学校能

☞ 社会企业发展理论与实践报告

够探索一种模式，不仅展示自然教育的模式，而且探索社区发展和生态保护之间的和谐模式，是一座笃信改变世界梦想的未来学校。"

教育为梦想赋能

要解决环境意识薄弱问题，必须要有创新的教育。登龙云合团队在云端藏寨建立森林学校，目的就是开展自然教育尝试，同时对社区开展和发展相关的教育，不仅探索一种创新的教育，更探索一种创新的发展模式，让教育为梦想赋能。

自然教育：回归本土自然与文化

既要让当地孩子受益又要面向世界各地，是登龙云合森林学校一直秉持的教育原则。以本土自然和文化资源作为教育资源，希望让这里的孩子重新认识并热爱自己的家乡，也给城里的孩子一个体验自然的课堂，让中国自然教育所倡导的人与自然、人与人之间的和谐走向世界，让世界更多地了解中国。

自然教育一定要有利于人的全面发展，森林学校一直秉持这一理念。因此，开发一套独特的课程体系至关重要，森林学校一直将工作重心放在自然教育的课程系统设计上，通过对当地的地理环境、人文历史、生态环境、村民关系等进行系统调查，充分挖掘当地自然资源和文化资源，以自然生态和环境保护为核心共研发落地了自然研习、自我探索、自在创变和乡土教育四个主题板块的创新课程体系。

开展研学旅行活动，实现与当地社区良好互动。登龙云合深度依据当地文化自然特点，开展了包括"漫步云端藏寨""疯狂玉米节"丰收节日游学、中英志愿者共建生态旱厕等多种创意独特与活动体验性强的主题研学活动，传承当地文化和风俗，大大增加了当地人与外来研学者的接触，促进了他们之间的交流与理解。通过"工作坊""研学营"与"森林论坛"等，让森林学校成为跨界交流平台，共同探讨中国乡村发展、环境保护和经济发展，共同实现乡村振兴。

NATURE STUOY	SELF-EXPLORATION
自然研习	自然探索
世界公民行动	艺术美学
跨学科实践	生命感知
保护地研修	户外精神

SELF-EXPLORATION	RURAL EOUCATION
自在创变	乡土教育
创变课堂	在地智慧
森林间隔年	新农人
全球 创变者	返乡青年

森林学校的课程体系

突出环境倡导和示范，提升村民认知。建筑设计本身就是一种很好的教育语言，依据登龙云合企业的规划和建筑背景，森林学校把生态建筑作为校园建设的重要项目，处处体现对自然和历史的尊重，完成了校区规划和建设，建成了校舍"自然"、宿舍"自在"、工作坊"自我"三大区域的校区，形成了藏式民居与绿色建筑完美融合、拥有多元学习空间、运用多项环保技术的校舍。实施村民与志愿者共建生态厕所，实现了外来者与乡村传统石匠的学习和交流，推动了当地现代化进程。发展生态产业，带领村民在景观农业、手工业、文创产品等方面积极探索，特别是薰衣草产业已成为代表中路形象的文创产品进入市场。

社区发展中心：培育社区内生动力

登龙云合森林学校租期 30 年，30 年后交还社区。若要独立经营，社区内生动力培育至关重要。登龙云合团队在实践探索过程中发现，仅仅开展自然教育提升孩子们和村民生态环保意识还远远不够，授人以鱼还要授人以渔，必须锻炼和提升社区独立发展能力，而社区发展中心就是培育社区独立发展能力的最好平台。对于登龙云合森林学校而言，与社区发展中心合作依旧是个教育命题，即如何通过培育社区内生动力实现社区可持续独立发展。在这一方面，登龙云合森林学校开展了一系列富有特色和成效的理念创新、制度创新、实践创新。

推行"协议保护"制度设置。为了鼓励社区居民保护环境，登龙云合推行协议保护制度设置，这是一个很有特色的制度创新，只有承诺保护水源、做好垃圾分类工作、对土地友善的村民才能优先进入合作社分享经济收益，得到技能培训和就业机会。

践行"让更多村民参与提供服务并获取经济利益"的理念。登龙云合森林学校一个重要的理念就是尽量让经济利益流向当地村民。森林学校校舍改建时，不惜花费更多的人力成本和时间成本，全部聘用当地工匠，让他们收获薪酬的同时，也获得了与优秀设计师学习交流的机会。每次举办研学活动时，将前来参加研学的旅行者全部分派到各家民宿，同时，通过深入的生态旅行活动设计，让更多居民参与其中提供服务。

推动成立丹巴县第一个以生态旅游为主的农旅合作社。为了提升社区能力建设，早日实现自主经营，登龙云合森林学校推动成立了丹巴县第一个以生态旅游为主的农旅合作社，并继续帮助合作社完善管理机制，推动在地旅游从过

☞ 社会企业发展理论与实践报告

去农户个体的自发参与，升级为有组织、有管理的集体参与。

定期为社区居民组织培训。登龙云合森林学校定期为社区居民组织旅游培训、村落自然导赏培训与在地餐饮培训，同时重点培养大学毕业后返乡的年轻人，让他们看到乡土旅游的希望。

开展宣传推广，作为甘孜州独家海外旅游推广代表，森林学校将藏乡最宝贵的传统文化、最优质的旅游资源着重进行保护和推广，还别出心裁地将手工艺设计融进研学旅游的课程，手把手帮助合作社建立自己的传播渠道。

可持续模式：自然教育+社区发展中心

经过多年的努力，森林学校与当地社区探索出了一条"自然教育+社区发展中心"生态服务型经济可持续发展模式，当地社区承诺在有效实现生态保护的基础上，森林学校可以依据自身优势对生态资源实现华丽转身，将资源转化为资本形成可以产生利润的生态产品和服务进入市场，同时这一转化过程是可持续的，反过来又进一步加强了对生态环境的保护。在这一发展模式中，森林学校是连接本地环境和外部环境的一个桥梁，这个桥梁既表现在观念改变上，也表现在经济价值上，而这个桥梁主要是通过教育来实现的，教育成为这一生态服务型发展模式的价值轴心；社区发展中心在帮助居民实现就业的同时尝试保护环境，在这一发展模式中发挥着关键作用。因此，森林学校通过建立自然教育和社区发展中心的模式，在向社区内外部居民推行自然教育的同时，拉动了当地经济的发展，最终达到了环境保护与经济发展平衡的目标，形成了"自然教育+社区发展中心"的生态服务型经济可持续发展模式。

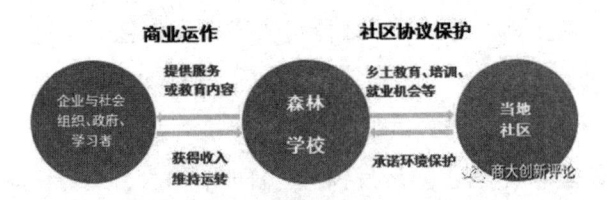

森林学校的生态服务型经济模式

梦想之花悄然绽放

森林学校发展至今，成功地开展了生态服务型经济实践探索，在自然教育领域、社会创业领域以及乡村振兴领域的影响力也开始展现，为未来教育注入了新的活力，使古老藏寨焕发了新的生机，实现了巨大的经济价值与社会价值。

教育效益。登龙云合森林学校自建校第一天起就展现出了它的与众不同：以自然教育为方向，扎根于本土自然环境，更加强调人与自然的和谐，向当地的孩子免费开放，同时也给城市里的孩子一个体验自然、师法自然的课堂，让更多的孩子参与到自然体验中，传承祖辈文化，并发挥想象和创造力，将当地的农作物和手工艺研发成新的文创产品，让创意点亮乡村并产生新的价值。通过多年的辛勤耕耘，森林学校在创新教育上取得了可喜的成绩，实现了跨学科深度学习、混龄工学、在生活中学习、线上创变等多元学习方式，创新教育课程吸引了国内外上千名学生的参与。森林学校还与当地政府合作举办创新教育研讨会，启动生态教育进校园项目，主办"我与大自然的对话"配音比赛，接收外地社区学习培训，得到了地方及省级政府的认可。有研究表明，参加户外实践活动的儿童在心理健康和总体健康水平上都有所提高；参加过森林学校的儿童比没有参加过森林学校的儿童表现出明显更高的环保态度，登龙云合森林学校或将为未来教育注入新活力，促进"森林学校"的兴起。

生态效益。通过自然教育，森林学校对当地的生态保护作出了贡献。在与访客的接触和交流中，村民们重拾了文化自信，对于传统文化和生态环境的保护意识明显提升。本地村民达瓦初感慨地说："希望有一天能用英语和外国学生交流，给他们介绍我的家乡。"本地村民泽拉姆满怀收获感言："以前总觉得只有家里有钱开民宿才能赚钱，没想到，只要会一门手艺、会给学生做讲解，就可以有一份工作。"森林学校利用新能源和新技术将传统民居改造成为低碳环保的绿色建筑，例如生态旱厕等，充分利用自然资源并减少对环境的污染，带动其他村民按照生态标准，从事生态旅游服务，从而改善了村落整体的生态环境。森林学校的自然教育课程已经融入丹巴县中小学正规教育体系，为培养热爱家乡、自觉维护环境的新一代青年打下了坚实的基础。

经济效益。森林学校通过推动成立农旅合作社、车队，发展薰衣草等生态产业，为社区带来了经济效益，同时尽可能让更多的村民参与其中提供服务以获得经济利益。森林学校在对校舍进行生态改建时，聘请了45位当地工匠参与，让他们收获薪酬的同时，也有了与优秀的设计师们交流学习的机会。此外，每次研学旅行活动，森林学校均将参与者全部分派到各家民宿，同时通过深入的生态旅行活动安排，让更多村民参与其中提供服务。据统计，森林学校吸引了来自全球四大洲的访客，访客平均停留时间从2天增加至5天，最长的达到

10 天。截至 2019 年 11 月，森林学校通过招募来自国内外的学生，累计为村民创收 400 多万元，创造了 1000 多个就业机会。森林学校发展至今，成功地开展了生态服务型经济实践探索。

森林学校的价值实现

让森林学校模式走进更多的乡村社区

登龙云合森林学校作为社会企业这样一个案例已经被不同的机构、学校、期刊收录，2020 年还被联合国国际创意与可持续发展中心收录为案例。登龙云合也在积极努力，将森林学校模式延伸至更多社区和保护区。

开展社区发展专题培训。森林学校的成功模式得到了多地国家自然保护区管理机构的关注和肯定，纷纷前来考察学习，并邀请为其管辖的干部和巡护员进行社区发展培训。近年来，登龙云合森林学校已为祁连山国家公园、青海三江源公园、理塘格聂山自然保护区等多家社区开展专项培训，参加人数超过 800 人。

举办理论与实践研讨会。举办全国性生态服务型经济发展路径研讨会，邀请全国各地的研究机构、公益机构、社会企业到丹巴县，共同探讨生态文明与生态服务型经济理论与实践，介绍登龙云合森林学校模式，推向全国。

合作发展试验示范项目。登龙云合森林学校已同诺丁汉大学、友成基金会、四川农业大学等单位开展合作，着力围绕西南地区乡村旅游可持续发展、企业家成长和大学生返乡创业等问题，建立合作研究、培训网络，发展试验示范项目。

向世界发出中国的声音。登龙云合森林学校已同英国及其他欧洲国家的教育和环保机构、组织发展起了密切的合作关系，准备围绕世界气候大会（COP26）

主题，动员社会各界参与绿色生态旅游、环境保护、社区可持续发展项目，发出中国的声音。

小结

登龙云合森林学校的建立是希望通过自然体验和环境教育的手段提高大家对自然保护的意识，同时开展生态服务型经济实践探索，充分发挥市场作用，凝聚社区、社会企业等多个主体的力量，为社区注入内生动力，让保护地内的居民能够有尊严、有能力地留在家乡，做家乡的守护者。

在初始的近5年时间里，登龙云合森林学校在挫败中不断摸索着经验：市场内的竞争，与社区的磨合，与政府的博弈……营业执照、在地产权，这些在城市里天经地义、简单明晰的事情，在村子里都是困惑。由于法律身份的不明确，社会企业在现有法律框架下受到保障的合法权益较少，在税收减免、利润分配、内部治理等方面缺少对应的规定和依据。这一方面严重阻碍了森林学校的发展，制约了其在社会治理领域的功能发挥，另一方面，法律地位与实际属性的不对等影响了公众对于社会企业的认知，使学校的公益性极易受到质疑。希望政府在政策上能有所突破，支持社会企业的发展。

登龙云合森林学校不是一个单独的实践，而是在对模式进行探索，最终希望走出一个中国西部的社会企业模式，找到下一个平衡点。外人终归是要离开乡村的，社区最终的希望必须依靠独立运营、自我管理、自我发展，这是现实，也是森林学校的愿望。

参考文献

[1] 友成企业家扶贫基金会. 登龙云合：创变未来的藏地森林学校. 友成企业家扶贫基金会公众号，2020-6-02.

[2] 仇焕广，张伟彤，彭奎. 生态服务型经济发展：理论、模式与实践［J］. 改革，2020（8）：18-29.

[3] 友成基金会. 藏地森林学校. 以利他之心，探求人与自然的可持续发展. 友成基金会公众号，2019-04-18.

[4] 师法自然社区可持续发展专项基金. 登龙云合森林学校——探索自然保护区内生态保护与社区发展平衡之道. 师法自然学堂公众号·166.

[5] 葛笑春，王宜敏. 独辟蹊径——登龙云合森林学校的社会创新. 登龙云合森林学校官网.

☞ 社会企业发展理论与实践报告

富基集团：社会企业十年探索之路

导读

社会企业是以解决社会问题、增进公众福利为使命，而非追求自身利润最大化的企业。多年以前，富基实业集团有限公司董事长、党委书记魏朝阳在首次接触到"社会企业"这个概念时，就认定社会企业就是他理想中的将为之奋斗终生的事业，深思熟虑之后他郑重地写下了"追求共同进步、创造社会价值"12个大字，并毅然决然地辞职，开始着手创办一家中国特色社会主义社会企业。正是此时，魏朝阳读到了国务院研究室社会发展司原司长张大平撰写的《关于在我国发展社会企业的必要性及政策建议》这篇当时关于社会企业的最具权威性的文章，深受启发，2011年5月便派代表前往北京专程拜访张大平司长以寻求他对创办社会企业的指导。自此，魏朝阳和他所创立的富基集团便开启了社会企业探索之旅。

十年，不论顺境逆境，富基集团以产业报国为己任，不忘创业初心，坚持"追求共同进步、创造社会价值"的企业宗旨，一方面开展社会企业理论研究，为社会企业实践落地提供智力支撑，积极推进社会企业法制化进程；另一方面不断探索求真，持续造血，持续公益，寻求公益精神深化之路。

一、初心萌发，点燃社会企业理想之火

社会企业家是社会企业存在的前提和关键。与具有激情、承诺、创造力和目标导向等特质的企业家相比，社会企业家除了具有上述特质外，往往由于其个人的经历，还具有更多的社会同情心或社会责任感，并在此驱动下用符合企业家精神的手段，开始从事对社会有益的事业。

魏朝阳因幼年时期耳濡目染乡邻之间的互帮互助，在心中早已种下了"乐

于助人"的精神种子。在实现个人财务自由之后,他希望能用自己的力量,为社会做出更多贡献,创造更多的社会价值。怎样才能创造更多的社会价值?魏朝阳在不断求索中接触到了"社会企业"这个概念:社会企业是以解决社会问题、增进公众福利为使命,而非追求自身利润最大化的企业。他认为,这就是他理想中的企业。在这个阶段,他对于"社会企业"的认识还处于宏观层面,他认为社会企业是一个有责任、有爱心、讲信誉的"金牌企业"。

(一)主动贡献剩余价值,社会企业雏形初现

怀揣着远大的理想,在学习和研究了西方国家的社会企业后,魏朝阳想真正地去实践,成立一家社会企业。2011年4月25日,魏朝阳充满激情地成立了首家中国特色社会主义社会企业——湖南温馨置业有限公司(以下简称温馨置业),公司注册资金800万元,落户湖南省长沙市望城区。望城是雷锋的故乡,一个充满爱和奉献精神的地方,一个开放、友好、高效、务实的地方,而温馨置业,正是一家雷锋式、公益性质的社会企业。

2011年4月29日,魏朝阳向望城区委区政府口头汇报了创办社会企业的决心,并郑重递交《关于成立首家中国特色社会主义社会企业的报告》,报告中附有温馨置业在工商行政管理局备案的章程,章程里规定:股东自愿不参与分红和利润分配,并明确了公司的五项基本运营准则:

温馨置业的五项基本运营准则

五项基本运营准则	股东自愿不享受分红和利润分配;
	以追求社会价值为主要目的,净利润的50%用于社会公益事业和投资社会公共服务项目,剩余用于企业再生产;
	持续"造血",持续公益:通过市场化运作创造效益,使公司具有"造血"功能,能够持续开展公益事业;
	健全公司法人治理机制,主动申请政府对公司经营所得的利润和利润用途进行审计、监督,实现健康发展;
	公司充分发挥员工的主人翁作用,发挥党组织和工会组织的作用,依法加强企业的民主管理和民主监督。公司员工享受与企业发展相协调的不断增长的工资福利待遇和社会保障,实现人的全面发展。

☞ 社会企业发展理论与实践报告

五项基本运营准则充分体现了社会企业的性质和特征

报告提交后，得到了望城县委县政府的高度重视，并于 2011 年 5 月 20 日召开常委会专题会议，听取魏朝阳关于探索和实践社会企业的专题汇报。魏朝阳的汇报，激发了与会领导的浓厚兴趣，原本半个小时的汇报，引发了现场两个多小时的激烈讨论。

为规范公司管理，增强企业的透明度和社会公信力，让社会企业在望城这片沃土上生根发芽并持续健康发展，温馨置业在根据"五项基本运营准则"加强自我管理的同时，坚持使命不漂移，主动申请政府监督，于 2011 年 5 月 30 日，向县委县政府提交了《关于主动申请政府监管的报告》，申请对温馨置业依法进行监督管理，并向望城县政府提出如下建议：

第一，申请建立对社会企业的监督机制。公司章程第七章第二十九条明确了温馨置业的社会企业身份。为确保对"股东自愿不参与分红和利润分配"的监督，特申请在温馨置业所投资的项目完成并结算后 30 个工作日内，由县政府审计部门对项目利润及利润用途进行审计。

第二，社会企业既非国企，也非民企，属于社会企业，建议工商行政管理局增设社会企业识别类别。

第三，建议政府组团前往英国和我国香港地区考察学习，参考借鉴英国和香港地区对社会企业的法律保护、机构对接、财税支持等经验，出台首部"中国特色社会主义社会企业管理办法"，营造社会企业的文化氛围，确保社会企业家能够获得资讯和指导，建立社会企业融资机制和促进社会企业和政府的合作等。

2011 年 6 月 10 日，望城县委县政府下发《关于湖南温馨置业有限公司请求创办中国特色社会主义社会企业的批复》，《批复》中指出，温馨置业率先创办中国特色社会主义社会企业体现了企业和企业家高度的社会责任感和奉献精神，值得充分肯定和大力支持；计划成立由县委常委、副县长为组长的社会企业工作领导小组，结合社会管理创新，协调各方给予支持，为社会企业发展营造良好环境。2012年4月2日，望城区委、区政府下发《关于成立区社会企业领导小组的通知》，正式成立区社会企业工作领导小组，协调各级相关部门对社会企业进行支持培育。温馨置业的努力得到了党和政府的认可和鼓励，更加坚定了其探索和实践社会企业的信念。

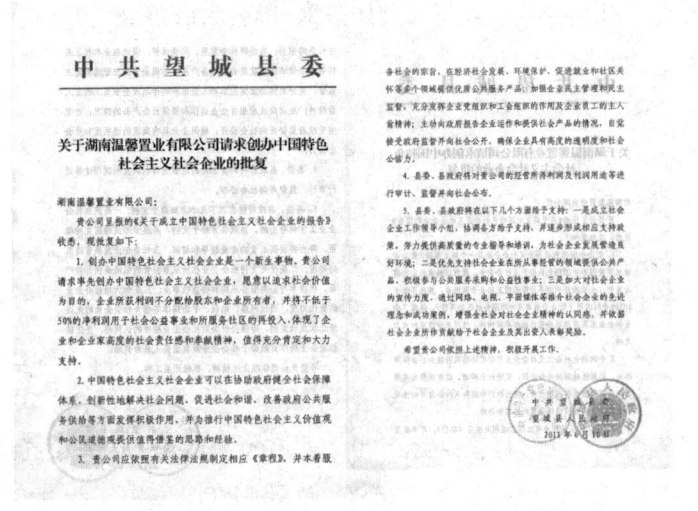

《关于湖南温馨置业有限公司请求创办中国特色社会主义社会企业的批复》

中共长沙市望城区委、长沙市望城区
人民政府《关于成立区社会企业工作领导小组的通知》

◪ 社会企业发展理论与实践报告

  作为以公共服务为主要特征的中国特色社会主义社会企业，本着"投资望城，回报望城"的宗旨，温馨置业积极参与望城区民房提质改造及建筑外立面改造工程，在延续公司高品质、高规格的"作品情结"的同时，秉持社会企业运作风格，以微利甚至全公益的操作方式，以实际行动实现了"在最短的时间内，用最好的品质打造最好的工程"的目标，温馨置业也因此在中国（望城）第四届休闲农业与乡村旅游节总结表彰大会上荣获"先进单位"，魏朝阳被评为"先进个人"。

  温馨置业的社会企业事业正如火如荼地开展，在政府大力支持社会企业发展的情况下，魏朝阳又创办了富基集团，明确了"追求共同进步，创造社会价值"的企业宗旨，从此，魏朝阳带领着整个富基集团朝着社会企业迈进，"做一个伟大的社会企业"成了富基集团的终极目标。

  "成功与否都是财富。成功了，我就为中国公益事业开创了一种新模式，为后面的企业做了一个成功的榜样；失败了，就当为公共事业做建设，为后面的人提供经验教训。"怀着公益理想，魏朝阳在公司倡导和发起"富基·温馨爱心"行动，成立13个"富基·温馨爱心"学习雷锋小组，带领员工积极开展扶贫济困、助学育人、农村基础设施建设等多种公益项目，仅2011年就直接捐赠现金677万元；同时直接投资6500万元在望城区建设公共设施蓝宝石体育馆，开创长沙社区全民健身运动的先河。魏朝阳在求索中实践社会企业理想，得到了社会各界的高度肯定与赞扬。2012年4月，在北京召开的第七届"中华慈善奖"表彰大会上，魏朝阳荣获"最具爱心捐助个人"称号，受到李克强总理的接见。

魏朝阳荣获"第七届中华慈善奖"最具爱心捐赠个人，在中南海紫光阁受到李克强总理接见

  （二）深入理论研究，呼吁加快社会企业法制化进程

  社会企业实践过程中，魏朝阳反复拜读国务院研究室社会发展司原司长张大平撰写的《关于在我国发展社会企业的必要性及政策建议》文章，深受启

发,2011年5月底,魏朝阳满怀激动地派代表前往北京拜访张大平,请求其指导社会企业实践。张大平司长对富基集团探索和实践社会企业给予了充分肯定和高度赞扬:"你们在方向上是对的;这件事情上是好的,认识上是到位的;行动上是靠前的。希望你们多探索、多出经验、多做贡献。"张大平的指导,又一次引发魏朝阳的思索:实践是理论的基础,科学的理论对实践具有积极的指导作用。在中国将长期处于社会主义初级阶段的基本国情下,探索和实践社会企业在政策支持、法律依据和社会环境等方面仍然遇到非常大的困难。因此加强社会企业理论研究,推动社会企业法制化进程势在必行。

《加快推进中国特色社会企业法制化进程》一文

意识到这一点,富基集团迅速组建了专题小组整理汇编社会企业理论研究成果。同时,针对当前中国社会企业法制建设滞后,面临的"身份不正""管理不清""责权利不明"等现实困境,魏朝阳深入思索后,执笔《加快推进中国特色社会企业法制化进程》一文,从理论与实践结合的视角,阐述推进社会主义法制化进程的重要意义、基本构想、路径选择,呼吁全社会提升对社会企业法制化必要性的认识,加快推进社会企业法制化进程。这篇理论文章于2012

年10月在《湖南日报》第三版"理论纵横"全文刊发。这是自温馨置业成立后，魏朝阳在探索和实践社会企业的理论方面迈出具有重大意义的一步。

二、理想绽放，坚定社会企业求索之路

（一）完善公益体系，实现"持续造血、持续公益"

为探索和实践中国特色社会主义社会企业，号召公司所有员工积极参与和支持公益事业，进一步规范公益基金的使用和监督管理，2013年，由富基集团旗下的社会企业温馨置业捐资300万元向湖南省民政厅申请成立了湖南省朝阳公益基金会（原名：湖南省魏朝阳公益基金会）。温馨置业坚守社会企业的使命，持续每年将利润的50%捐赠至基金会。

时任湖南省民政厅副厅长、省社会组织党工委副书记
李劲夫（右）为基金会授牌

湖南省朝阳公益基金会的成立，使富基集团实现了"持续造血，持续公益"的理想。在一步步的探索和实践中，富基集团慢慢形成了以基金会为公益平台，以"好事做好，好事做实"为公益方针，以13个"富基·温馨爱心"小组为公益团队，以"富基·春晖班"为长期公益品牌项目，同时建立了加强探索和实践中国特色社会企业公益研究的科学公益管理体系。这套公益管理体系是富基集团在社会企业实践方面的重大成果。

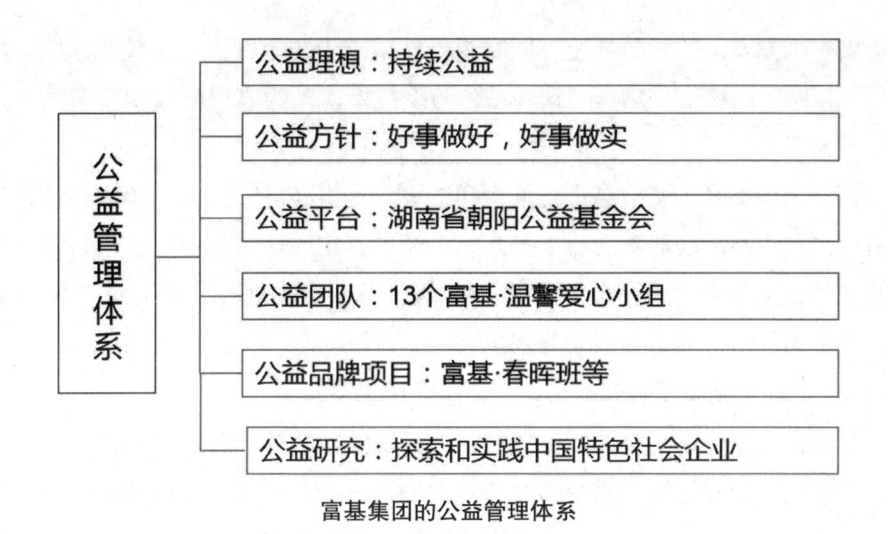

```
                ┌─ 公益理想：持续公益
                │
                ├─ 公益方针：好事做好，好事做实
                │
  公益管理体系 ──┼─ 公益平台：湖南省朝阳公益基金会
                │
                ├─ 公益团队：13个富基·温馨爱心小组
                │
                ├─ 公益品牌项目：富基·春晖班等
                │
                └─ 公益研究：探索和实践中国特色社会企业
```

富基集团的公益管理体系

富基集团通过基金会实现了公益项目的专业化运作，不断开展济困助学、扶老携幼、社会福利等公益项目，同时加强对外合作与交流，推动社会企业相关研究。"富基·春晖班"就是富基集团实现社会企业理想的一个重要体现。从 2012 年开始至今，富基集团联合基金会先后在宁乡一中、浏阳一中、望城一中、长沙县一中、平江二中、岳阳十五中等学校开设 21 个"富基·春晖班"，资助人数 1200 余人（持续性资助高中三年或大学四年），已经有 16 个"富基·春晖班"的共计 930 余名学子完成高中学业步入大学深造，本科上线率达到 98.7%，其中 300 余名学子入读"211 工程"院校，更有多人在清华、北大等知名学府入读。多年来，富基集团仅在教育公益事业上的直接捐赠支出就达三千多万元，对"富基·春晖班"的学子不仅在物质上给予帮助，更注重在精神上给予扶持，通过召开座谈会、联谊会、夏令营等多种形式了解学生的学习情况和思想动态，从精神上鼓励春晖班学子坚持理想、快乐成长，同时向他们播撒社会企业公益火种，希望他们能传递爱心，成为爱的火炬手。

为了积极响应党和国家的号召，富基集团及基金会联合湖南省民政厅、望城区统战部、社会组织等开展了一系列精准扶贫、脱贫攻坚公益活动，在西藏贡嘎、湖南的湘西、长沙、岳阳等地区都留下了结对帮扶的爱心足迹。

主动承担社会责任是社会企业的使命。在 2020 年新冠疫情暴发初期，富基集团和基金会迅速团结一批爱心企业、公益组织积极作为，组织了"护苗行动、校园防疫""并肩作战、共同防疫"等公益活动，为长沙市 168 所幼儿园进行了免费精细化消毒杀菌，总面积达 355173 平米，为 32373 名幼儿园的小朋友提供一个更安全的就学环境；同时为长沙市三十几个社区、学校、医院、派出所等捐赠了防疫抗疫物资。这一系列防疫抗疫活动为基层防疫单位节约了近三百万元资金。

富基集团不断为基金会进行输血和造血，提供经济支撑，多年来累计投入公益项目和公益活动的支出达 1 亿余元。经过多年的努力，基金会也得到了进一步发展，2020 年 7 月基金会获得"4A 级"社会组织称号，并于同年 12 月获得公开募捐资格，成为一家公募基金会。

（二）攻坚克难，砥砺前行，社会企业理想不移

理想注定是一条充满荣光的荆棘路，富基集团的社会企业理想同样经受了来自各方的考验和磨砺。作为国内的新生事物，一方面社会企业的运作模式并不被社会广泛认可，对社会企业利润分配的质疑声从未停止；另一方面社会企业的可持续经营管理模式也需要进一步探索研究，以证明社会企业的优越性和科学性。

自成立开始，富基集团就不只是单纯地追求经济利益，而是以解决社会问题、增进公众福利为使命。因而，当企业遭遇发展困境时，魏朝阳带领着富基集团坚守承诺，没有放弃任何一名资助的学子，不仅将之前已经签约的"富基·春晖班"学生全部资助到高中毕业，而且在最困难的时候仍然新资助了 3 个"富基·春晖班"的 180 名贫困学子，并坚持为每一年毕业的"富基·春晖班"学子举办成人礼活动，庆祝他们考上理想的大学，激励他们更好的学习成长。困境之时，他也没有放弃过持续公益、扶贫助困，这份坚守，也让魏朝阳在 2015 至 2016 年期间先后获得第三届湖南慈善奖"最具爱心捐赠个人"荣誉称号及湖南省扶贫办授予的"湖南省百名最美扶贫人物"荣誉称号。

经历过重重困难磨砺的富基集团，对于社会企业的探索也有了更加深刻的认识。社会企业能够在欧美蓬勃发展，与其所处的社会环境有很大的关系。而中国的基本国情是目前处于并将长期处于社会主义初级阶段，探索和实践社会企业也必须基于这个最大的经济社会发展背景，因此在中国探索社会企业也必将要经历一个长期的过程，富基集团目前处于并将长期处于社会企业的"初级阶段"。

探索社会企业需要坚韧的意志，不论企业发展多么艰难，魏朝阳和富基集团都未曾想过要放弃。在魏朝阳的眼里，探索社会企业永远没有"放弃"二字。对于富基集团而言，探索社会企业只有两种可能，一种是在前进的道路上，

一种是倒在了前进的道路上。然而无论是哪种可能，对于富基集团而言都是一条光荣的道路。

三、星火燎原，开启湖南社会企业发展新篇章

（一）坚持理想，打造社会企业行业标杆

经过十多年的风雨洗礼，富基集团通过实践探索和经验总结，在中国经济发展进入新常态的时代背景下，明确了企业必须走"高周转、微利润、低风险"的发展模式。这既是经济发展进行"新常态"的客观需要，也是富基集团探索社会企业的内在要求。如此，富基集团提出三大基本原则：第一，拥护中国共产党的领导，坚持发展社会企业的伟大理想；第二，运用商业企业模式运作，积累发展社会企业的物质基础；第三，坚持长期投入公益事业，且投入比例随企业发展不断提高。富基集团一直在探索也一直在坚持这三大基本原则，朝着社会企业发展的正确道路前行。

随着对社会企业探索和认知的不断加深，魏朝阳深刻地认识到，社会企业不应该是一个"高高在上"的追求，而应该是一个企业合格最基本的标准，因此，他认为整个集团都应以"做一个合格的社会企业"为目标，明确将所有产业的50%利润持续投入公益事业，确保做到持续公益，立志将富基集团打造成为湖南省社会企业标杆。魏朝阳还试图通过自身的力量，影响更多的企业朝着社会企业的目标前行。

（二）成立社企中心，助推湖南社会企业发展

实现了"持续造血，持续公益"，魏朝阳又开始思索如何更加有效地实现富基集团"做一个伟大的社会企业"的长远目标，如何加快推进湖南社会企业规范化发展。

目前，北京、四川成都、广东顺德和福田等地方政府正在大力推动社会企业发展，并取得了积极的成效，而湖南省仍然处于起步阶段。基于此，富基集团继续寻找实现壮大社会企业的路径，助推湖南省社会企业的发展，同时积极主动向湖南省社会科学院汇报关于社会企业的新思路。

2020年9月，在魏朝阳的积极推动下，湖南省朝阳公益基金会与湖南省社会科学院联合成立湖南省社科院社会企业研究中心（以下简称研究中心）。基金会为研究中心的成立及运行提供全方位的资金支持并深度参与社会企业相关研究，这让其社会企业理论与实践探索再上新台阶。

☞ 社会企业发展理论与实践报告

湖南省社会科学院社会企业研究中心成立大会

研究中心一经成立，就积极开展多方调研，吸取其他省份的先进经验，先后前往成都市、长沙市内以及佛山市顺德区调研社会企业相关政策及发展情况，并实地走访优秀社会企业，深入了解社会企业发展的重要推动力、运作模式、社会效益等，为湖南省社会企业理论研究和实践发展提供了重要的借鉴。

走访佛山市顺德区社会创新中心 　　　　**与四川省社会科学院开展社会企业座谈会**

2020年12月22日，研究中心邀请社企星球（北京）科技有限公司创始人刘玄奇及其团队成员前来分享交流，共同探讨了全球社会企业发展概览以及中国社会企业发展历程，进一步梳理了目前中国社会企业研究的几大流派。

2021年5月23日，由研究中心、湖南省朝阳公益基金会、社企星球（北京）科技有限公司联合主办的以"社会企业的中流击水"为主题的湖南社会企业发展论坛暨社创之星湖南赛区分享会在湖南省朝阳公益基金会顺利举行，此次活动的圆满举办是研究中心推动中国特色社会企业发展的又一次努力，而下一步，研究中心的目标是在湖南省举办全国性的社会企业发展高峰论坛。

湖南社会企业发展论坛暨社创之星湖南赛区分享会

研究中心积极联动政界、企业界、学术界，群策群力，不断创新理论成果，希望能够引起政府重视。在2021年湖南省"两会"召开之际，研究中心联合多位人大代表向省人大会议提交了《关于在湖南推行社会企业认证评估体系建设促进公益事业创新发展的建议》提案，提出加快在湖南推行社会企业认证评估体系建设的6大对策与措施：一是建议明确将民政部门作为社会企业的主要管理部门；二是建立社会企业全生命周期管理制度；三是开展社会企业认证评估体系建设和定期评估；四是出台社会企业管理的地方性法规；五是健全社会企业的内部治理体系；六是加强对社会企业发展的研究和宣传。

2021年4月15日，研究中心在《决策参考》上发表了《加快建立认证评估体系推动湖南社会企业规范化发展——基于四川成都社会企业发展调研》一文。研究中心课题调研组认为，提升社会企业认知高度、吸取社会企业发展的先进经验、建立我省社会企业认证评估体系等势在必行，此文还得到了省级重要领导的批示。

2021年5月14日，时隔十年，研究中心特约研究员魏朝阳再一次在湖南日报上发表《发展社会企业　壮大公益事业》一文，强调社会企业是以解决社会问题、增进公众福利为使命，而非追求自身利润最大化的企业。中国的社会企业经过十余年的成长，已经逐步形成了自己的体系和业态，加之全国和地方性社会企业支持机构的不断涌现，我国社会企业在行业构建、培育孵化、认证倡导、政策支持等方面均已逐步成型。近年来，社会企业在扶贫济困、扶老救孤、助残优抚、医疗救助、教育救助、灾害救助及其他公益领域发挥了积极作用，对新时期我国公益事业的发展壮大具有重要意义。鉴于目前湖南省内的社会企业发展还处于起步阶段，魏朝阳提出"发展社会企业是创新公益事业的有力支点，做好认证评估是发展社会企业的前提条件，优化政策环境是发展社会企业的长远之道。"魏朝阳和富基集团将继续促成湖南省社会企业实践基地的落地，集合多方力量建设湖南省社会企业认证评估体系，推动社会企业相关政策支持和法制化建设的进程。

《加快建立认证评估体系　推动湖南社会企业规范化发展——基于四川成都社会企业发展调研》及《发展社会企业　壮大公益事业》的文章

结语：

这十年的探索经验是一笔宝贵财富，在未来，富基集团的社会企业探索目标亦十分明确：一是加强并推广社会企业理论研究，形成具有影响力的成果；二是进行社会企业试点探索，打造中国社会企业的行业标杆；三是通过理论与实践双重探索，推动中国社会企业的法制化建设进程。

路漫漫其修远兮，吾将上下而求索！或许社会企业的探索之路比较艰难，但富基集团依旧充满激情，怀揣理想，将这种探索不断向前推进，努力摸索前行，为成为一家合格的社会企业而坚持不懈，为继续推动湖南省乃至中国社会企业的发展而努力奋斗。

星空里：它是一间咖啡馆，也是一家公益基地

导读

四川省成都市锦江区竹林巷 78 号有一家特别的咖啡馆，一进店就可以看到吧台上的标语"用一杯咖啡支持残障人士共融社会"和每个小伙伴脸上洋溢着的笑容，令人倍感亲切和温暖，脸上不自觉也会浮现笑容。这家名叫星空里的咖啡馆成立于 2019 年 3 月，隶属于成都市星空里文化发展有限公司，是一家专门为心智障碍者提供就业服务的咖啡烘焙馆。自成立以来，星空里以"致力残障人士就业，用生命影响生命，让世界闪闪发光"为使命，树立了"以生命教育为核心，以职业建设为途径，提升生命质量，实现更高的生命价值"的企业愿景，致力于"让每一个生命可以被深深看见"。

2020 年"爱聚星空里"融合项目被国家文化和旅游部评为全国文化和旅游志愿服务项目线上大赛三等奖，同年，星空里文化发展有限公司通过了成都市社会企业评审认定，正式成为社会企业。星空里不仅是致力于帮助就业困难的智力障碍、重度肢残和精神障碍等人士实现自我就业的残障人士辅助性就业基地，也是依托政府开发，通过商业运营模式管理的商业孵化汇总，其收入的 5%用于支持残障人士辅助就业项目。

星空里通过市场化运作解决残障人士的就业问题，其社会影响力与市场成果是清晰、可测量的。为了持续造血，星空里探索出了一条残障人士就业发展的新路径——"三中心"战略架构，通过搭建系统的职业发展体系，帮助残障人士提高技能水平，同时创建线上、线下相结合的商业+公益营销模式，充分发挥社会企业"商业为表，社会为本"的优势，大力推动残障人士就业和创业，发挥自身价值，实现社会价值。

星空里缘起

星空里联合创始人之一的杨娟曾是一名语文教师，通过在澳大利亚一段时期的生活，她发现，国内国外残障人士的生活现状完全不同。在国外，即使是严重肢体残障人士，也可以正常地外出、旅游、社交，去咖啡厅、逛公园。但在国内，我们几乎看不到残障人士的身影。由于部分残障人士智力低下、沟通困难，缺乏工作和生活技能，且社会对他们缺乏相应的关注和了解，因此会产生一些负面印象，认为他们无法照顾好自己，更何况外出工作。

残障人士固然需要得到更多社会的关注，同时社会大众也应该转变对残障人士的看法。他们不仅需要政府的帮助，也需要社会和家庭的接纳、支持。目前国内缺乏对残障人士共融社会强有力的支持，若想要实现残障人士这一群体融入社会，实现自立自强，必须通过残障人士就业创业帮扶的形式。欣喜的是，近年来，由于各地残障人士联合会、公益组织对残障人士这一群体的关注力度加大，一些帮助残障人士就业的公益组织也如雨后春笋般涌现出来。而杨娟建立的星空里咖啡馆，就是这样一个致力于为残障人士提供就业技能培训，让他们能有尊严地生活，实现自己人生价值的地方。

2018年11月，杨娟怀着一颗想要帮助残障人士的心，和几位同样对帮扶残障人士感兴趣的拥有教育背景和企业管理经验的投资人共同注册成立了具有独立法人资格的企业——成都市星空里文化发展有限公司。一开始，杨娟是想以企业运营的模式来运作星空里的，机缘巧合下，她了解到了成都市创办社会企业的相关政策，恰好锦江区残障人士联合会有一个助残项目计划——开设一家咖啡馆以帮扶有智力障碍的特殊人群就业。她希望借助自己多年习得的心理学知识和教育经验探索出适合残障人士的就业模式。多番努力后，星空里与成都市锦江区残障人士联合会签订了残障人士辅助性就业项目合作协议，星空里咖啡烘焙馆就此诞生。

星空里咖啡馆在正式营业之前，开办了第一届残障人士就业技能培训营，技能培训时长达3个月，共计培训残障人士及其家属160余人次。2019年3月，几位残障人士顺利通过就业技能测评和培训，成功签约星空里，成为星空里的首批全职员工。有了全职员工后的星空里咖啡烘焙馆开始挂牌营业，并以该门店为阵地逐渐开启业务拓展。同年8月，星空里启动陶艺工坊和烘焙工坊，开始了为期4个月、超600人次参与的第二届残障人士陶艺基础技能培训。年底，合唱团和编织工坊也相继启动，逐渐建立起绘画、陶艺、编织和烘焙等工作坊以及生命教育公益基地。

星空里咖啡馆

"爱聚星空里，爱在家庭里"，星空里承诺：至少有50%的雇员来自残障人士及其家庭，并积极为更多残障人士及其家庭开拓共融社会的机会，帮助他们在实现自我价值的同时，亦为社会贡献自己的价值。目前，星空里共有8名顾问，13名全职员工，5名特需伙伴和2名兼职员工。5名特需伙伴经过了培训和观察，是被认定为符合岗位需要的人员，为了让他们能为客人提供标准服务，星空里不仅制定了每一杯饮品制作的可视化流程，也通过顾客消费后对服务人员的表现给予反馈，帮助特需伙伴高质量地完成工作。

星空里的运作模式："三中心"战略架构

成都市社会企业在国内发展迅速，相关扶持政策十分全面。了解到社会企业相关政策的杨娟决定梳理自身的初衷和愿景，对标社会企业，让商业和公益两者并行。社会企业是以协助解决社会问题、改善社会治理、服务于弱势群体和特殊群体或社区利益为宗旨和首要目标，以创新商业模式、市场化运作为主要运作手段的企业。正是由于这一特点，星空里的运营和盈利模式不同于传统的商业企业。

经过一年多的探索，星空里创造出一套"星空里经营中心+就业转衔服务中心+星融文化推广中心"的"三中心"战略架构，形成了"用一杯咖啡支持残障人士共融社会"的经营理念和为残障人士提供就业辅导、实训和就业机会，让更多残障人士融入社会的目标。在这样的战略架构下，星空里咖啡馆构建了多元化的社区服务业务，并打通了就业转型的路径，即特殊教育和就业辅导服务并行，同时通过品牌建设活动，像城市展览、沙龙分享会等积极输出"社会共融"的文化理念。"三中心"紧紧围绕"支持残障人士及其家庭实现就业，促进残健社会融合"的初心，为更多残障人士及其家庭提供融入社会的机会。这一模式是星空里多年探索的成果，也是星空里为有效解决我国残障人士就业问题的新路径。

星空里经营中心：产品+服务，业务多样化

目前，星空里经营中心已形成较为完善的运营模式，主营业务为四大板块："星咖暖点""星店周边""星店沙龙""星店会务"。其中，星咖暖点主要以售卖咖啡饮品和手作糕点为主，是主营业务核心；"星店沙龙"和"星店会务"则为举办学习会、手工工作坊、主题会议、日常培训、茶话会等提供场所，也是星空里主要收益来源之一；"星店周边"以制作节日礼盒为主，为企业制作月饼包装盒、定制礼盒，并通过微店平台进行线上销售。此外，星空里还尝试开设社区型茶吧，将产品、服务和共融文化进一步推向大众。

1."星咖暖点"

星空里经营中心是星空里对外交流的窗口和平台。其中，"星咖暖点"承担了星空里的日常销售业务，为星空里贡献了大部分的营业收入。其主要为顾客提供各式各样的咖啡饮品、点心和简餐，如美式咖啡、柠檬汁、十万秒手冲咖啡等饮品，以及虾片、薯格、坚果拼盘等小食，各式意大利面等简餐。

何为"十万秒咖啡"？在第14个世界自闭症日这天，第一太平戴维斯用一杯"十万秒咖啡"展现了全新的残障人士职业形象，残障人士学习手冲咖啡需要不断练习，每一次冲泡大概需要130秒，每天训练3次，每个月工作22天，经过1年的反复训练，大约需要10万秒的时间才能记住手冲咖啡的步骤，因此称为"十万秒咖啡"，这也是星空里伙伴建建和海地的特推产品。星空里将特需伙伴的训练成果与个人特色相结合，形成星空里的特色产品。

2."星店会务"

"星店会务"为星空里整合了企业、学校、机构等资源，为星空里提高了客流量。为了合理规划星空里的经营区域，店面场地划分为五个区域，其中有适合会谈交流的小型会务区域，也有可以容纳百人讲座的大型会议室。星空里外围和屋顶花园也可以满足不同类型的群体开展各种形式活动的需求。

公益机构和特殊学校来到星空里开展音乐会、绘画、文化沙龙、义卖工作坊等活动，不仅可以帮助特校孩子们的艺术作品与市场需求对接，助力孩子们的职业探索与就业安置，也践行了星空里服务社会、服务残疾儿童的初衷。

3. "星店沙龙"

"星店沙龙"是星空里向外界传递文化理念的重要渠道，包含了丰富多彩的活动内容，目前设置了烘焙、绘画、艺术（陶艺、手工文创）、编织、面点五大工作坊和生命教育公益基地。在星空里，客人们可以和特需伙伴们一起制作手工，完成各种手工艺品。不仅如此，星空里也与四川残障人福利基金会联合发起"我就是职场榜样"的公益项目，通过发现残障人士中的职场榜样，打破大众对残障人士存在的职场偏见，展现残障人士的就业能力。此外，星空里还举办了邀请社区普通儿童参与爱心义卖的"星空义集"，让普通人体验残障人士世界的"超感官特工队"，让人们正确认识死亡、营造共融性的文化氛围的"死亡咖啡馆"，邀请老师、作家等社会人士分享诗词、人生和其他文化知识的"四说新语"等活动。这些活动均有利于星空里自身的宣传引流，同时也提高了星空里的销售收入，盘活了星空里的闲置资源，助力星空里的可持续运营。

4. "星店周边"

"星店周边"是星空里基于"星星里的孩子"这一理念开展的相关产品制作业务。一些特需伙伴往往具有隐藏的艺术天赋，星空里将他们的绘画作品、陶艺作品、编织作品等设计成可以进行售卖的商业化产品，以增加残障人士就业。这些周边产品采用线上线下相结合的售卖方式，星空里线上开设的微店——"爱·聚星空里"，和线下的店铺类似，也分为4个部分：烘焙坊、编织坊、陶艺坊和星艺坊，并设有专人对微店进行运营和维护，主要经营的产品有手工节日礼盒、蛋糕、甜品、果酱等方便携带和运输的产品。

此外，星空里积极进行市场调研，不断寻找具有相近愿景和价值观的企事业单位，通过需求互补的方式来推动残健共融文化的传播。基于星空里社会企业的性质，使得越来越多注重履行社会责任的企业愿意与星空里合作，主动寻求搭建沟通交流的桥梁。而星空里通过与社会各界合作，使其社会目标的承担力迈入了一个新阶段。

5. 社区型茶吧

作为国家中心城市和四川省文化发展中心的成都，面临着交通拥堵、看病难、停车难、缺少公共空间等问题，这些问题都考验着社区的资源配置、组织体系和服务供给能力。因此，成都市正在积极推广社区型社会企业，并专门成立社区基金进行扶持。由于社区的人流量相对较少且固定，对特需伙伴的接纳性和包容性更强，因此适合为特需伙伴进行培训和实操。

基于此，星空里依托社区的服务中心和党群活动中心，在华兴街社区、庆云社区和五昭路社区试点社区型茶吧，由专门的就业辅导员带领特需伙伴在社区门店上岗，为社区居民提供服务。一方面，社区型茶吧增加了残障人士的实训和就业岗位，进一步帮助他们实现灵活性就业和就近就业；另一方面，社区型茶吧位于星空里销售渠道的终端，既与咖啡烘焙馆形成优势互补的渠道布局，又能够将星空里的品牌和文化进一步传递给大众。同时，星空里开设的邻里空间作为社区就业生态支持系统探索迈出的第一步，诞生了社区融合岗位。此外，星空里在锦江区沙河街道汇泉路社区提供上门服务，进一步帮助融合岗位活动走出咖啡馆，积极融入社区。

在运营过程中，星空里始终将关爱残障人士、促进残障人士融合社会的理念贯穿于生产和服务环节，保障产品和服务的健康安全指标，并把满足客户需求、促进残障人士及其家人共融社会、为社会创造价值作为企业经营发展的目标，将帮助残障人士就业的公益目标与商业相结合。

就业转衔服务中心：职业体验，为特殊伙伴规划未来

在发展过程中，星空里对自身面临的一些问题进行了梳理。首先，咖啡烘焙馆只能解决部分残障人士的就业问题，难以进行大面积的复制推广；其次，特需伙伴缺乏专业的岗前培训，导致企业前期负担很重；而且很多残障人士及其家庭的观念还比较落后，不愿让残障人士主动尝试就业，仍然寄希望于政府的低保补助。

针对这些问题，星空里开始探索打造就业转衔服务中心，与锦江区残联合作成立星空里辅助性就业基地。就业转衔服务中心依托"星空里咖啡烘焙馆"残障人士辅助性就业基地的开创，践行支持性就业理论，采用多团队合作模式，为走出校园即将走上就业岗位的心智障碍人士提供专业的就业转衔服务。服务中心还与成都市志愿者协会服务基地、锦江区文化志愿者服务基地、锦江区青年（实习）见习基地、成都大学教育学院特教见习基地、青羊区职业教育体验基地等组织和机构进行合作，努力实现就业转衔服务效能的最大化。

就业中心设立的岗位培训平台，主要从两个方面开展服务：一是残障人士职业生涯规划，为残障人士开展职业体验活动，与山姆会员店、星巴克、中国平安等组织进行合作，向残障人士及其家人提供销售、烘焙师等的岗位体验；

同时设立家长先导团，开展家长工作坊进行职业启蒙，帮助残障人士做好职业生涯规划。二是残障人士就业辅导员技能实训，通过社区融合岗位的探索，开设就业辅导员培训课程，建立一支具有支持性就业理念，掌握岗位支持实操能力的就业辅导员队伍。通过对就业辅导员开展岗位能力评估、实务培训，提高就业辅导员的专业性和针对性。

同时，就业中心与特殊学校共建课程，以烘焙、陶艺、咖啡等技能培训工坊的形式开展。经过培训和就业转衔，星空里目前已成功聘用6位心智障碍人士稳岗就业，提供了包括服务员、陶艺师、烘焙师等10个见习岗位，提供了烘焙、陶艺、编织工坊等12个计件岗位，共支持了26名心智障碍人士及其家庭成员实现灵活性就业，推荐了3名心智障碍人士进入企业成为正式员工。

星空里还培育孵化了3个残障人士实训基地，其一是"宽疾亭包子铺"，推出了"东东车"灵活就业项目，开设了1个融合岗位实训课程。其中，实训基地以市场需求为导向，以文创产品为突破点，充分发挥残障人士的优势能力，用制作产品代替技能训练，用产品价值体现工作价值，反哺巩固训练成果，激发残障人士产生强烈的就业欲望，快速高效地进入就业状态，实现多种形式的主动性就业。融合岗位实训课程以星空里咖啡馆为基地，依托社区服务平台开拓融合岗位，对有就业意愿的16~35岁的智力、精神以及重度肢体残障人士开展过渡性服务员岗位实训。实训包括工作认知完善、职业礼仪培养、积极工作态度建立、有效沟通能力培养以及职业技能提升等课程，并提供与之配套的岗位能力评估、职业心理状态评估、韦氏智力评估、EEG脑波评估和就业辅导员一对一转衔服务。星空里打通了教育培训到跟岗实训的转衔服务链条，有效提高了残障人士的就业能力。

星融文化推广中心：温暖城市，装点心灵

"残健融合"是实现社会公平正义的必由之路。当残障人士能够在融合的环境中工作时，他们的独立生活能力和应对困难的能力才能大幅提升，进而构建起属于自己的社会支持网络。为促进残障人士与社会的融合，提升城市幸福感，星空里开办了星融文化推广中心，分为融合文化公众推广和残障人士艺术创意孵化推广。

2020年，星空里的残障伙伴与成都IFS的志愿者一起，开展了"星与星愿"融合编织工坊培训，完成了对成都地标大慈寺行道树的毛衣编织展示，星空里还在成都IFS七层的节日集市上摆摊，展示并销售特需伙伴制作的周边产品。

由于具有社会共融的品牌调性，一些富有社会责任感的企业也积极与星空里展开合作，比如宜家、山姆会员店、星巴克等，共同帮助星空里提高品牌影响力。2021年，星空里残障人士手工编织工坊，引入设计师元素，在"和谐包容、务实创新"的城市精神引领下，为城市亲手编织温暖，在温暖传递的过程中，进行"融合、平等、接纳"的残健融合文化传播，提升了残障人士劳动创造的价值。

此外，2021年星空里还成立了星空党建联盟，通过联合各方党支部共同开展社会助残活动，更好地实现残健共融共享。

有效输出残健共融的文化理念，营造平等包容的工作环境，成为星空里努力奋斗的终极目标。正如创始人杨娟谈到的："一开始就隐隐觉得星空里肯定不只是卖咖啡的，因为我对于咖啡没有狂热的热爱，但是我对传播文化具有天生的热爱，就是想去打破一些壁垒的东西。"

展望未来：用一杯咖啡支持残障人士共融社会

近几年，在成都类似于"星空里"这样为智力残疾和其他不同类别残障人士提供真实就业，让其能够实现自我就业能力的场所越来越多。不仅说明残障人士自身对于外出就业的意愿强烈，也说明社会对残障人士的重视程度有所提升，残障人要想走出家门，脱离自己封闭的圈子，就业是最根本的途径，解决了就业问题，残障人士的基本生活才能得到保障。

星空里的经营模式已日趋成熟，在锦江区竹林巷这一家实体咖啡烘焙馆的基础上，其未来计划在成都市增设4至5家实体店，以解决更多残障人士的就业问题。目前，咖啡烘焙馆的门店伙伴比例是1：1，未来计划达到3：7，即30%的普通员工和70%的特需伙伴，进一步提高特需伙伴的就业占比。现在星空里已有烘焙师、吧员，未来还将增设茶艺师、礼盒包装师、园艺师，尽可能地开放更多匹配残障人士的岗位，开设更多的就业培训项目，为心智障碍群体提供更多的就业机会。

除此之外，创始人杨娟还表示，2021年星空里将着重推广"星店周边"和"星店沙龙"，用以支持星空里的自身运营，助力星空里进一步传播共融文化理念。同时，星空里将重点打造就业转衔服务中心，与更多的特殊教育培训基地及爱心企业合作，利用好自身心理服务的专业背景，组建更优质的就业辅导员队伍，提供支持性就业服务，更好地践行"用一杯咖啡支持残障人士共融社会"的理念。

风雨彩虹，期待和祝福更好的星空里。

优儿帮：传承中医文化，探索儿童健康之路

导读

二孩政策全面开放后，新生儿出生率仍有所下降，现代年轻人对培养孩子的顾虑增加了不少，同时经济成本压力也非常大。而在其中，孩子的健康成长也是重要因素，繁忙的生活节奏让家长往往容易忽视孩子的成长细节。随着经济的发展，环境污染以及食品安全、过度医疗与药物滥用等对孩子的影响数不胜数，家长们也普遍缺乏健康的常识和科学的育儿方法，这些都成了现代儿童体质下降的重要原因。对于关注孩子的健康这一方面，预防疾病的出现已经成为重点，而这方面的专业力量却少之又少，多数常见疾病其实是可以预防的，孩子本可以少生病，甚至是不生病。

为此，湖南弘盛优儿帮健康科技有限公司（以下简称"优儿帮"）应运而生。优儿帮依托强大而专业的中医药背景，专注于儿童健康，从社区保障角度打造健康驿站，并且形成了一套完整的儿童健康"防、治、调"驿站模式，在社区、幼儿园、早教中心等场所开办优儿健康驿站，通过低偿服务收费的模式推向市场。同时，优儿帮于2020年启动了助力基层培养儿童健康管理师的公益行动，免费资助基层医生、护士、乡村医生、幼儿园保健老师、社区及乡镇儿保人士等基层人士掌握儿童健康方面的专业知识，并支持他们创就业。

优儿帮不仅关注孩子的健康成长，同时，也帮助家长们系统学习儿童的保健、疾病预防和治疗方法，使其成为孩子最好的健康守护者。经过几年的努力，优儿帮得到了社会的广泛赞誉，并获得了2019年中国好社企、社企星球·年度社会企业家精神奖。

优儿帮——健康成长路上的"守护者"

优儿帮是中医儿童健康教育服务领导者,针对0-12岁儿童和家长,以一个平台(儿童健康网络平台)、两个讲堂(儿童健康专家讲堂、儿童健康优儿学堂)、三个场馆(儿童健康档案馆、儿童健康科普馆、优儿健康驿站)为依托,开展"中医、营养、心理、安全"儿童四维成长管理(4D-MKG)教育和服务,致力于成为汇聚健康、快乐、友爱、事业、财富5大元素的幸福组织。目前已开设家长课堂1200余场,直接服务儿童超过50000人次,培养公益志愿者超过3700人,培养职业人才500余人。

优儿帮产品的核心价值,一是提供儿童的健康管理方案:包括从健康咨询到体质辨识、小儿推拿、档案建立、跟踪服务指导的系列服务;二是提供儿童健康成长的家长呵护方案,即优儿天使手法学习与陪伴式成长;三是提供完整的儿童健康课程知识体系,即四维儿童成长管理法(涵盖中医小儿推拿,儿童营养,儿童心理,儿童药物、安全、急救常识等四大版块);四是提供儿童健康职业教育的完整体系,包括中医小儿推拿手法、辩证施治、儿童营养、儿童心理、中医基础知识、中医经络、中医拔罐等一系列健康管理知识。

优儿帮的使命是帮助天下儿童健康成长;愿景是成为汇聚健康、快乐、友爱、事业、财富的幸福组织;价值观是真诚感恩、互助进取、博爱奉献。

优儿帮

经过几年的努力,优儿帮获得了湖南省青年志愿服务项目大赛金奖、长沙市妇女儿童之家公益项目一等奖、第五届中国公益慈善大赛银奖、第三届中国青年志愿服务大赛银奖、湖南省第二届青年志愿服务项目大赛金奖、第三届中国青年志愿服务公益创业项目大赛银奖、明日益才社会创新大赛优胜奖、湖南省妇女儿童基金会优秀合作伙伴、2020 向善企业等一系列荣誉，在业内享有一定的知名度，在年轻家长群体中倍受推崇。

对儿童健康问题的焦虑，已成社会热点

在实际的生活中，优儿帮遇到过这样具有代表性的案例：小陈是一位全职妈妈，宝宝现在快一岁了，宝宝半岁起，就比较哭闹，且感冒过好几次，缺乏经验的小陈没有办法，看到优儿帮的相关宣传后，直接找到了我们的社区优儿健康驿站，寻求专业的帮助，让孩子的身体状态好了不少。

为了更详细了解孩子的健康状况，早在 2019 年，优儿帮就进行了儿童健康调查分析，通过对 1000 名孩子的具体了解，发现其中 40% 存在吃饭不香、45% 存在排便异常、85% 存在睡觉不宁、45% 存在鼻子流涕、25% 存在焦虑攻击的情况。而在孩子的成长过程中，80% 的家长存在由于缺乏常识、喂养不当，导致孩子厌食、挑食、便秘、腹泻、积食、睡不安、感冒、炎症多发、易躁易怒等情况。

通过对这一结果的分析，更精准地看到了儿童健康的问题所在，也更明确了优儿帮在儿童健康方面所要做出的努力。

为了让儿童健康成长，政府也出台了相关政策，国务院发布《健康中国行动（2019—2030 年）》、国家卫生健康委员会发布《健康儿童服务计划（2018—2020）》《中华人民共和国母婴保健法》等政策法规，以保障儿童快乐成长。

目前，医疗资源集中在治病和救助上，对于孩子的健康预防、关注体质与健康管理的机制相对薄弱，一般只有在孩子有明显的病症后才会去就医，而生活中的不良反应往往容易被忽视，特别是大多数人认为不是"病"的症状，也是影响孩子成长的因素，从而增加了孩子在成长过程中问题的出现。

针对这一普遍问题，优儿帮使用中医传统小儿推拿外治法，以及营养、心理、药物安全等知识，解决儿童健康防、治、调的问题；更重要的是，通过对家长的教育，让家庭形成儿童健康的关注习惯、预防习惯，并形成儿童健康教育与服务社群，形成对儿童健康方面更正确的认知。

传承中医文化，扎根儿童健康

优儿帮成立之初，依托中华中医药学会推拿专业委员会、湖南省推拿专业委员会、湖南中医药大学，汇聚了一群中医儿童健康服务人才，形成了一整套的儿童健康"防、治、调"管理体系，帮助儿童更好的健康成长。

优儿帮希望为社区打造15分钟生活圈里的健康惠民服务，给孩子提供中医小儿推拿调理+持续健康管理，在社区解决儿童健康防、治、调问题；并实现儿童家长及待业女性在家门口的创业与就业计划，为了实现这一目标，优儿帮正在做更多尝试和努力，为此也积累了自己的一些经验：

领域创新：传统儿童健康项目大多只面向弱势群体开展服务，而优儿帮面向0~12岁的所有儿童及其家长。

模式创新：以社群的方式，以社区作为落脚点，搭建儿童健康教育服务站点。通过"人人为人人"的管理机制，激励家长加入到学习与服务中。

工具创新：利用中医及小儿推拿技术优势，综合儿童营养、心理、急救安全等知识，开发四维儿童成长管理法，结合动漫的表现形式，并运用APP、公众号等互联网工具，让家长和儿童乐于学习，易于学习。

优儿帮·2017优儿天使千人盛典

多元化服务产品，为孩子搭建健康平台。经过几年的发展和实践，优儿帮摸索出了一套适合推广的服务产品，通过不断总结和创新，形成了自己的一套产品体系：

1. 优儿帮专家会客厅

会客厅是在优儿帮平台上发起的一个兼专家课程与沙龙的活动方式。其主咖为所在领域的专家，具有某方面的资质或特长，能给其他学员带去知识、技能、话题或其他收获，可经优儿帮邀请或主动申请通过审核参与会客厅，为大家提供了与行业专家零距离交流的机会，形式灵活而轻松，内容新鲜而实用。

2. 优儿学堂

优儿学堂是优儿帮的社区教育体系窗口，设有优儿学堂一阶、二阶、三阶课程，围绕着"中医、营养、心理、安全"四维儿童成长管理法展开核心课程，在社区为0~12岁儿童及家长提供教育服务，让更多家长成为合格的妈妈（爸爸），倡导家长就是孩子最好的医生。截至2020年，优儿学堂已开设优儿学堂家长班200余期，培养家长12000多人。家长们可以通过优儿帮微信公众号，在"我要学习"版块查看最新班级，即可线上报名。

3. 优儿健康驿站

优儿健康驿站是优儿帮发起的以社区为基础的儿童健康服务项目。项目以《"健康中国2030"规划纲要》为指导思想，整合政府、企业、社会组织等各方资源，创新社会服务，帮助社区儿童健康成长。驿站针对0~12岁儿童及其家长开展儿童健康科普教育、儿童健康咨询、儿童保健推拿、儿童健康档案管理等健康促进服务，让孩子"少生病，不生病"，从社区儿童健康保障的角度打造15分钟生活圈。

优儿健康驿站开设于社区公共服务中心，由专业推拿师驻点服务，提供专业的中医小儿推拿服务，在社区解决儿童健康防、治、调问题，并实现儿童家长及待业女性在家门口的创业与就业计划。

4. 优儿推拿实用手法班

优儿帮高口碑金牌课程，内容涉及小儿推拿的所有基础手法与穴位，时间为3天2晚，由优儿帮专家团队浸泡式教学，结业可具备基本的儿童健康日常保健和体质调理能力。

5. 儿童健康职业技能强化训练营

优儿帮高口碑金牌课程，由优儿帮专家团队全程带班，浸泡式教学，强化训练。内容涉及儿童健康领域的多维度职业技能，以儿童常见疾病的实战辩证处理为主线，涉及三大模块，13项系统知识与技能，时间为8天7晚，场景教学、实战教学，结业可具备系统的儿童健康常见问题的实战处理能力。

6. 优儿大学

可以说，优儿大学是优儿帮搭建的中医儿童健康的最高学府，成立于2017年7月1日，为通过儿童健康职业技能强化训练营的家长或儿童健康从业者们，提供了一个终生学习的教育平台。其使命和愿景是重新培育儿童身心健康的知识和技能，让儿童健康伸手可得。通过每周开展课程的形式，为学习者们提供全面、实用、最新的儿童健康知识，致力于让学习者们听得懂、用得上、记得住，能够在实践中帮助更多儿童。

多点覆盖的运营渠道

优儿帮建立了多元的发展渠道，在社区、大型商场、幼儿园等多种渠道开办健康驿站，直接为孩子进行服务，同时也推动行业服务人群的培训，培养、输送、引荐专业人才；打通儿童健康领域的教育需求，进行教育合作；以点带面，实现区域范围的复制与拓展；以社区为单位，进行连锁化运营，方便全面推进业务开展。

1. 社区优儿健康驿站门店

首先，驿站为孩子提供基础服务，价格为30~50元每次，可以让门店的技术人员获得基本收入保障；其次，开门办培训，家长可以自主参加培训班进行学习，以便于更好地在生活中护理孩子。

2. 儿童健康管理教育

开设儿童健康管理教育课程，经培训考核结业后，可以进入优儿帮各驿站门店就业或创业，为有意加入该行业的人员提供一个机会。

3. 合作门店及商业门店并行

优儿帮在大型商场、幼儿园、早教中心开设了项目合作，提供专业的服务人员和技术，通过孩子聚集度高的场所来推动业务开展。

为保障服务的品质，优儿帮后备技术团队力量强大：有国家首批标准制定审查员参与小儿推拿国家标准评审，从功法、手法、理论、辩证、沟通等五个方面全面考评认定推拿师级别，全职的专业讲师团队、技能考评委员会、医疗门诊的保障等。同时，对优儿健康驿站也进行了标准化建设。

公益探索：免费培养基层儿童健康管理师

优儿帮觉察到，在基层，儿科医生紧缺，现在三孩政策放开，人员缺乏更为突显，急需加强儿童健康管理队伍建设。

其实许多岗位的从业人员，都是儿童健康的一线关注者，甚至是责任人，她们的育儿素养可能影响到一批孩子的成长。比如在乡镇一级，幼儿园园医是非常重要的岗位，但许多专业技能不够，有些则由园内老师兼任，如果这些岗位人员能够系统掌握一些实用的儿童健康管理知识和技能，会让整个幼儿园的儿童健康水平得到显著提升。

授人以鱼，不如授人以渔。为了能够通过更多学员的培养，更大程度地提升基层儿童健康管理的能力，2020年，优儿帮启动了助力基层培养儿童健康管理师的公益行动。

活动由湖南省内区、县、乡的医院、门诊、卫生服务中心，来为基层医生、护士、乡村医生、幼儿园保健老师、社区及乡镇儿保人士、卫健相关工作人员及儿童健康从业人员、储备人才提供系统的儿童健康管理培训。培训围绕"四维儿童成长管理法"展开，内容涵盖中医小儿推拿技能、儿童营养知识、儿童心理健康、儿童药物与安全指导四个维度内容，目的是让通过培养与实训的人员能够在基层为家庭提供儿童健康预防、调整咨询，在基层为儿童开展健康档案及成长管理工作。

优儿帮希望通过这一公益活动的开展，对儿童、家庭、所在岗位服务对象，能起到预防意识、调理意识的宣传作用，缓解家长焦虑，减少不合理喂养与用药等情况；能参照社区优儿健康驿站的完整体系，开展儿童健康管理的相关服务工作，为孩子进行体质辨析，建立儿童健康档案，进行小儿推拿预防与调理；能为基层建立儿童健康管理站点，整合优儿帮各地学员的力量，共同开展基层儿童健康的科普、教育、服务等工作。

成长之路，需要更多社会支持

孩子的健康成长，不单单只是一个家庭的事，而是关系到整个社会的未来，通过发掘中医的优势，深入了解和解决孩子的成长问题，缓解家长的焦虑，让孩子更健康地成长，从某种程度来说也是在解决社会问题。目前，优儿帮也在持续通过公益的方式筹措资金，用到需要关爱的弱势群体上，彰显了社会责任的担当。

优儿帮倡导用中医理念调理儿童健康，一路走来，遇到了不少阻碍，比如大众对中医的接受程度不高、普遍对孩子日常调理的重要性缺乏认知、在实际业务开展中也遇到了业务量的瓶颈等问题。优儿帮也在积极主动探索更适当自己的发展方式，也希望在政策、资金、人才等方面得到支持，逐步推动行业的发展。未来，优儿帮将继续以儿童健康为核心，发挥中医的精髓，全方位服务呵护祖国的花朵，形成一条可持续的健康发展之路。

☞ 社会企业发展理论与实践报告

携职：为大学生就业而驱动

导读

信息不对称、知识与技能不对称、职业素养与职场要求不对称是困扰大学生就业难的三大主要原因，大学生"毕业即失业"是高考取消毕业分配制度改革后引发的一个新的严重社会问题。而"走出校门便无处落脚"是那些来自边远地区的大学生，在城市找工作面临的另一个难题。携职的创始人温少波，是一个由企业家转变为社会企业家的创业者，他围绕这两个问题的背后原因，挖掘自己身上的"社会企业家精神"潜能，致力于解决大学生就业难这一社会问题，探索出中国大学生就业持续发展之路。

携职通过商业模式解决社会问题，得到了社会各界的认可，社会企业的地位不断巩固，这也是本书选择其作为典型案例来分析的原因所在。

自信找到一片商业蓝海

1999年，温少波离开单位，加入"就业大军"，开始其创业之旅。这一年正值我国高考制度大改革，高考扩招、取消毕业分配制度等一系列重大改革举措出台，一时间，大学生就业成为新的社会问题。2008年，做过电视台主持人、做过文化传播公司董事长的温少波，手头有了点积蓄，萌生了重新做点事情的想法。

大学生就业难，"毕业即失业"是不可忽视的社会问题，特别对来自边远地区的大学生，在城市找工作还面临"走出校门便无处落脚"的窘迫。租住短期房子难以找到，住酒店最便宜每天也得100多元钱，而且在短期内找到工作很难，住房开支对求职的大学生来说是一笔不少的开销，这让家境贫寒的大学生深感无奈。如何减轻住宿压力，助力求职大学生安心步入职场，就成为大学毕业生求职的"前提问题"。

大学生"走出校门便无处落脚"的窘迫，温少波看在眼里、记在心里。找一个可持续发展的行业是温少波创业的初衷。天生具有温州人精明的温少波发现了一个新的"未消费市场"，那就是把如家模式与人才招聘服务相结合。2008年，如家等便捷经济酒店办得红红火火，但是温少波细细琢磨，发现这些便捷经济酒店其实也没那么赚钱，相比每天200元的房价，如家等这些便捷酒店的前期投入较大。而求职大学生如果住如家这些便捷酒店，房价按每天168元计算、找到一份工作的平均时间按10天计算，也就是住宿要花费1680元，这对刚毕业的大学生是一笔难以负担的开支。如果把如家模式与人才招聘服务相结合，办一个大学生如家，即在大学生如家出租床位而不是房间，每个房间6个床铺，每个床铺每天30元，每间费用每天180元，如果住满客人，收益和如家没有什么区别，但成本相比如家等便捷酒店就大大降低了。显然，办一个大学生如家比办如家等便捷酒店更赚钱。温少波兴奋于自己找到了一片商业蓝海，发现了一个新的"未消费市场"。

在别人看来，温少波的想法太新潮，也没有可供借鉴的成功案例，特别是这种模式小本薄利，而且服务对象是囊中羞涩的求职大学生。朋友们并不看好他的选择，就连他的父亲也不看好，认为是瞎折腾，但温少波认定的事情，说干就干。2008年，携职旅社在杭州六部桥直街开业，这个地方并不起眼，开业那天，没有鲜花，没有贺函，只有一张张等待来西子湖畔的寻梦者入住的床位，而且这些床位只为接待35岁以下求职的大学毕业生。

理想很丰满，现实很骨感。携职旅社成立之初，温少波曾寄希望于它赚大钱，然而他很快发现，要从穷学生身上赚钱是不现实的。2009年，成立不到2年的携职旅社，面临着关门的可能。

发现自己成为改变世界的力量

正当温少波陷入对携职定位和规划的迷惘之中准备关门的时候，突然有媒体报道携职，称温少波富于社会企业家精神，称携职为社会企业。温少波开始意识到，自己是在做一件帮助社会解决问题的好事，由此他坚持了下来。

其实之前，温少波释放过帮助政府解决应急问题的能量。2008年初，南方遭遇大暴雪，冰冻天气让许多人回不了家，温少波主动找到政府工作人员，愿意拿出床位给那些回不了家的人免费居住，不料却遭到拒绝。温少波并不气馁，直接给市长写信，表达自己为政府分忧的心愿，得到了市长的回应和高度关注。这让温少波备受鼓舞，更坚定了他发挥企业力量，为政府解决大学生就业难题助力的决心。

真正让温少波实现人生角色转换，以社会企业家来要求自己，还是源于2009年的社会企业家技能培训。这次培训由友成基金会资助、英国大使馆文化处举办，温少波有幸成为这个培训的第一批学员，也正是这次培训成为改变温少波认知和人生路径的一次历史机遇。在这次培训以后，温少波不再将携职仅仅看成一个商机，更看成一个解决社会问题的方案，他也不再将自己简单地看成为一个企业的创业者，而是以社会企业家来要求自己。

携职作为一家社会企业，员工对于社会企业身份的协同认知非常重要，温少波非常清楚这一点。因此携职在招聘新员工时就会明确其社会企业的身份，并通过岗位的需求性来进行挑选。携职在自己的岗位人员培养中，不断灌输"社会企业"的理念，在做好本职工作的同时，也激发员工对于社会问题的高度责任感。由此，不仅使员工的自我价值在工作和社会上得到双重体现，还能让职员在对外宣传时，将这种理念传播扩散给更多的人。

携职以社会企业身份运行、发展时，其多重身份定位备受争议和关注。温少波对此十分重视，在运作携职时始终贯彻"社会企业"这一理念，坚持追求社会效益最大化，引导公众认同。

后来，他还建立了一个"社企邦"，将具有社会企业家精神的企业家组成一个共同体，互相支持和学习，他也成为当地社会企业和社会企业家的"连接者"。

"发现自己成为改变世界的力量"这个想法让他很兴奋，也让他在这条路上越走越远。

决定从求职旅社开始探索

成立携职旅社当初，温少波把它看成是一个商机，在实现企业家向社会企业家的角色转换之后，携职旅社是温少波心中的社会企业，这也让他更敏锐地去发现围绕在"求职难"这个现象背后的原因，携职旅社的毕业大学生就成为他发现和分析问题的人群。他观察到,许多大学毕业生不仅经济困难,而且面对社会的能力也相当欠缺。越是贫困大学生,越想通过读书改变命运,但真正步入社会、走进职场的时候,却发现自己所学的知识和技能与现实严重脱节。社会对大学生的评价也是片面而笼统的,认为他们眼高手低,但很少有人去分析其深层次原因,也鲜有人给他们提供切实有效的帮助。

温少波决定从求职旅社开始探索解决这一问题的路径。

为大学生减轻住宿压力是携职旅社提供的基本服务。旅社共有两百多个床位,每天28元的房费、不需要交押金、应届毕业生享受首日免费福利,这些安排都很亲民。旅社还提供了许多免费蹭住攻略,例如打扫卫生可享受一天免费住宿,在携职找到女朋友的,也可享受一天免费住宿。此外,旅社开设了"善行28"的捐赠板块,每收到一笔28元的捐赠,就可以支持一位财务困难的大学生免费住一晚。

提供廉价住宿只是解决了这些求职大学生的燃眉之急,而要真正帮助他们找到工作,携职必须嵌入他们的求职过程,充当人才需求企业和求职大学生之间的桥梁,发挥沟通、链接和促成作用。为此,携职提供了更多增值服务。

建立人才数据库,为需求企业提供大学生人才市场,改善就业市场的信息不对称状况,提高人才与企业需求的匹配效率。

配备专业的"人才红娘",对求职大学生进行一对一的就业指导和帮助,把关简历、收集就业信息、联系企业、陪同上门面试、开展心理辅导、进行职前培训、陪同面试演练、总结失败教训等,有益于求职相关的事情,"人才红娘"都会尽可能地提供帮助。

营造"励志空间",每间宿舍用"百度""腾讯"等令人向往的企业命名,激发迷茫中的大学生憧憬未来;张贴励志标语:"在携职,你不是一个人在战斗""将来的你,一定会感谢现在拼命努力的自己""包揣两块钱,心怀五百万""亮出刺刀,向职场开战"……在携职,几乎每个房间的墙上都贴着这样的标语;打造携职文化IP,出版《求职公寓》《眼前的黑不是黑》等书籍,展现大学生就业创业的心路历程,鼓励大家求职路上要坚持,眼前的困难终将过去。创作励志歌曲《一起飞》;拍摄舞台剧《求职路上》等。

成立麦可思人才开发有限公司,开展人才服务、委托招聘、人事代理等业务,使供求双方的信息对接更加畅通。

携职还推出了两项特色化服务"温总下午茶"和"眼前的黑不是黑"。这两项服务不仅是携职在服务拓展中的创新，更是其对大学生求职心态阶段性发展特征的准备把握。它摈弃了传统的形式化、说教式的培训方式，通过交朋友的方式传递一种正能量，它还注重体验式的培训，寓教于乐，寻求最大的培训产出。

在植入更多功能的基础上，携职也在不断地寻找可提供的具体服务内容和形式，渐渐地携职形成了"求职住宿+求职培训+求职服务"的新模式。它的社会构架主要分为两部分——携职住宿和麦可思人才服务。携职即是为大学生提供廉价的住宿服务，麦可思则分为"人才服务""就业培训""就业信息大数据"三个部分。其中住宿部分的收入来源于入住大学生，而人才服务和职前培训部分则主要来源于企业费用。在获得了越来越多资源聚集之后，温少波又开始提供人才档案、户口管理等服务。

正如温少波所言："我们现在有招聘、有培训、有外包、有代理、有户口，这样一条龙的服务，这么深挖下去，就发现前几年我们走的是一条泥泞小路，走着走着就变成大路，大路再往前走，前面发现一个广场，广场它又通向很多大路，我们觉得现在这个路还有很多条，不着急，慢慢来，一条条走，这个企业越办视野越开阔。"

这样的模式的确给很多求职者带来了命运的改变。携职的一位经理经常用曾经的求职者经历来鼓励现在的求职大学生，希望能带来他们更多的信心。"曾有一位连28元住宿费都差点交不起的'携职之友'，如今已是一家企业的高管，年薪超百万。""几个携职的同屋患难兄弟一起合伙创业，现在企业年销千万元。"

决心创办一所培训学校，开发一个信息平台

究竟是"拽"还是"气馁"，在求职旅社发生的一系列不可思议的事情，让温少波陷入了沉思。本来安排好的面试时间，有的说心情不好不去了，有的说买了电影票和面试时间冲突不去了，有的说还有两集电视剧要看，有的说天气不好不去了，有的说太远不去了，有的面试迟到1小时……总结这些案例，温少波认为这是个心态问题，如果仅仅提供住宿、介绍工作，而不关注他们的心态问题，很难可持续解决大学生求职难问题，而其根源在大学教育。其实，对大学生就业教育，国家也是相当重视，各个大学也相继开设了就业创业课程，

但课程内容针对性不强，缺乏对大学生的心理分析，缺乏从学生到职场人的心态转变的课程内容。而要解决大学生求职心态问题，必须通过就业教育培训来解决，因此，温少波决定创办一个以就业创业为目标的培训学校。

通过不懈努力，2016年，携职就业创业学院成立。学院确立"以职场需求为导向、以就业能力为本位、校企共育、价值融合"的办学理念，实行就业信息和企业岗位相结合、就业素质培训与技能培训相结合的培训模式。

在实践探索中，温少波发现，专业与企业需求不匹配、缺乏求职知识是大学生就业难的两个最主要原因。鉴于此，学院先后与阿里巴巴、华为等行业龙头企业合作，共同打造电商、C++、安卓开发等当下人才市场稀缺的就业技能精品课程。同时，学院还与部分高校合作，推行"3+1""2+1"人才培养模式，前几年，学生在本校学习通识教育课程、学科类基础课程、携职提供的就业技能精品课程；最后一年，学生到携职就业创业学院参加专业学习和实训。

为提高就业成功的概率，携职还为求职者准备了应对就业的"六脉神剑"——就业国学、就业礼仪、就业心理、就业演讲、就业简历、就业面试等6门就业素质课程。

谈及携职与职业院校校企合作教学模式的区别，温少波表示，前者多是订单式培养，人数偏少。"携职立志为某个行业培养人才，龙头企业对人才技能及职业精神的要求反映了整个行业对人才的需求标准。如果学生从一入学就按照这一标准培养，便可大大降低就业的融入门槛。"

携职还推出了校企就业信息大数据平台。平台汇集了全国3000多家院校、1万余家企业的招聘岗位信息以及海量个人求职简历，实现了更便捷、精准的校企对接。"信息不对称是就业难的原因之一。有了大数据平台，学校和企业可以很快地检索到所需信息。"温少波告诉记者，大数据平台还可以根据多年积累的数据，预测出某个专业的人才需求量，帮助学校及时调整专业招生数，减少因"僧多粥少"带来的就业难、人才浪费。

多年实践，携职探索出了求职公寓—求职大学—求职平台的发展路径，形成了人才服务—就业培训—就业网络工具的携职就业服务链。

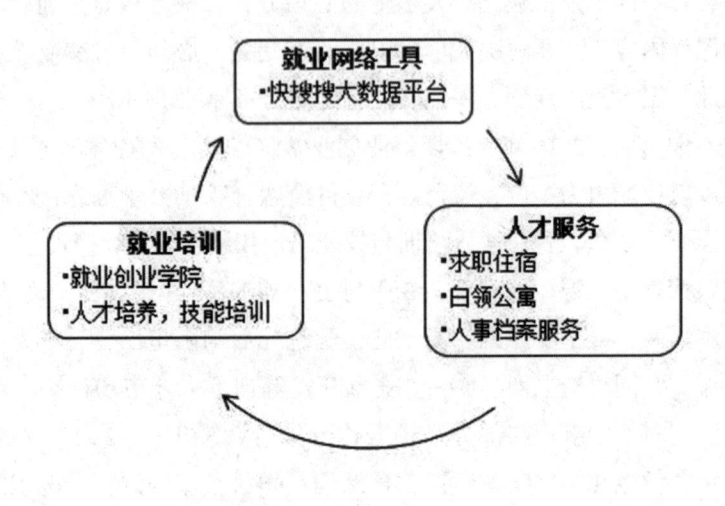

携职就业服务链

不能停下来，坚持走下去

温少波从寻找商机的企业家转变为解决社会问题的社会企业家，在助力大学生就业道路上不遗余力。

为理想而驱动，携职走过了13个春秋，一串串不平凡的成绩单，展现了良好的社会企业形象。

携职平均入住率高达83%，为6.8万名大学生推荐工作；携职就业创业学院共培训大学生4000多名；每年接待来自全球各地的参观者达120多批次，还多次在北京大学、复旦大学、上海交大、浙江大学、宁波诺丁汉大学以及各个论坛分享携职的社会企业发展之路，带动改善大学生就业情况，开展扶贫教育，受益学生近万人，就业率达90%以上；开展乡村女性赋能计划，累计帮扶县域1200余人进行电商创业技能提升，受益人经济增收300~3000元不等。

携职赢得了社会认可，各种荣誉纷至沓来。面对成绩和荣誉，携职没有片刻驻足，正如温少波说的那样："不能停下来，坚持走下去。"

未来携职，有着更宏大的梦想：成立携职就业小镇。就业小镇融合居住刚需、就业创业落地服务和人才资源服务，助力大学生实现安居乐业的梦想，同时携职的梦想也将在这里腾飞。

在携职的规划中，就业小镇既是青年人才生活城也是就业创业城，是一个人才社区更是一个硅谷产业园，既帮助大学生就业又响应大学生创业，既为一座城市输送人才又为其建立人才发展模式，既是打造人才发展的创新样板又构建了一座城市经济发展的创新平台，既集聚各地就业创业青年又助推了一座城市的经济转型升级。

这是一个因梦想而诞生的梦幻小城，这里，将不断发生一个个"互联网+就业+创业"的奇妙化学反应；这里，将是一个集聚正能量的和谐小镇。

小结

携职在解决大学生就业创业问题上提供了一个富有成效的借鉴模式，它出身企业又向社会企业华丽转身，携职的实践和探索给我们的经验是：①致力于可持续解决社会问题，第一位要做到的就是不要让自己成为问题；②经济效益与社会效益并不矛盾，两者是可以兼得的。携职人对携职的社会企业属性有着高度的认同感。温少波和携职人不仅要做社会企业的实践者，更要做社会企业的宣传者，让更多人知道、理解社会企业，给求职路上迷茫的大学生带来帮助和温暖，同时，给更多的企业在如何履行社会责任、解决社会问题方面带来积极的启发与思考。

参考文献

[1] 友成企业家扶贫基金会. 从公寓、大学到平台，还要做小镇？专家一个"创造新阶段"的社会企业. 友成企业家扶贫基金会公众号.

[2] 崔小玲. 从企业到社会企业，距离有多远？——杭州携职旅社的创新案例. NGO 新闻，2016-06-13.

[3] 周竟，张璇. 绝对心酸又励志的故事：28 元求职旅社. 上观新闻 2016-07-08.

[4] 陈亚聪. 入就业季. 看携职如何帮助"毕剩客". 人民政协网 2017-04-91.

云喇叭：让快递员多一份幸福感

导读

"互联网+"时代，快递业持续迅速发展，成为我国重要的经济产业。快速发展的快递业背后，是快递员数量的迅猛增长，快递员正成为日益重要的职业，他们的存在决定了城市发展的效率和便捷程度。他们用勤劳的双手创造价值，给我们带来幸福。然而，他们面临的生存之难你可知道，他们面临的"高风险""高强度""高负荷"的"三高"之苦，有人可曾了解？曾有媒体大把推送、大把赞美外卖配送员，比如听障外卖员、脑瘫配送员，疫情期间，快递公司"春节不打烊"，为了保障消费者能够顺利寄送快递，快递员坚守在运送快递一线，以"胡文旗"为小小缩影的众多快递员再次感动大家，但随着热度散退，还能留下什么？成都身边科技有限公司，一家专注于服务行业的移动互联网公司，以快递物流行业为基点，力求用高科技解决服务行业通知效率低、电话成本高的突出问题，提高服务人员的尊严、效率和薪资。

这样一个非常典型的社会企业案例，获得了中国社会企业、成都社会企业、向善企业等多项荣誉。本书特选取其作为典型案例进行分析，期望能放大影响力。

为快递员的辛苦工作减负

成都身边科技公司的创始人兼CEO李黎明，快递员口中的"喇叭哥"，始终践行社会企业家精神，他开发云喇叭为快递员提供最优质的服务，降本增效"解放"快递员。

快递业务持续高速发展

伴着市场需要的快速提升，我国快递行业发展迅猛，快递业务高速发展。根据国家邮政局的统计数据，2013 年，我国快递业达到增速最高点，完成业务量 91.9 亿件，同比增长 61.6%。之后增速虽放缓，但每年总体上仍保持在 25% 以上的高速增长，2020 年业务量达到 833.6 亿件，是 2013 年的 9 倍多，平均每天派送量高达 2.28 亿件。

图表：2013-2020年中国快递行业业务总量及增长速度(单位：亿件，%)

资料来源：国家邮政局 前瞻产业研究院整理

"快递小哥"新型群体持续发展壮大

快递业的蓬勃发展正在催生一个规模持续发展壮大的新型群体——快递员，人们习惯称他们为"快递小哥"。他们负责物流环节的"最后一公里"，每天不分昼夜，穿梭在城市的大街小巷，把一件件包裹投递至千家万户，支撑着城市的快速运转。曾几何时，这些"最熟识的陌生人"，已经成为我们"最盼望见到的陌生人"，我们每个人每天似乎都离不开他们的服务。

有调查显示，快递员、外卖员及滴滴司机是城市常常不被体谅的三类人，他们为城市服务，却又承受来自城市的诸多埋怨，得到的尊重和温暖比较少。

人们之所以称他们为快递小哥，主要因为该群体以男性为主，约占比 90%，并且以年轻男性为主，80 后是主力军，90 后也不少，80 后、90 后在群体中占比达到 70%；他们主要来自农村，来自农村的占比 76.31%；学历普遍较低，中小学学历占主要部分，专科或者本科学历的极少；有数据统计，现在中国的外卖员、快递员从业总人数高达 1000 万人，其中包括兼职人员。8 小时工作制在快递行业是个美好的理想，快递员基本上每天工作在 10 小时以上，工作量大、时间长且休息少是他们的常态，他们实行的是不定时工作制，挣的工资与派件量息息相关。根据 2019 年全国快递从业人员职业调查报告显示，

75.07%的快递从业人员收入在 5000 元以下。他们获得的权益保障不是太高，一些大的快递企业承担五险一金，但一些小企业或者经营能力弱的企业往往没有对他们支付五险一金。他们流动性和离职率比较高，工龄在 1 年以内的有 23%，1~3 年的为 30%，也就是 3 年以内的工龄的人数占比就高达 53.72%。他们 60%~80%是朋友或者是老乡介绍入行，这主要受民营快递发展的影响。

传统快递派送方式成本高、耗时长、效率低

根据 2019 年数据，全国 300 万快递员要完成全年 635 亿件快递的派送任务，这些都是由快递员发出电话或者短信的取件通知来完成，每个通知平均按照 30 秒花费时间计算，600 亿件快递的取件通知全部发出共需 300 亿分钟，采取目前最低通话收费标准，全年在电话费的花费上就是 10 亿元，每个快递小哥每月的话费支出为 200~300 元，相对于他们的工资来说其话费支出成本太高。

39%的快递员每天只能送 100 件快递，日均送件数量少，且 100 件快递的电话通知要耗费一个半到两个小时，耗时长、效率低。

研发自动批量机器人"云喇叭"

"为什么不能开发一个帮助快递员自动打电话、自动发短信的软件呢？"李黎明第一次深刻意识到帮助到身边的快递员提高通知效率和降低话费成本的现实意义。

信奉技术改变世界

"云喇叭"的创始人李黎明，信奉技术改变世界。他酷爱计算机，高中时期开始学习电脑，大学毕业于电子科技大学计算机系，大学毕业以后留校当过老师，之后自主创业，基本上从事的都是计算机相关行业，之前做过金融行业的网络通信，包括网店的网络、ATM 机、POS 机、支付系统，后来做过快递行业的社区智能快递柜，就是现在的丰巢。但现实并非他想象的那样，别说改变世界，就是一起长大的伙伴的现实状况都难以改变，能够从农村考上大学进入城市工作生活的人很少，在城市的农村人口文化程度普遍较低，40%为高中及以下文化程度，他们为人憨厚、不善言辞，很多从事脏累差的活，快递、外卖就吸纳了很多农村来的年轻人，他们在城市很难得到认同和尊重。

羞愧感激发责任感

人的内在潜力和责任感往往是激发出来的。原本信奉技术改变世界的李黎明，因为一个现实场景，激发了他为"快递小哥"做点事情的责任感，希望能为他们减轻一点负担，送去一份暖意。2014年，正在做社区快递柜项目的李黎明，回到电子科技大学的学生宿舍做市场调查，一个现实的场景让张黎明既惊讶又羞愧：两万多人的电子科技大学学生宿舍楼下，7~8个快递员正在派送快递邮件，他们每人每天要完成200~300件的派送任务，为了节约电话费，他们选择小灵通、大灵通、手机以及磁卡电话等多种通讯方式，一个一个给学生打电话通知取邮件，每天要在学生宿舍门口摆地摊似的待上1~2小时，才能完成派送任务。作为信奉技术改变世界、多年从事通信的IT人，见此情景，李黎明感到既难受又羞愧，内心想着如何改变他们的辛苦工作，提高他们的工作效率。

责任心和使命感推动着李黎明将创业项目定位于对云喇叭产品的研发、运营和服务。2015年，他从三泰控股辞职后，于当年的7月3日，在成都高新区注册成立了成都身边科技有限公司。

2015年9月14日，公司推出了云喇叭App1.0版，界面简陋得让人看不下去，但李黎明认为，"既然是工具产品，重点是解决实际问题，如果界面丑，但快递员还要使用，那就说明产品是真的有需求和市场。"

其实，云喇叭的原理非常简单：建一个云喇叭后台，把运营商的电话、短信集成到系统上，快递员只需下载安装云喇叭APP，然后提交批量用户手机号并告知云喇叭后台通知方式即可，之后不管是打电话还是发短信，均由云喇叭机器人自动批量实现。云喇叭解决了传统打电话或者发短信过程中的两大最大痛点：一是快递员需要逐一打电话，一般送100件快递打电话就需要一个半到两个小时，效率低、时间长；二是用手机打电话话费成本高，快递员平均每个月的通信费用达到200~300元，对于一个月平均收入5000元以下的快递员来讲，电话费的开支比例非常高。而云喇叭效率高，一键群发取件信息、批量呼叫用户取件，打100个电话仅需1分钟，短信电话同时发，到达率提高10%，预计每天可为快递员节约2小时；成本低，可节约60%的话费，每月节省费用至少150元。云喇叭大大地降低了快递员的劳动强度，缓解了工作辛苦。

☞ 社会企业发展理论与实践报告

云喇叭的原理

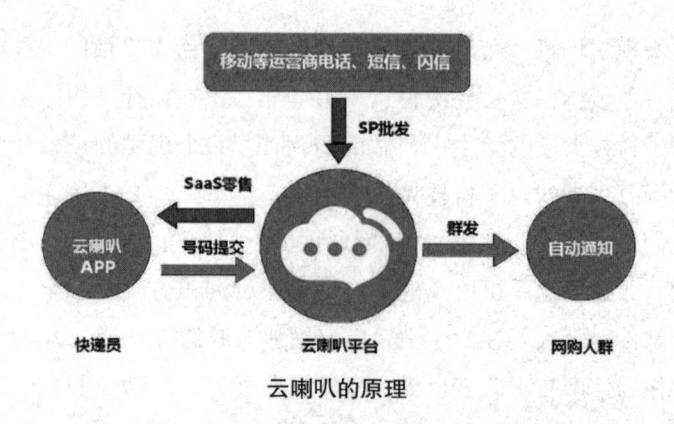

推广快递云喇叭 APP

云喇叭 APP

在 2015 年的国庆假期中,李黎明只休息了一天,其他时间则带上云喇叭 APP 软件,在成都各大快递员聚集的地方当推销员,一个一个去介绍云喇叭,并教会快递员使用,听取他们的意见。在当年的"双 11"和"双 12"期间,云喇叭的快递通知数量每天分别超过了 16 万件和 28 万件。

72 万快递员从中受益

截至 2020 年 8 月,云喇叭平台显示,快递员累计用户数达到 72 万,共服务 2.2 亿人群,助力快递通知服务量 23 亿件,为快递员累计节省通话费 1.5 亿元,节约通话时间 10 亿分钟,真正让互联网的阳光照亮社会底层。

2015 年,李黎明在天府软件园拉开"云喇叭"创业序幕时,参与云喇叭的投资人评价其是一个"义利并举"的项目——以一键群发取件信息、批量呼叫用户取件，帮助快递员实现降本增效。

但创业之路并非一帆风顺，为了让更多的快递员了解和使用云喇叭，产品上线第一年，公司完全免费让快递员使用，业务在增长的同时成本也在极速增长，一年烧掉680万元，资金链几乎断裂。

怎么办？是继续免费还是收费，如果继续免费公司必死无疑，如果收费，用户跑了公司同样会死，经过再三权衡，李黎明拍板，决定实行收费。

令人值得欣慰的是，收费当月的快递员流失率不到20%，8成快递员愿意付费使用。此后的发展过程中，为保证让快递员实现降本增效的初心，其收费标准没有提高，一直保持行业最低标准。"云喇叭"提高了快递员的工作效率，降低了工作成本，得到了许多快递员的认同，曾有快递员对李黎明说："你做了一件有功德的事。"能得到快递员的认同，让他获得的成就感远大于赚钱。

"云喇叭"的义利并举模式，得到了社会的高度认可。创业之初，北京就有科技大佬投资300万元，钱不多，但对急需资金的"云喇叭"公司来说无疑是雪中送炭。2016年公司获得了第二轮融资，有三家来自上海、重庆和成都的投资机构共投资了800万元。公司获得了中国社会企业、成都社会企业、益创天使计划成都站优胜者、向善企业、2020向光奖等多项社会荣誉。

☞ 社会企业发展理论与实践报告

社会荣誉

公司也获得了政府的高度关注和支持，成都高新区给予了公司房租补贴，2016年至2020年，公司获得了成都高新区"十大创业企业奖"、国家高新技术企业和"双软"认证、成都"高科技高成长20强"和高新区"瞪羚企业"称号、四川省"瞪羚企业"称号等多项荣誉。与之同时，公司还获得了政府提供的多次产业政策学习和交流机会。

公司荣誉

2016年10月公司开始实施收费以来，公司营业收入连年增长，由2016年的297万元直线上升到2019年的2937万元；特别是2020年上半年，由于疫情封闭管理，网购需求井喷式增长，公司没有收到疫情的影响，业务量不降反升，截至8月底营业收入已超2300万元。根据公司的业绩、资产以及在行业中的地位，公司估值已经突破亿元。

让被服务者获得更多的幸福

云喇叭身边科技公司专注于快递到货通知这样极细分的市场,取得了令人瞩目的成绩。但李黎明这位连续创业者异样清醒,既要低头拉车,更要抬头看路。他说,高速发展的快递行业是云喇叭生存的土壤,末端配送的需求增大,给了产品一个机会。

罗马不是一天建成的。从大学时期到现在,李黎明在 26 年间经历三次创业,期间的艰辛与挑战难以细数,他乐观地总结这段征程,为他沉淀下对创业更深层次的理解。"在 35 岁前,创业多是'自嗨';在 35 岁之后,才能真正理解用户的需求,'让别人嗨'。"

"云喇叭"的业务目前主要针对快递员以及为高校、写字楼配送的外卖员,现在也在探索社区生活服务方面的业务。李黎明表示"要用最高配的团队,最新的技术,深耕快递外卖下沉行业。"在谈及"云喇叭"的目标和未来愿景时,云喇叭创始人李黎明的回答不是科创板上市,也不是赚一个亿。他说自己对云喇叭未来最大的愿景是通过技术升级迭代,让快递员和收件市民获得更多的幸福感。虽然是技术驱动,但李黎明坚持把云喇叭定义为"服务业",服务业的最大使命是让服务者获得更多的幸福!

小结

发展起来之后的问题总比不发展时要多,随着社会的不断发展,新的问题不断被创造出来。社会企业"最根本的是怎么样把社会问题中所体现出来的这部分深层需求和社会价值,以创新的方式去解决。"

成都身边科技有限公司在创始人李黎明的带领下,研发出云喇叭 App,以一个非常小的切入口,以一个产品化的方式突破解决了一个低收入群体——快递小哥的话费成本、劳动强度和工作效率问题,社会价值明显,也取得了不错的营收成绩。这是一个成功的解决方案,也是一个非常典型的案例。

近年来,随着快递行业的快速发展,从事快递行业信息化的创业企业如雨后春笋,国内最多时候达到 40 家,但经过大浪淘沙后,目前只剩下 4 家,也就是说,能够活下来的仅有 10%。

大浪淘沙智者胜。一个企业要取得成功,必须做到以下几点:

一是专注于细分领域深耕。云喇叭专注外卖快递行业的细分市场:一群特殊的人群——快递小哥,他们不是传统意义上的弱势群体,但这个新群体也有他们自己的问题,存在未被满足的一些需求。云喇叭通过系统性地降低社会成本的方式,创造出了商业价值,提供给快递小哥更有价值的服务。

二是细分行业本身是一个快速成长的行业。公司专注服务快递小哥,这个新型群体体量足够大,而且还在不断发展。

三是有很高的社会价值。云喇叭服务快递员这个城市蓝领人群,为夯实社会稳定基础、促进社会安定做出了积极贡献,非常成功地把影响力和商业做了一个有机结合。

四是坚守为社会服务的初心。公司始终保持帮助快递员降本增效的初心,云喇叭收费从未提高,也一直保持行业最低,在公平和效率上做得非常平衡和到位,彰显了一个社会企业的精神和底色。

参考文献

[1] 云喇叭,快递自动通知系统.亮·中国 flame china 2020-05-14.

[2] 云喇叭,对生命的无差别尊重.亮·中国 flame china 2020-02-21.

[3] 鲜敏.专注服务快递员,"喇叭"年营收近3000万!财富成都 2020-04-29.

上善助残：授之以鱼，不如授之以渔

导读

上善助残的全称为长沙市上善助残服务中心，坐落于长沙市西南部山林深处的自然村——莲花山村，是由岳麓区坪塘街道办事处长塘村村民谢向前先生于2014年7月向长沙市民政局申报成立的民办非企业单位，也是长沙市首个农村非营利性社会服务机构。上善助残获评"省文明实践助残服务基地"，长沙市第四届"善行四十佳"——十佳扶残助残爱心集体等称号，2017年被中国慈展会平台认证成为"中国好社企"。

上善助残的核心目标在于促进残障人士就业和融入社会。服务中心的工作形式为庇护性工厂和庇护性劳动项目，主要通过整合教育、心理、社工、医疗等资源，帮助更多的残障人士正常化。通过助残善学堂、助残善文化、助残善农场、助残善家园、助残善工坊等一系列品牌公益项目，积极推进农村残障人士自主就业增收，满足自身生存需求。

上善助残鸟瞰图及所获荣誉

创立初衷：上善于心，厚德于人

上善助残的负责人谢向前先生于2013年遭遇了一场突如其来的事故，全身60%重度烧伤，治愈后，手、脚功能受限，落下残障，经长沙市第四医院鉴定，被岳麓区残联评定为三级肢体残障。因身体残疾失去工作的他深深体会到残障人士再就业的举步维艰，但坚强的他没有被现实压垮，在省、市、区残联及各级部门的鼓励指导下，他自筹数万元资金，自主创业，于2014年7月向长沙市民政局申报成立了长沙市上善助残服务中心。

谢向前对残障人士的经历感同身受，许多残障人士因为身体功能受限，找工作时会遇到种种外界阻力，然而只要工作内容适合，他们完全有能力创造社会价值。有的残障人士因为不能正视自己的身体状况，不认为自己有能力工作，对外出和工作很排斥，长此以往待在家里，缺乏社会互动，一方面内心感到孤独、抑郁、绝望，另一方面容易导致注意力变差，思维消极、偏狭。一些患有精神障碍的残障人士，由于药物影响和社会互动不足，在思维能力上也亟待加强。谢向前希望以庇护性就业的方式，为残障人士就业和融入社会提供帮助。

为了把这份事业做好，谢向前把自己的房子和地改造成了上善助残的实践基地，家里的客厅改造成了教室，老宅改造成了农耕记忆馆，供外人参观、学习。中心成立至今，谢向前带领上善助残共开展残障帮扶活动700余次，精准帮扶人数达5000余人，中心为30余名残障人士士提供长期托养服务，对300余户残障家庭进行结对帮扶，为50余名残障人士提供就业机会，连续七年组织开展"残障人士集体婚礼"等百余场公益活动，组织残障人士每年体检、旅游，活动参与人数多达万余人次。到如今，谢向前带领着上善助残走过了7年风雨，这七年代表着一种坚守，一种温暖，一种信赖。

运作模式："五善"品牌，助力残友增能增收

上善助残始终坚持"多方合作、多元助残，齐力解决农村残障人士困难，共筑幸福生活，共享幸福社区"的理念，积极发掘残障人士的就业潜能，与多家爱心企业建立联系，为残障人士搭建就业服务平台，提供多元化的就业岗位，让残障人士通过劳动实现自我价值。上善助残以乡村助残善文化为品牌，构建坪塘街道乡村助残"五善"品牌，即助残善学堂、助残善文化、助残善农场、助残善家园、助残善工坊。

助残善学堂：增强残友学识，搭建残友与外界沟通的桥梁

莲花山村位于长沙市西南的一个偏僻的自然村，交通不便，人们的思维也比较封闭保守。很多残障家庭为重残、一户多残和老弱病残，生活过得非常清苦。由于观念比较落后，当地人认为残障人士就是残废人，只能在家中养起来，是家庭的负担，更谈不上学习文化知识和走上工作岗位，赚取工资收入。在这种观念的影响下，很多残障家庭放弃了对自家孩子的期待和培养，导致村中许多残障人士从小到大被留在家中，接触的人和事物十分有限，绝大多数的残障人士目不识丁，从没有走进过学校课堂。由于普遍文化程度低，专业技能不足，思维比较落后，其能够从事的就业岗位十分有限。基于此，上善助残开设助残善学堂，开展助残知识、助残技术、助残文化、助残公益等方面的宣讲，帮助残障人士提高知识水平，获得必备的生活技能。

阅览室 & 教室

由于大部分残障人士与外界的联系较少，为了让农村残障人士更好地融入社会生活，共享社会发展成果，上善助残积极整合社会各界爱心资源，开展了一系列助残、济困等社会融合活动。截止2020年底，有近百所学校约3万人次的学生

家长参与到服务中心开展的助残体验活动中来。

上善助残与南雅湘江中学合作成立的学生劳动教育实践基地，一方面能够加强中心的残障人士与外界的交流，另一方面也改变了社会对残障人士的认知。在实践基地的提质改造过程中，特别针对学生助残体验活动进行了区域规划，在功能方面，将一部分的农场区域建设为活动体验区，其中林区用于盲哑搭配体验活动场所，复杂的地形更有利于学生体会到残障人士生活中的困难和坚持；另外在农场方面，单独开垦出一块公共菜地，用于学校劳动小组开展活动，体验劳动的艰辛以及农业种植的不易；农耕记忆馆所陈列的各个古老的农村工具也向学生们——展示了从古至今农民伯伯为了提高农业生产所展示出来的惊人智慧。

助残善文化：助力残友追求幸福生活，展现自我风采

为了促进残友间互相帮助，形成相帮相爱的氛围，上善助残积极挖掘当地有善心的人以及残障人士家庭生活中的一些感人故事，开展婚纱照拍摄、集体婚礼、我自强我向上——残障人士自强风采展示、最美残障家庭评选等活动。2020年11月30日，国际残疾人日前夕，"见证爱情最美的模样"残障人士集体婚礼在长沙市上善助残服务中心举办，这12对新人中，有重度肢体残障、视力残疾、脑瘫残肢障碍者。

大部分残障人士难以实现求学、工作、婚姻的目标，而上善助残带领他们完成了。截至目前，上善助残已为残友举办过7次集体婚礼。婚姻对于残障人士而言，一直是个特别困难的问题，解决了家庭问题，就能解决残障人士的心理问题。他们虽然身患残疾，但也有正常人的想法和需求，在身体受到创伤时，心灵更渴望受到呵护。因而，上善助残通过帮助残障人士解决婚姻问题，为他们找到了生活的动力源泉。

助残善工坊：庇护性工厂，靠双手创造财富

上善助残自成立以来，积极推动辅助性就业，承接了图书包装、手提袋制作、电子元件、印刷品的后期加工等业务。这些工作操作难度低、培训时间短，容易上手，既不会挫伤残障人士的工作积极性，也不会对残障人士的身体造成二次伤害，满足了残障人士在家门口就业的需求，为莲花山村及周边村组的残障人士、留守妇女、留守老人提供了灵活的就业服务平台，先后带动30多名残友和20多名留守人员参与就业。助残善工坊让这些难以走出家门的弱势群体拥有了就业的机会，帮助他们用自身的劳动创造价值，改善贫困状况、创造幸福生活。

一开始，前来应聘的残障人士并不多。有些残障人士因长期受歧视，有自卑心理。"哪个单位会要我们这种人？""去了又能干什么？""被人欺负怎么办？"，为了打消这些残障人士的顾虑，谢向前主动上门，耐心解答，解除他们的顾虑。

经过前期沟通，村里一部分残障人士陆陆续续加入上善助残这个大家庭。

"这里工资不高，但他们觉得很开心。以前依靠每月200元的低保过活，现在靠自己的双手可以每年挣9000元以上，可以自食其力地生活。"谢向前说。在上善助残，残障人士通过劳动改善生活，除了金钱，他们还获得了一个更重要的东西——尊严。"有什么麻烦，你们可以直接找我，我会尽我所能帮助你们解决。"这是谢向前经常跟员工们说的话。

最初，谢向前在印刷行业人脉资源少，推销产品方面也不是很熟。为了承接更多的印刷品后期加工业务，谢向前从一本本杂志上抄下长沙各大印刷厂的地址、电话，再逐个上门进行推介。从2014年到2016年两年间，谢向前驱车行驶了11万公里。

多番努力后，上善助残不仅与多家爱心企业达成合作，还承接了手提袋制作、电子元件后期加工等业务，员工也从最初的11人增加到50人，其中残障人士占比达到74%，残障家庭成员占比达到16%。

2015年6月，上善助残成为"湖南省残障人士就近就便就业试点单位"，这是湖南省第一个就便就业试点单位。上善助残开设的农村残障人士就近就便就业增收项目，主要以车间就业的方式，服务区域仅在岳麓区坪塘街道莲花山村及周边村组，虽然其他地方同样也有愿意就业的残障人士，但因为距离太远，农村交通不便，无法来到上善助残参与就业。因此，上善助残未来会把服务区域拓展到更广泛的地方，对于莲花山村周边距离稍远的残障朋友，将提供车接车送服务。2020年受疫情影响，车间就业情况不太理想，车间就业参与人员30余人，经济总收入约15万元。

同时，上善助残也在不断提升自身的品质，在机构提质改造后，就业车间划分为两个区域：印刷品加工区和线圈加工区。线圈加工区得以完全独立开来，脱离印刷品加工的嘈杂环境，使得线圈加工在出货量和质量上有了明显提升。

助残善农场：多渠道就近就业，保障残障家庭的经济收入

为了给残障人士提供更多的就业渠道，上善助残结合当地农村特色，利用当地的优质资源，开设莲藕种植、荷花鱼养殖、走地鸡饲养及乡村亲子体验等为主的"同心农场"项目。一方面为残障人士提供更多的就业机会，提高残障人士的生活质量，另一方面让长期生活在都市的人群，远离城市的喧嚣，缓解工作上的压力。

2018年4月，为了帮助残障人士增加收入，上善助残在服务中心旁租了50亩稻田，以800元/50平方米的价格将50亩稻田分租给爱心人士，再请残友帮忙，替这些爱心人士浇水、拔草、施肥，等蔬菜熟了，便通知爱心人士进行采摘。如此一来，爱心人士能吃到安全新鲜的蔬菜，残友们也能增加收入，还能带动周边的蔬菜销售。

2020年，同心农场进行了重新设计与规划，改造了农场的蔬菜喷淋灌溉设施、修整了田间道路，将耕作面积从30亩拓展到100余亩，在街道的带领下，开展了以莲花山村为主，各村（社区）共同参与的爱心志愿服务，用实际行动助力扶残助残社会服务工作。农场道路基础、灌溉设施等得到提质改造后，大大减轻了残障员工的工作压力；农场面积的扩大，使得农场灵活就业的残障员工人数增加至36人，帮助莲花山村及周围地区500余户残障家庭实现就业创业增收。自从"同心农场"项目启动以来，邻里村里间的受益人群达2000余人。从以前依靠每月200元的低保生活，到现在依靠自己的劳动每月获得上千元的工资，残障人士的生活得到了极大的改善。

谢向前说，随着后期"同心农场"项目的不断扩大，不但残友们的收入将会逐年增长，还将会给更多的残障人士提供更多的就业岗位及自主创业的机会，以帮助到更多的残友。

同心农场通过整合资源，荒地变良田，残友实现了充分的就业，既符合可持续发展的理念，又充分实现了和谐社会的健康发展，让贫困的乡村从根本上摆脱贫困，维持社会稳定，实现社会、家庭、个人的健康发展。

同心农场

除此之外，上善助残还设立了农村残障人士阳光增收计划，每年为莲花山村及周边村组的 90 户残友家庭免费发放 50 只鸡苗，并邀请知名专家向现场 90 名残友传授养殖知识。农村残障人士阳光增收计划让无法外出且有一定劳动能力的残障人士真正参与到就业创业中来，用自己的劳动力为家庭增加一份收入来源，让没有劳动能力且需要家人照顾的残障家庭可以居家就业。

2020 年是阳光增收计划实施的第三个年头，为了保障残障家庭的经济收入，在走地鸡销售方面，上善助残与帮扶对象签订了代销帮扶协议，解决了一部分残障家庭无法通过自销渠道销售走地鸡的问题，并且将走地鸡加入农村信息入户工程——益农信息社，进一步为走地鸡的销售提供保障。

助残善家园：提供托养服务，建立残友的温馨家园

为了给丧失劳动能力的残障人士提供庇护场所，给予他们日间照料服务，释放家庭劳动力，缓解"一人残障拖累一家"的生活困境，上善助残创办了高觉田园残疾托养服务中心，把残友接到中心集中照料。高觉田园残障人托养服务中心是岳麓区首个农村托养服务机构，设有健身区、娱乐室、庇护车间、阅览学习室、康复理疗室、农康基地、休息室、后勤保障、办公室等，总面积约 1000 平方米，主要为重度肢体障碍、智力和精神障碍人士提供托养服务。同时，托养服务中心还创办庇护性工厂，为残障人提供日间照料、体能康复、心理咨询、社区融合、就业创业技能训练以及文化娱乐等服务。

托养中心还配备了专业康复师指导残障人士进行身体机能的康复训练，聘请心理咨询师为他们做心理辅导，并在认知能力、社会适应能力、生活自理能力、社会功能恢复等方面对其进行培训，全面提升残障人士的综合能力。此外，托养中心还设有唱歌、打牌、看电视、上网等休闲娱乐场所，同类人群一起学习，一起欢笑，没有歧视，和谐相处，就像生活在一个温馨家园。

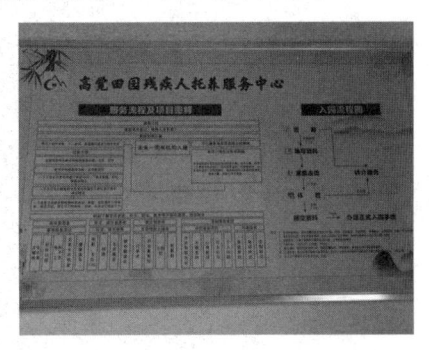

高觉田园残障人托养服务中心

未来展望：社企合作——打造助残新平台

"上善于心，厚德于人"，这是谢向前助残扶贫一辈子的初心和动力。目前上善助残已与多家爱心企业达成战略合作关系，旨在通过上善助残建立爱心助残平台，针对残障人士自身的特殊性，设立不同的就业岗位，让他们能够更好地发挥自身潜能，平等、和谐地融入社会，发展残障人士事业，让企业发展和社会进步展现出别样的力量。

后 记

近年来，有关社会企业的理论研究和实践探索悄然兴起，社会企业在中国应运而生。

党的十八大开启了社会治理现代化的序幕，党的十九大进一步强调"打造共建共治共享的社会治理格局"。社会企业在促进政府、市场和社会协同治理方面发挥着积极作用。

湖南温馨置业是湖南省最早开展实践探索的社会企业，十几年来始终履行着社会企业的使命。另外，湖南省还有7家企业和社会组织被中国公益慈善项目交流展示会认证为社会企业。尽管湖南省社会企业一直在探索发展，但相比于其他省市，湖南省社会企业的发展相对滞后，应该说还处于萌芽状态。

2020年9月，湖南省社会科学院、湖南省朝阳公益基金会共同发起成立了湖南省社会科学院社会企业研究中心，旨在进一步推进社会企业的理论研究和在湖南的实践发展，推动社会企业法制化进程。

《社会企业发展理论与实践报告》是湖南省社会科学院社会企业研究中心2021年度推出的重要研究成果。本书由贺培育、魏朝阳担任主编，提出总体研究思路和框架体系，陈军、段振夫担任副主编，具体负责调研和书稿撰写过程的组织管理。书稿提纲经集体多次讨论后分工执笔。初稿完成后由陈军、段振夫初审并提出修改意见，相关章节执笔人根据反馈意见认真修改后，再由贺培育、魏朝阳终审定稿。

本书按照理论研究和实践探索的编排顺序，由湖南篇、国内篇、国际篇、机构篇、学术动态篇、学术创新篇和典型案例篇七大部分组成。湖南篇主要对湖南社会企业发展的现状、问题和机遇进行了梳理和研判，并提出有针对性的对策建议。国内篇分析了我国社会企业发展的基本概况、基本模式及基本经验。国际篇着力介绍了国外社会企业发展的缘起、功能价值、路径和典型模式。机构篇主要介绍了国内外社会企业的管理、中介服务与研究机构。学术动态篇主要研究分析了国内外社会企业研究前沿和热点。学术创新篇着力研究探索了新时代中国社会企业的高质量发展。典型案例篇共收集了七家在湖南省内或者国内比较有影响力和代表性的社会企业实践案例，挖掘其创业故事，剖析其社会目标和商业模式。本书各篇章分工如下：湖南篇，袁男优著；国内篇，曹前满著；国际篇，王凡著；机构篇，周海燕著；学术动态篇，廖卓娴著；学术创新篇，邓子纲著；典型案例篇，陈军、段振夫、陈慧芳著。

《社会企业发展理论与实践报告》在研究和成书过程中，得到了湖南省朝阳公益基金会、成都市市场监督管理局新经济处、广东顺德社会创新中心、社企星球（北京）科技有限公司以及一批社会企业有关同志的关心支持；吉林大学出版社对著作的出版给予了关心与帮助，在此一并表示衷心感谢。

编者

2021 年 6 月